凤 凰 文 库
PHOENIX LIBRARY

凤凰出版传媒集团
PHOENIX PUBLISHING & MEDIA GROUP

凤凰文库·政治学前沿系列

项目总监　韩　鑫
项目执行　石　路

Foreign Interventions in Ethnic Conflicts

族群冲突中的外来干预
变化世界中的全球安全

[英] 罗伯特·纳尔班多夫　著
马　莉　译
徐鲁亚　审校

江苏人民出版社

PHOENIX LIBRARY

图书在版编目（CIP）数据

族群冲突中的外来干预 /（英）罗伯特·纳尔班多夫著；马莉译. -- 南京：江苏人民出版社，2019.3
（凤凰文库.政治学前沿系列）
书名原文：Foreign interventions in ethnic conflicts
ISBN 978-7-214-22414-9

Ⅰ.①族… Ⅱ.①罗… ②马… Ⅲ.①民族主义—研究—世界—现代 Ⅳ.①D091.5

中国版本图书馆CIP数据核字（2018）第191785号

Foreign Interventions in Ethnic Conflicts by Robert Nalbandov, November 2009 is published by arrangements with Ashgate Publishing Limited
All rights reserved.
Chinese translation rights 2016 by Jiangsu People's Publishing Ltd.
江苏省版权局著作权合同登记：图字10-2016-032

书　　　名	族群冲突中的外来干预　变化世界中的全球安全	
著　　　者	［英］罗伯特·纳尔班多夫	
译　　　者	马　莉	
责 任 编 辑	唐爱萍　张延安	
装 帧 设 计	许文菲	
出 版 发 行	江苏人民出版社	
出版社地址	南京市湖南路1号A楼，邮编：210009	
出版社网址	http://www.jspph.com	
照　　　排	江苏凤凰制版有限公司	
印　　　刷	江苏凤凰通达印刷有限公司	
开　　　本	652毫米×960毫米　1/16	
印　　　张	17.5　插页4	
字　　　数	240千字	
版　　　次	2019年5月第1版　2019年5月第1次印刷	
标 准 书 号	ISBN 978-7-214-22414-9	
定　　　价	55.00元	

（江苏人民出版社图书凡印装错误可向承印厂调换）

出版说明

要支撑起一个强大的现代化国家,除了经济、政治、社会、制度等力量之外,还需要先进的、强有力的文化力量。凤凰文库的出版宗旨是:忠实记载当代国内外尤其是中国改革开放以来的学术、思想和理论成果,促进中外文化的交流,为推动我国先进文化建设和中国特色社会主义建设,提供丰富的实践总结、珍贵的价值理念、有益的学术参考和创新的思想理论资源。

凤凰文库将致力于人类文化的高端和前沿,放眼世界,具有全球胸怀和国际视野。经济全球化的背后是不同文化的冲撞与交融,是不同思想的激荡与扬弃,是不同文明的竞争和共存。从历史进化的角度来看,交融、扬弃、共存是大趋势,一个民族、一个国家总是在坚持自我特质的同时,向其他民族、其他国家吸取异质文化的养分,从而与时俱进,发展壮大。文库将积极采撷当今世界优秀文化成果,成为中外文化交流的桥梁。

凤凰文库将致力于中国特色社会主义和现代化的建设,面向全国,具有时代精神和中国气派。中国工业化、城市化、市场化、国际化的背后是国民素质的现代化,是现代文明的培育,是先进文化的发展。在建设中国特色社会主义的伟大进程中，中华民族必将展示新的实践，产生新的经验，形成新的学术、思想和理论成果。文库将展现中国现代化的新实践和新总结，成为中国学术界、思想界和理论界创新平台。

凤凰文库的基本特征是：围绕建设中国特色社会主义，实现社会主义现代化这个中心，立足传播新知识，介绍新思潮，树立新观念，建设新学科，着力出版当代国内外社会科学、人文学科的最新成果，同时也注重推出以新的形式、新的观念呈现我国传统思想文化和历史的优秀作品，从而把引进吸收和自主创新结合起来，并促进传统优秀文化的现代转型。

凤凰文库努力实现知识学术传播和思想理论创新的融合，以若干主题系列的形式呈现，并且是一个开放式的结构。它将围绕马克思主义研究及其中国化、政治学、哲学、宗教、人文与社会、海外中国研究、当代思想前沿、教育理论、艺术理论等领域设计规划主题系列，并不断在内容上加以充实；同时，文库还将围绕社会科学、人文学科、科学文化领域的新问题、新动向，分批设计规划出新的主题系列，增强文库思想的活力和学术的丰富性。

从中国由农业文明向工业文明转型、由传统社会走向现代社会这样一个大视角出发，从中国现代化在世界现代化浪潮中的独特性出发，中国已经并将更加鲜明地表现自己特有的实践、经验和路径，形成独特的学术和创新的思想、理论，这是我们出版凤凰文库的信心之所在。因此，我们相信，在全国学术界、思想界、理论界的支持和参与下，在广大读者的帮助和关心下，凤凰文库一定会成为深为社会各界欢迎的大型丛书，在中国经济建设、政治建设、文化建设、社会建设中，实现凤凰出版人的历史责任和使命。

本书选自中央民族大学重大科研项目
"世界文明与地缘政治研究译丛"

本译丛为中央高校基本科研业务费专项资金资助项目
由何克勇任主编,徐鲁亚任副主编,编辑委员会成员为
何克勇、徐鲁亚、赵曙光、秦亚青、游斌

世界文明与地缘政治研究译丛序

当今世界热点地区的问题几乎无一例外地涉及到民族（族群）问题和宗教问题，这两个问题是当今世界的难题，被称为两大随时可能爆发的"活火山"。

许多国家在现代化的进程中常常受到这两个问题的撕扯，尤其是前苏东地区、中东地区和非洲一些地区更是备受困扰。宗教和民族是地缘政治格局变迁中的重要因素，宗教对抗引发民族冲突，民族冲突加剧宗教对抗，从而引发地区冲突。这些冲突无疑给世界文明带来震荡和冲击，而宗教极端主义一旦与国际恐怖主义联姻，这种震动和冲击将是毁灭性的。

自20世纪90年代以来，伴随着冷战结束、苏联解体和第三次世界范围的民族主义浪潮的高涨，世界民族问题逐渐与全球化过程、国际关系、地缘政治、民族国家建构、跨境民族、极端主义、恐怖主义以及国内族际关系等产生了共生、纽结和镶嵌关系。世界民族问题呈现出更加复杂、动态、多样性等特征，包括民族国家关系（国际关系）、多民族国家内民族与国家之间的关系、主体民族与少数民族之间的关系、跨境民族问题，等等。

我国是统一的多民族国家，具有悠久的民族关系史，也具有处理和解决民族问题的丰富经验。中华人民共和国成立后，我国的民族区域自治制度为解决我国民族关系问题提供了重要的政治保障。但是，在当前复杂的国际环境的影响下，我国的民族问题也出现了一些新情况、新变化。

他山之石，可以攻玉。翻译、介绍和研究国外的研究成果，是研究民族事务不可或缺的参考，把国外民族事务的国际经验与国内的民族政治事实结合起来，对进一步完善我国的民族区域自治制度和相关民族政策，具有十分重要的意义。

另一方面，在政府的鼓励与支持下，"走出去"战略正在稳步得到实施，通过学术、教育、文化和商贸等，国人正以各种方式走出了国门。据世界旅游组织的统计，2012年中国出境旅游的人数达到8300万。另据估计，中国在海外的各类企业总计以达到3万多家。

今天，每当我们打开电视机，往往会听到许多关于热点事件的新闻报道。许多事件，无论发生在地球的哪个角落，无论是令人悲哀的结果还是让人尴尬的过程，似乎总会涉及到我们中国人。从泰国、吉尔吉斯坦、利比亚局势骤变而引起的大量紧急撤侨，到俄罗斯驱逐大量中国工人或关闭华商集市；从24名中国公民在印度尼西亚东部海域沉船丧生事故，到华人在北美洲遭遇124起抢劫事件；从多次发生在阿根廷的华人超市遭武装抢劫，到29名中国员工遭苏丹反政府组织劫持，我们看到，几乎在世界各地，涉及中国人的事件日益增多。

每当看到这样的新闻，我们不禁会问：东欧、非洲的警察为什么总喜欢找中国人的茬？俄罗斯为什么几度驱逐中国商人？中国在非洲无偿地援助了那么多的建设项目，为什么还被指责为"新殖民者"？每年数千万的中国游客为欧洲、美洲带去如此巨大的收入，甚至为他们支撑起因经济衰退而疲软的旅游市场，为什么还得到不文明、不受欢迎的名声？中国在崛起的过程中，会像美国一样在很多地方成为被仇视、嫉恨的对象吗？美国有学者承认，美国人并不了解或者不愿了解国外。那么我们中国人呢？我们对外国了解吗？其实我们在海外的许多遭遇和尴尬正源于我们对外面世界的或全然无知或一知半解或以己度人。

为了借鉴国际学术界在民族、宗教与冲突方面的研究经验，深入了解他者的研究视角、研究重点和研究成果；为了给"走出去"的国人提供一些系统而有效的信息，我们以"世界民族关系与问题研究译丛"为题申请了"中央民族大学重大科研项目"资助，并获得批准。

针对书目的选择和确定，我们展开了深入而热烈的讨论，后来发现，我们所选择书目已超出了"世界民族关系与问题"的范畴，因此，最终将译丛的题目定为《世界文明与地缘政治研究译丛》。

最后，我谨代表本译丛编委会的所有成员，衷心感谢江苏人民出版社，是他们的独具慧眼，使本系列丛书得以付梓出版。特别要感谢的是我的挚友杨建国先生，是他向我们推荐了江苏人民出版社；同时还要感谢在整个翻译和编辑过程中为本译丛做出过巨大努力和辛勤劳动的各位朋友。

何克勇
2013年12月25日于北京莲花斋

译者的话

本书作者罗伯特·纳尔班多夫（Robert Nalbandov）是美国犹他州立大学政治学系的助理教授，主要从事国际关系、国际和地区安全以及反恐领域的研究。

罗伯特·纳尔班多夫于2008年获得匈牙利布达佩斯中欧大学政治学博士学位，曾任英国伯明翰大学俄罗斯和东欧研究中心客座讲师、英国圣安德鲁斯大学（University of St.Andrews,UK）国际关系学院博士后研究员，以及美国麦卡莱斯特学院（Macalester College）国际关系学系国际问题研究所客座助理教授。《族群冲突中的外来干预》出版于2009年，是其在英国苏格兰地区圣安德鲁斯大学国际关系学院的研究成果。

本书全面而深入地分析了族群冲突中的外来干预，引用了大量鲜活的案例，并配以翔实可靠的图表和数据。作者分析手法独特，将焦点集中在干预者自身，运用最新的资料巧妙而详细地分析了外来干预中成功和失败之处。另外，在分析外来干预下的族群战争时，传统的做法是和平中心论，即把第三方干预的成功仅仅归结于在对象国建立长久的和平秩序。在本书作者看来，这种做法在理论和方法上都存在诸多问题，而解决这些问题的途径便是本书所倡导的目标法，即第三方干预是否成功，在于其是否完成干预任务和既定目标，而不在于是否建立长久的和平秩序。用是否完成既定目标来衡量成功，就必须针对每一种具体情况来比较第三方计划完成的内容与实际取得的结果，以评估目标完成的程度，这就要求研究者仔细分析具体的干预案例、参与各方情况、行动进程及最终结果。

这种研究方法虽费时费力,但拓宽了研究视野,开辟了新的研究方向。本书中,作者选取发生在乍得、格鲁吉亚、索马里和卢旺达的外来干预,对其进行了深入研究,并将这些案例与国际安全中的"民族安全困境"和"可信承诺问题"等主要理论联系起来进行分析,对国际安全以及冲突解决很有参考价值。

本书是何克勇教授主持的中央民族大学重大科研项目"世界文明与地缘政治研究丛书"之一。在此特别感谢何老师的信任和对本书翻译所提供的各种帮助。依然清晰记得丛书翻译工作启动之际,何老师为项目组成人员所做的培训,从相关专业书籍及工具书的储备到各种细致而专业的翻译规范,无不受益良多。而在本书的具体翻译过程中,又有幸得到了本书的审校徐鲁亚教授的悉心指导。非常感谢徐老师,以其丰富的翻译经验和专业的民族学背景为我的译文把关。最后,还要感谢我的家人和给予我各种形式帮助的朋友们及学生们,没有你们的大力支持,这本译著也无法最终完成。

本书的翻译过程中,我力图准确而明白地再现作者原意,希望为研究国际安全、外来干预及族群冲突解决的学者提供有价值的参考。然而,因为本人经验不足且水平有限,难免出现差错,恳请大家批评指正。

马 莉

2014年1月10日于北京

献给我的母亲

罗伯特·纳尔班多夫

Robert Nalbandov

英国圣安德鲁斯大学（University of St. Andrews, UK）

目　录

致　谢 / 1

缩略语 / 1

前　言 / 1

第一章　第三方干预理论 / 1

第二章　民族冲突中外部干预的定量分析 / 21

第三章　乍得（1966—1987）：强行控制 / 50

第四章　格鲁吉亚（1992—1994）：为干预而干预 / 85

第五章　索马里（1991—1994）：武力失败之时 / 114

第六章　卢旺达（1990—1996）：大屠杀中的胜利 / 143

第七章　成功的干预：时间、地点和方式 / 172

结　论 / 211

参考文献 / 215

索　引 / 230

致 谢

本书是本人在英国苏格兰地区圣安德鲁斯大学国际关系学院的研究成果，该成果由经济社会研究委员会（Economic and Social Research Council）（ESRS）慷慨资助。非常感谢艾琳·詹内博士（Erin Jenne）在研究过程中对我的大力支持和友情指导。十分感激圣安德鲁斯大学的里克·福恩（Rick Fawn）博士对格鲁吉亚一章的早期版本所提出的建议和给予的评价，这些建议和评价以及我在圣安德鲁斯大学参与的所有活动都给了我很大帮助。感谢多伦多大学蒙克国际研究中心（Munk Center for International Studies），在这里，我完成了乍得和索马里两章的研究内容。本书写作期间，我还带着不同章节的书稿参加了许多会议和圆桌会议，与会者对这些书稿中肯的评论也让我非常受益。最后，我想感谢伊拉克利·马卡伊德泽（Irakli Machaidze）博士和巴兹尔·格蒙德博士在有关法国对乍得干预的法律文件和协议研究方面给予我的帮助。

缩略语

AEF　Afrique Équatoriale Française（法属赤道非洲）

ANL　Armée Nationale de Libération（乍得民族解放部队）

BET　Borkou-Ennedi-Tibesti province（Chad）博尔库·恩尔迪·提贝斯提（乍得）

CDR　Conseil Démocratique Révolutionnaire（乍得民主革命委员会）

CIS　Commonwealth of Independent States 独立国家联合体

CSM　Conseil Suprême Militaire（最高军事委员会）

FAN　Forces Armées du Nord（北方武装部队）

FANT　Forces Armées Natioaales du Tchad（乍得民族武装部队）

FAP　Forces Armées Peuple（人民武装部队）

FAR　Forces Armées Rwandaises（卢旺达武装部队）

FAT　Forces Armées Tchadienne（乍得武装部队）

FLT　Front de Libération du Tchad（乍得解放阵线）

FROLINAT Front de Libération Nationale du Tchad（乍得民族解放阵线）

GUNT　Gouvemement d'Unité Nationale du Tchad（乍得民族团结政府）

HDM　Hisbia Digil Mirifle（Somalia）迪吉尔-米利夫雷党（索马里）

HRFOR　Human Rights Field Operation in Rwanda 卢旺达人权实地行动团

1AF　Inter-African Force 泛非部队

JCC　Joint Control Commission（Georgia）联合控制委员会

MAD　Mutually Assured Destruction 确保同归于尽

MOD　Abbreviation of the Mareehaan, Ogaadeen and Dulbahante clans（Somalia）马雷汉、欧加登和巴汉特族的缩写（索马里）

MPS　Mouvement Patriotique du Salut（乍得爱国救亡运动）

MRND　Mouveinent Républicain National pour le Développement（卢旺达全国发展革命运动）

NFD　The Northern Frontier District（Somalia）北部边境地区（索马里）

NMOG　Neutral Military Observer Group（Rwanda）中立军事观察团（卢旺达）

NUF　National United Front（Somalia）民族同一阵线（索马里）

OAU　Organization of African Unity（非洲统一组织）

OLS　Ordinary Least Squares 普通最小二乘法

Parmehutu　Party for the Emancipation of the Hutu People 胡图人民解放党

PKF　Peacekeeping Forces（CIS）维和部队（独联体）

PPT　Parti Progressif Tchadien（乍得进步党）

RPF　Rwanda Patriotic Front 卢旺达爱国阵线

SDA　Somali Democratic Alliance 索马里民主联盟

SMP　Somali Patriotic Movement 索马里爱国运动

SNM　Somali National Movement 索马里民族运动

SRC　Supreme Revolutionary Council（Somalia）最高革命委员会（索马里）

SSDF Somali Salvation Democratic Front 索马里民主救亡阵线

SYL Somali Youth Club 索马里青年俱乐部

TNC Transitional National Council（Somalia）国家过渡委员会（索马里）

UDT Union Démocratique Tchadien（乍得民主联盟）

UNAMIR UN Assistance Mission in Rwanda 联合国卢旺达援助团

UNAR Union Nationale Rwandaise（卢旺达国家联盟）

UNOSOM UN Observer Mission in Somalia 联合国索马里观察团

UNT Union Nationale Tchadienne（乍得全国联盟）

USC United Somali Congress 索马里联合大会党

USP United Somali Party 索马里联合党

前　言

人类历史的标志，就是不断为生存而斗争，或者说就是冲突。国内冲突或国际冲突从来就是人类进化的主要动力，这种冲突有助于人类形成思想，有助于形成对现实及当代世界的看法。

在认识论上，当代关于研究冲突解决及冲突干预的文献采用了一致的方法，把国际战争或国内战争划分为两个时期，即二战后的冷战时期与苏联解体之后的时期。冷战形成了差不多半个世纪之久的世界体系国际关系。20世纪的最后十年及冷战的结束开启了世界民主化的新纪元，同时也在一国疆域之内具有不同身份（identity）的人群之间增加了严重的族群（ethnic）冲突。这时，冲突族群的宗教认同（identity）及（或）族群认同便取代了意识形态认同，或叠加在意识形态之上。民族性及民族主义变成了代表国家不同人群之区分性的关键特征。

参与冲突过程的诸方各有特征，而解决冲突的真知灼见便蕴涵在其特征之中。国内各行为体并非在完全的真空状态中交战。任何重要的进程，只要足以改变一个国家的政治格局及（或）领土格局，便不可避免地会对周边环境乃至更遥远的地方产生"蝴蝶效应"。从本质上看，冲突可以单凭交战方的行为而开始和结束，也可以因第三方参与而开始和结束。尽管交战双方原则上自己就能够对解决争端的办法达成一致意见，但外来的干涉，或者叫第三方干预，对形成国内事件的进程，可能发挥关键作用。外部行为体可以支持某一方，从而打破当地的力量平衡，最终加剧或减轻这个国家的安全困境，外部行为体也可以保持中立，支持自己所代表的更为广大的地区社会或国际社会的共同利益。

国家内部冲突及其解决方法一直是研究国际关系的学者及从业人员关注的焦点，只是他们的展望点和切入点不同罢了。这些展望点和切入点包括冲突参与各方、交战方的目标、冲突的具体结果、冲突发生的地区性环境和国际环境、内战的后果，等等。有些学者调查交战方的内源性质[1]并试图找出国内行为体成功的条件[2]，有些学者则研究影响内战进程的外部行为体[3]，研究冲突解决过程中第三方干预构成成分的效果[4]、谈判中成功与失败的实例[5]、解决冲突的规则和战后制度建设在冲突管理中的作用[6]、结束国内战争的途径[7]，以及造成特定冲突结果的国内因素和国际因素[8]。

对于国内认同冲突的外来干预问题，在研究方法上有诸多不同，但大致都以干预后和平秩序的持续时间来判断第三方的干预是否成功。这在研究干预与冲突的领域里已成为共识。可持续和平法采用不同的和

---

[1] Areguin-Toft, 1.2001. How the Weak Win Wars: A Theory of Asymmetric Conflict. International Securities, 26 (1), 93-128.

[2] Mack, A. 1975. Why Big Nations Lose Small Wars: The Politics of Asymmetric Conflict. World Politics, 27 (2), 175-200.

[3] Snyder, J. and Jarvis, R. 1999. Civil War and the Security Dilemma, in Civil Wars, Insecurity, and Intervention, edited by B. Walter and J. Snyder. New York: Columbia University Press, 17-37.

[4] Regan, P.M. 1996. Conditions of Successful Third-party Interventions in Intrastate Conflicts. The Journal of Conflict Resolution, 40 (2), 336-359

[5] Walter, B.F.1997. The Critical Barrier to Civil War Settlement. International Organization, 51 (3), 335-364.

[6] Hartzell, C.A. 1999. Explaining the Stability of Negotiated Settlements to Intrastate Wars. The Journal of Conflict Resolution, 43 (10), 3-22.

[7] Licklider, R. 1995. The Consequences of Negotiated Settlements in Civil Wars, 1945-1993. The American Political Science Review, 89 (3), 681-690.

[8] Henderson, E.A. and Singer, D.J. 2000. Civil War in the Post-Colonial Wold, 1946-92. Journal of Peace Research, 37 (3), 275-299.

平时限指标,作为一种判断第三方行为是否成功的标准,已经得到了广泛的使用。例如,哈策尔(Hartzell)(1999)和利克里德(Licklider)(1995)认为和平至少能真正维持5年才算干预成功[1]。多伊尔(Doyle)和桑班尼斯(Sambanis)(2000)认为战争结束后,和平建设需持续2年可谓成功干预的标志[2]。里甘(Regan)(1998)衡量成功干预的期限则精确到和平至少持续6个月[3]。卡芒(Carment)和罗兰兹(Rowlands)(1998)在分析第三方干预在国内战争中的作用时把和平视为干预的主要成果[4]。迪尔(Diehl)(1996)等以成功建立和平为出发点,重点研究在联合国组织下来自多方的成功干预案例[5]。总而言之,如果能在对象国家建立和平,干预是成功的。反之,如果不能在饱受战争痛苦的国家建立和平,或者和平不能持续相当一段时间,干预就是失败的。

用可持续和平作为衡量干预结果的主要因子变量,这在理论上和方法上都存在若干谬误。这种观点的问题主要是忽略了干预者和国内各方势力的众多复杂性。最重要的是,这种和平中心论的方法忽视了干预者的真正目的和干预的原因。第三方对某个对象国实施干预,这可能是对该国内战引起的人道主义危机做出的一种反应,第三方甚至因此而发动战争。干预方也可能为了使战争长期延续下去而公开地为交战方提供军事和(或)经济援助,或暗地里策划叛乱。干预方可能单独行动,也可

---

[1] Hartzell, C.A.1999. 14 and Licklider, R. 1995, 682.
[2] Doyle, M. and Sambanis, N. 2000. International Peacebuilding: A Theoretical and Quantitative Analysis. The American Political Science Review, 94 (4), 779-801.
[3] Regan, P.M. 1998. Choosing to Intervene: Outside Interventions in Internal Conflicts. The Journal of Politics, 60 (3), 754-779.
[4] Carment, D. and Rowlands, D. 1998. Three's Company: Evaluating Third-Party Intervention In Intrastate Conflict, The Journal of Conflict Resolution, 42 (5), 572-599.
[5] Diehl, P.F. Reifchneider, J. and Hensel, P.R. 1996. United Nations Intervention and Recurring Conflict. International Organization, 50 (4), 683-700.

能联合行动，干预方可能会带有偏见，也可能保持中立和（或）不偏不倚。所有这些以利益和目标为驱动的不同干预方式能够取得什么样的成功，这取决于干预结束之后实现和平的年限。这种以和平年限来衡量干预是否成功的观点引出了干预方的"打台球"①观点，即假定所有的"第三方对国内冲突进行干预都是为了终止由隐藏的争端所引起的"暴力冲突，"而不是加剧或延长战争"②。也就是说，所有的第三方都是抱着和平的意愿进行干预的，他们的真正目标就是建立和平。然而，一旦问题关系到干预方的议程及其真实意图，这种方法似乎就力不从心了。

冲突产生的原因多种多样。例如，第三方可能支持某个族群，但这个族群却最终战败，而战争的结束使得对象国的冲突得以终结，和平得以恢复。这种情况下所建立起的和平秩序，其时限的长短实际上取决于获胜方在多大程度上战胜了由干预方支持的一方，它实际上恰恰是第三方行为失败的产物。再如，冲突产生，是因为干预方根本不关心交战双方本身的命运，也不关心解决冲突的总体方式，相反，他们的目标是想通过延长对象国的内乱来施加他们自身的力量对该国的影响。在这种情况下，干预方更愿意敌对双方继续战争而不是退出战争。和平协议持续的时间越长，他们的干预就越失败。

即便和平持续性用得有道理，且结束对抗确系干预方的目标，使用战后几年或者甚至6个月的和平这种时间指标，这会让我们曲解干预这种现象，而且也不符合经历冲突后的国家之实情。与此同时，就冲突后的安置而言，对于一个国家足够的时间，对于别的国家则不够。国内环境

---

① Wolfers, A.1962. Discord and Collaboration: Essays on International Politics. Baltimore: The Johns Hopkins Press, 3-35. （打台球的人只有一个目的，把球打进球袋。——译注）

② Regan, P.M. 1998. Conditions of Successful Third Party Intervention in Intrastate Conflicts. Conditions of Successful Third-party Interventions in Intrastate Conflicts. The Journal of Conflict Resolution, 40 (2), 340.

至关重要，同样重要的还有第三方的众多目标和抱负，他们在国际和地区的话语权，与其他行为体的交往，干预势力的成分以及冲突各方的性质。更有甚者，外来势力结束战争的努力会适得其反：干预也许根本不能结束战争，只能使战争暂时停止，又在短时期内恢复。同样，干预后的停火也许只能给交战双方以喘息的时间，使他们得以重整旗鼓并再次武力相向。由于存在这样一些差异，仅仅依靠一种常值参数来衡量冲突解决的状况，这种努力必然事倍功半，而且很难如愿。

除了纸上谈兵之外，这种和平中心论还带有强烈的规范色彩和道德色彩。战争给人类带来巨大痛苦，因此和平比战争好，这是一个普遍真理。如果我们假定应该用干预后建立的长期和平来衡量第三方的行动是否成功，因此成功就是好，相反，短暂和平之后战火重起即是失败，而失败就是坏，那么人们自然会问："首先，这一和平局面或良好的状态是如何实现的？其次，这种和平对谁有利？"又如何看待一个在第三方支持下的族群为了建立长期的和平必须彻底消灭另一个族群？

和平中心主义更大的问题在于，它在研究方法上没有将主战和主和的第三方区分开来，而是混为一谈。中立而公正的第三方干预在维系和平与建设和平的努力下，其所实现的和平年限和持有偏见的第三方所取得的持久无战争状态，被一概而论地称之为干预成功。如此一来，便绕开了外部行为体的真实性质，而仅仅局限于和平年限的长短了。

其方法上还有一个缺点，那就是用时间衡量成功并不具备可操作性。如果考虑一下干预方各自的议程，即便是最严格的标准，比如干预后6个月的和平，也不让人满意。第三方干预在某一阶段可能旨在完成有限议程（如：帮助政府镇压叛乱，而不是彻底将其摧毁）。如果干预方的目的并非是要完全消除对方的力量，当5年后干预撤出时，其所支持过的政府被反对派推翻，则不应算作失败。另外，干预方的立场也会改变。如果他们曾经支持政府，那么在另一个时间该政府处境危险时，他们或许又不予支持，从而导致以前所支持的一方最终战败。

情况不同，则干预目标不同，取得成功所需的时间亦不同：特种部队实施一个范围有限、资源有限的行动只需一小段时间，但我们却很难用同样的时间，去衡量多方位的和平建设及国家重建任务完成的情况。时间衡量法可能很适用于人道主义干预行动；即便如此，在维和任务结束后，战后发展所需要的时间也远远超过6个月甚至5年。相比而言，考量干预的直接结果可以更好地了解第三方的干预行动是否成功。因为冲突地区的情况可能发生变化，而这些变化又不受干预方左右，而且，同一外来力量也会不断地改变目标并采取相应的行动，其结果可能是，干预行为时而成功，时而失败，而这里所谓的成败，均基于当时不同的具体干预目标（如第三方任务指令变化）。

如果干预的主要目标不是建立和平，就不应该用和平时间的长短来衡量干预是否成功。正如沃尔特（Walter）（1997）所指出的那样[①]，如果第三方的目的不是结束战争，而是帮助一个族群战胜另一个族群，根本也不对建立长期的和平做进一步的承诺，我们就不能期望它充当和平协议的调解者、和平解决争端的仲裁者和外部担保人的角色。同样，如果干预方的任务是监控局势，他们对能否停止战争也不负任何责任，因为那不是他们的目的：责怪他们就如同责怪你的电冰箱不能播放DVD光盘一样。

要走出这一衡量方法的困境，就不能把建立和平与干预成功画等号，而是要看第三方是否成功地完成了干预目标。因此，如果外部行为体完成了干预计划和目标，干预就是成功的。相反，没有完成任务就是失败的。与用和平为主要因变量来衡量成功的标准不同，用是否完成任务来衡量成功干预相当费力。必须针对每一种具体情况，把第三方的具体目标和其干预行动的实际最终状态拿来进行比较。要比较计划的内容

[①] Walter, B.F.1997. The Critical Barrier to Civil War Settlement. International Organization, 51 (3), 335-364.

与实际取得的结果,要评估目标完成的程度,就必须仔细分析具体的干预案例、参与各方、行动进程及行动结果。这种以目标为导向的研究方法类似关键绩效指标(Key Performance Indicators)工具,该工具用于测量一些机构的金融及非金融方面的业绩,以评价其在一定时期内的发展情况。关键绩效指标确定目标并给出成功实现目标的参数。[①]该方法将所做参数与实际的产出指标相关联,而目标导向法则不同,它对干预的成功有更为严格的评价标准,用绝对的"是"与"否"来衡量,而不是去看干预的成败的程度,即非成则败。

目标法也不是没有谬误,而且谬误涉及干预这一现象的本质——干预方的目的和目标,而这些研究者并不一定了解。因为公布的目标也许(而且有时会)不同于冲突现场所追求的目标。干预方及其政府可能会一方面向国内选民和国际社会宣扬和平目的,一方面却有着不可告人的动机,这种情况常见于单边干预。尽管如此,目标导向法还是值得采用的,从宏观上看,它能丰富关于国际安全和冲突解决的研究;从微观上看,它能充实族群冲突中外来干预的研究资料。

从参与行为体的角度来看,和平中心论能否成功取决于是否弄清干预方的真实面目,即干预方都是谁,以及是否弄清参战各方的真实面目。唯有弄清以上问题,才能明确干预成功的可能性。外来干预的成分在实现和维持和平方面的作用如果不是决定性的,那也一定是至关重要的。和平中心论也可以用,但要通过目标法来检验,弄清楚

[①] 有关资料见 Parmenter, D. 2007. Key Performance Indicators (KPI): Developing, Implementing, and Using Winning KPIs. John Wiley and Sons., Inc. Hoboken, New Jersey; Smith, J. 2001. The K.P.I. Book: The Ultimate Guide to Understanding the Key Performance Indicators of Your Business. Insight Training and Development Limited; Eckerson, W.W. 2006. Performance Dashboards: Measuring, Monitoring, and Managing Your Business. John Wiley and Sons, Inc., Hoboken, New Jersey; Franceschini, F. 2007. Management by Measurement: Designing Key Indicators and Performance Measurement Systems. Springer-Verlag Berlin, Heidelberg.

干预方成分的有关内涵，看看是单边的，还是多边的。单边由一外国领导并实施行动，多边则由一个以上的外国领导并实施行动。因此，干预方成功的原因是什么？要回答这个问题，关键要用目标法检验一下和平中心论的假设是否同样有效。和平中心论假设，第三方对一个国家发生的族群暴力实施干预的结果取决于第三方的组成成分。里甘和利克里德在关于第三方干预的著作里对这一主要假设的转述帮助我们揭开和平面纱掩盖下的干预之谜。在实现干预族群暴力冲突目标的过程中，如果其他条件不变，来自多边的干预比来自单边的干预更容易成功。目前普遍认为多边干预可以更有效地解决国内政治问题，从另一个角度运用这一假设可以检验这种观点是否站得住脚。

与此同时，由于冲突及其参与者存在差异，把干预方的成分作为干预成功的主要自变量，并以此欲在理论上准确而深入地探讨第三方行动的成败，这本身是不充分的。为了确定第三方成功干预的因素，应该把传统观与目标法结合起来用。传统观根据干预方为对象国家建立和平的能力来判断干预是否成功。为此，要从战争的两个层面研究实现目标的因素：一是其他行为体和（或）子系统部门对冲突进程的影响和子系统部门的性质及其互动情况；二是要研究战争的起因和结束，以及战争的持续时间和伤亡情况。

为此，需要对当下的和平中心论进行修正，同时需要对现存族群冲突外国干预数据库进行修改，之后还要根据第三方实现干预目标的情况开发不同的数据。根据大样本统计数据对第三方成功干预族群战争进行回归分析，这有助于确立干预势力成分（把单边、多边干预作为主要自变量）与成功干预行动（因变量）之间的关联性。在此基础上通过深入的案例研究，分析不同的参与者，包括战争交战方和干预者，对回归分析结果进行微调，发现影响干预方实现目标的能力的其他因素。本书进行案例研究的目的在于探究促进和阻碍第三方成功干预的因素，所以在自变量和因变量的极值差异性基础上对案例进行了选择,并运用结构比较法和重点比较法[①]对发生在乍得、格鲁吉亚、卢旺达和索马里的族群战争进行了分析。在结合案例研究结果和统计数据分析的基础上,对第三方干预理论进行了梳理,提出了外部行为体对暴力冲突进行有效干预的理论。

本书共七章:第一章在当前成功干预理论的基础上提出了目标法,扩展了第三方干预的分析框架。第二章介绍了对干预成功和失败案例统计分析的结果,确定了在成功干预中起重要作用的变量。第三、第四、第五和第六章分别对发生在乍得、格鲁吉亚、卢旺达和索马里的族群战争进行了具体研究。第七章提出了用目标法来研究族群冲突中外来干预成功的理论。

---

① George, A. 1979. Case Studies and Theory Development: The Method of Structured, Focused Comparison, in Diplomacy: New Approaches in History, Theory and Policy, edited by P.G. Lauren. New York: Free Press, 43-68.

第一章

第三方干预理论

第三方干预是否成功,很大程度上取决于交战方如何理解干预方对其干预目标的执行力。冲突各方越是重视包括国际制裁在内的外来解决方案,越是重视干预方,就越清楚如果不顺从第三方给出的选择,自己将面临怎样的威胁,也就越是相信,敌对方对干预方的惩罚行为也怀有同样的恐惧,因此,由于信任对手以及外部行为体,冲突各方就会更好地服从干预方所提出的干预结果。

如何研究干预方的性质和干预势力构成所起的作用,目前尚无统一的方法;前者影响冲突的结束状态,后者左右干预后和平的持久度。有些学者认为,干预者如果立场中立(多为多边干预),会有助于冲突的解决,另外一些则认为第三方若是各怀利益,其对冲突方实施解决方案时,态度会更加坚决。基于目标和结果对干预方的成败进行理论探讨,首先要确定干预各方所扮演的角色,其构成成分的二元划分情况[①]对成功达成干预目标起到怎样的作用,还要考察对象国那些或妨碍或促进干预的当地情况。

虽然外部行为体本身情况非常复杂,在对交战方执行决定时,第三方总体上扮演两个角色:一个是仲裁者,即主要的决策者和自我意愿的

[①] 即是单边干预还是多边干预。——译注

实施者，另一个是调节者，不倾向于特定的干预结果，只为达成交战各方都能接受的一个解决方案。第一种情况下，第三方除了提供冲突的解决方案，还会通过创造一些必要的条件使交战方接受，以实施该方案。要做到这一点，通常需要一种冲突各方都无以抵抗的力量。第三方进一步承诺维持干预结果，使其免遭破坏，甚至可能委派获胜一方担当此任。在做上述努力时，第三方，如布龙菲尔德（Bloomfield）（1995）所说，"……能够十分正当地利用自己的资源去贿赂或威胁冲突方，以使其达成协议"[1]或者其他结果。加尔通（Galtung）（1965）提到干预的一个重要方面是，冲突方对仲裁可能自愿服从，也可能不愿服从，"但不管怎样，他们都只在能够接受或者不得不答应的情况下才应允一种解决方案"。[2]一旦接受，他们就必须倾向于该方案，并承诺要"全心全意"达成方案中的目标。即使某一冲突方对干预方所强加的干预结果不满，第三方也会"……通过帮助一方获胜，或者通过让外来势力实施直接统治，来建立霸权"。[3]

第三方的另外一个角色是中立和（或）公正的调解者，不倾向于特定的冲突结果。正如加尔通（1965）所说，此类干预者可以"指导……敌对双方在其兼容区域内彼此都接受某一点。要做的并不是确定这一点是什么，而只是表明会有这样的点，然后监控双方之间的争辩，使其更加明确争辩的方向和目标"。[4]这时，干预者成功的保障在于其立场的公正：他们不对交战任何一方抱有偏见，而是旨在找出一个双方都接受的

---

[1] Bloomfield, D. 1995. Towards Complementary in Conflict Management: Resolution and Settlement in Northern Ireland. Journal of Peace Research, 32（2），152-153.

[2] Galtung, J. 1965. Institutionalized conflict Resolution: A Theoretical Paradigm. Journal of Peace Research, 2（4），360.

[3] Snyder, J. and Jarvis, R. 1999. Civil War and the Security Dilemma, in Civil Wars, Insecurity, and Intervention, edited by B. Walter and J. Snyder. New York: Columbia University Press, 27.

[4] Galtung, J. 1965, 360.

方案。第三方可以通过出面"斡旋",给予资金支持并举办会议、发起和平谈话,和提供其他相关的技术支持等方式,来促进谈判进程。

第三方在扮演以上两个角色时,应该用两个不同的标准来衡量其干预是否成功。如果第三方是一个带有倾向性的仲裁者,其任务是实施自我意志,干预是否成功则由交战方是否接受该意志来判断。如果是一个中立的调解者,其任务是维持和平、建设和平,还可能需要进行冲突后重建。这时,干预是否成功,则应通过无战争状态持续的时间长短来确定。以上两种情况中,第三方的出现,都会让冲突方意识到,他们为战争继续要付出的代价会有所不同,"耍花招不划算……不如老老实实执行第三方给出的条件。一旦耍花招儿变得困难且代价高昂,答应合作就更为可靠,合作也便成为可能。"[1]干预方"……要么使战争继续的代价高得难以负担,要么让停战的好处显得无比诱人。敌对各方通过计算成本与收益,发现停战会带来最好的预期结果,干预也将因此获得成功。"[2]

真正的问题在于,由于干预者有各种不同的目的和目标,即便采用以上研究方法,也无法清晰地区分干预计划和干预成果。即便对于一个立场中立而公正的干预者,如果其干预目标仅仅是监控协议的履行,就不能使用停战和长久的和平这样的评价标准,因为维持长久的和平并非其干预目标。

干预的国内环境:信任、恐惧和承诺

国际制裁能否得以实施,很大程度上取决于一个因素:交战方对

---

[1] Walter, B.E. 1997. The Critical Barriers to Civil War Settlement. International Organization, 51(3), 340.

[2] Regan, P.M. 2002. Civil Wars and Foreign Powers — Outside Intervention in Intrastate Conflict. University of Michigan Press, 73.

第三方安排的信任。加尔通没有直接提到该因素，但从他的论证中可以推断出来，信任因素对于国内民族战争尤其适用。信任，根据劳勒等人（Lawler et al.）（1999）宽泛的定义，是指"……在一个多重动机的情境下，认为他人将会合作的一种预期"，[1]其实质可以从心理层面得到解释，具体来说有三种看法：某一交战方会认为，如果不服从干预方计划达成的结果，自己会受到惩罚；如果服从了其方案，就不会受到惩罚、凌辱以及不公正的待遇；对手不会对干预者所施加的制裁耍花招。最终，这种信任便提高了干预体系的可信性。

交战方对外来干预行为的恐惧和信任，作为干预成功的重要成分，是第三方干预可信承诺理论的内在组成部分，该理论源自于经济学中的"委托—代理"理论。例如，在银行业，中央银行通过银行管理机制向储户承诺，若商业银行破产，储户将"获得足够的赔偿，并且其破坏不会蔓延至整个银行系统"。[2]在上述做法中，储户为委托人，商业银行为代理人，而央行就在中间起第三方的作用，保护储户的利益，并且在更广泛的意义上，保护整个银行系统的稳定性。与此类似，保险市场也建立在这种双重承诺之上：保险公司承诺确保履行对客户的保险理赔，客户则承诺尊重保险协议，不欺骗保险公司。这里，再次强调，可信承诺的核心概念是信任，即安德森等人（Anderson et al.）（1996）所说的"一种对对方会做出公平合理行为的信念"（以一种公平或尊重付出信任一方利益的方式）[3]。

在族群冲突解决领域，可信承诺理论用于多数民族—少数民族的

---

[1] Lawler, E.J., Ford, R. and Large, M.D. 1999. Unilateral Initiatives as a Conflict Resolution Strategy. Social Psychology Quarterly, 62（3）, 242.

[2] Hall, M.J.H. 1989. Handbook of Banking Regulation and Supervision. New York and London: Woodhead Faukner, 75.

[3] Anderson, E., Ross, W.T. Jr. and Weitz, B. 1996. Commitment and Its Consequences. American Agency System of Selling Insurance, INSEAD working paper, 96/42/MKT, 7.

冲突环境，也可应用于国内战争中作为外部和平担保人的第三方。在多民族国家，因"民族间的积怨、消极成见、人口威胁、族群统治历史、富于感情的族群标志、彼此对族群灭绝的恐惧、事实上的政治无政府状态，以及政治空间和军事行动手段"①而导致冲突加剧，在这些冲突中，少数族群需要国家机构来力保其利益不受侵害，而多数族群也需要少数族群承诺不会造反。在国家层面，在一个实行民主宪政、运转正常的国家，以上承诺受到官方保护，可以将族际压力降至最低。如果政府垮台导致无政府状态，这些承诺便不复存在，或是无法兑现，于是民族安全困境便产生了。"……没有中央政府维持秩序，没有警察局和司法系统保障合约的执行，国家被分割为多个独立的武装阵营"，②第三方大多在这种环境以及随之而来的安全困境中来实施干预，还有一种情况就是，上述局面也有可能由第三方直接造成。

安全困境直接影响着冲突方对外来干预行为的恐惧和信心度，对第三方干预的成败有着重要启示。波森（Posen）（1993）首次对民族安全困境进行了描述：国家崩溃，以及中央政府无力或运转不良，导致其无法控制领土，从而产生民族安全困境，如此一来，安全保障的任务就落在了各族群自己的身上，使得他们采取行动，进行自我防卫。③各族群在取代和代替国家来保护其族人过程中，最终便形成了一种类似于国家的思维方式和行为方式。在这种"自助"情形下，④"同一帝国分离出来的不同阵营一定会估量相互间的力量对比……然后再推测将来的力量对比。"⑤

---

① Kaufman, C. 1996. Possible and Impossible Solutions to Ethnic Civil War. International Security, 20（4），175.
② Water, B.E. 1997, 338.
③ Posen, B.R. 1993. The Security Dilemma and Ethnic Conflict, in Ethnic Conflict and International Security, edited by M.E. Brown, Princeton University Press.
④ Kaufman, S. 1996. Spiraling to Ethnic War: Elites, Masses, and Moscow in Moldova's Civil War. International Security, 21（2），108-138.
⑤ Posen, B.R. 1993, 110.

这种对自我以及他人的评估，基于其过去族群交往的经验，以及对方是否对自己构成威胁的主观判断之上。各族群开始陷入自己模糊的看法和歪曲的认识之中，自然就认为另一方原本就是邪恶的。在准备保卫本族人民的过程中，或者，用罗（Roe）（1999）的话说就是"……在尽力使自己的社会变得更安全（强化自身认同）的过程中，会在另一个社会造成一种反应，这种反应结果却会降低第一个社会的安全度（削弱其认同）"。[1]最终，在保护族群认同上，防卫被认为不如侵犯有效，后者于是成为首选，"先下手为强"的思维便盛行起来。

单纯从国内的角度来看，彼此不信任的族群无法找到一个外来担保人，用弗尔仑（Fearon）（1998）的话来讲，"来确保双方达成一致……（并且）多数民族也无法做出不剥削少数民族的承诺"。[2]从可信承诺问题来讲，安全困境使各族群能更好地理解来自彼此的威胁，即这种威胁来自掠夺他者的企图。少数族群惧怕被多数民族欺压，因为多数民族通常很强大，在包括执法机构和军队在内的国家机构里，多数民族占有压倒性优势。而对于生活在无政府状态国家的少数民族来说，因为没有政府机构来有效地保护其利益和权力，这些民族有时会面临两难的选择：为争取更好的生活而斗争，还是继续在这个国家像以前一样生活。同时，多数民族也担心，在他们不能有效把握局面时，少数民族就会找到合适的当口，或是有利时机，借助民族主义的表达方式，为自己的族人争取更多的利益，甚至有可能最终要求独立。于是多数民族自然就可能利用自己在人口、资源、技术方面，更重要的是军事上的比较优势，完全摧毁少数民族，确保将来不再出现任何动乱。

---

[1] Roe, P. 1999. The Intrastate Security Dilemma: Ethnic Conflict as a Tragedy? The Journal of Peace Research, 36 (2), 194.

[2] Fearon, J.D. 1998. Commitment Problems and the Spread of Ethnic Conflict, in The International Spread of Ethnic Conflict, edited by D.A. Lake and D. Rotchild. Princeton: Princeton University Press, 108.

本质上讲，在一个政权更迭、处于无政府状态的国家，自然会有可信承诺问题，其水平和严重程度与多数和少数民族间的关系状态直接相关。解决这一信任难题的关键在于，当多数民族承诺不镇压少数民族，并让其分享应得的国家利益时，这种承诺在多大程度上是可信的；当少数民族承诺不威胁多数民族的统治、不谋求独立时，又在多大程度上是可信的。

这种用以维系和平的相互承诺很难达成，因为族群领袖们还在利用一个或许更强有力的黏合剂——历史——来增强民族凝聚力。沉淀着负面族群交往情节的故事，又开始被津津乐道，旧时辉煌的寓言传说以及受压迫的历史，被放在新的语境重新解读，本族群被过度赞美和贴上过多伤疤，他族则被描述为邪恶的。神话传说不仅促进了各族群特有认同的产生，还在族群动员方面起着重要作用。过去的经验教训对塑造当今的族群关系模式、不同认同之间的相互作用有着至关重要的影响。各族群倾向于"通过……凝聚力和……过去的战争记录"[①]去评估来自他族的潜在威胁。过去的恩怨、被他族排挤和边缘化的感受强化了族群内部认同。如罗斯（Ross）（2001）所述，"在不断升级的族际冲突中，诸如选择性创伤这样的关键性隐喻，成了族群团结的集结点，以及族群共有的一种解读方式，去解读那些带来深深恐惧和生存威胁的事件"。对受压迫历史的记忆增强了族群凝聚力，从而强化了他们的认同。

国内的无政府状态进一步加深了族群内部的"他""我"之分，增强了群内凝聚力，在群体认同遭受威胁时，便可以迅速动员。沿着这一思路，泰勒（Theiler）（2003）认为"……人们总是区分本族和他族，对本族往好里想，而对他族则往坏里想……人们不停地以这种方式比较本族与他族，好让自己对本族自我感觉良好"。[②]其结果是，各族群便创造

[①] Ross, M.H. 2001. Psychocultural Interpretations and Dreams: Identity Dynamics in Ethnic Conflict. Political Psychology, 22 (1), 167

[②] Theiler, T. 2003. Societal Security and Social Psychology. International Studies, 29, 261.

出他们自己的"……正面的社会认同……（即）通过做出相对他族而言对本族更为有利的评价，……来实现个体的自我形象中跟其族群成员身份相关的部分"。[1]这种族群内凝聚力中非常关键的一点，是其成员往往将更多的正面人性特征——爱、感情、忠诚、慈善、手足之情、家庭和感恩——赋予本族，把更多负面的人性特征——仇恨、背叛和贪婪——视为其他族群的特征，认为他族不够人性，并且顾名思义，是敌对的。莱克和罗斯柴尔德（Lake and Rotchild[2]）（1996）在谈及历史背景在激发族群冲突中所起作用时也强调了这一点。他们认为，"政治记忆和神话故事能够歪曲各族群对他族的印象，认为对方比事实上更具有敌意，更具侵略性"。[3]

以上推理导致负面的"族群偏见"——一系列被历史性合理化了的特征，这些特征将一个族群跟其他族群区分开来，这种区分又代代相传，进一步破坏族群间的交往。这种偏见在一些族群内部产生道德优越感的同时，对其他族群则造成越来越强烈的痛苦与被剥夺感。一个族群于是成为一种感情的仓库，一种共有传统的储藏室，有关本族的都是正面的，有关他族的则是负面的。

族群内凝聚力有可能成为影响第三方实现干预目标能力的重要因素，这取决于第三方具体支持哪一个族群，即使在第三方保持中立和（或）不偏不倚的情况下也是如此。族群内部可动员程度越高，族内成员为达目标而斗争的决心也就越强烈，这样一来，支持这一族群的第三方的行动也就效率更高且代价更低——如果第三方支持某一方，则来自该

---

[1] Levin, S., Sidanius, J., Rabinowitz, J.L. and Federico, C. 1998. Ethnic Identity, Legitimizing Ideologies, and Social Status: A Matter of Ideological Asymmetry. Political Psychology, 19（2），374.

[2] 原文是Rotchild，经查证为Rothchild。——译注

[3] Lake, D.A. and Rothchild, D. 1996. Containing Fear: The Origin and Management of Ethnic Conflict. International Security, 21（2），55

方"全心全意"的支持和其实际行动可以创造有力的开放性局面，降低操作成本，提供大力的公众支持，有助于干预成功。另一方面，来自敌对方的族群凝聚力，则会使得第三方遭受更为强烈的抵抗。如果干预方中立，也存在以上问题。这是因为，如果交战各方的内部凝聚力很强，干预方会受到来自交战各方同样强烈的抵抗。以上情况下，无论干预方中立还是偏向一方，其干预行为都会更加困难，为了让交战方积极接受其干预方案，干预方不仅需要平息交战方眼下对彼此的不满，还要消除历史上相互之间留下的污点。同样，如果交战各方容易动员，也会帮助或妨碍第三方达成其干预目标。

弗尔仑关于承诺问题的理论很重要的一个特征是，没有外来行为体参与的情况下，该理论将关注的焦点对准国内变量。虽然"如果第三方很强大，愿意而且能够在少数族群不尊重其所做政治承诺的情况下，依然保证进行干预，承诺问题就会被消除"，①但是因为门槛太高，外部行为体不愿承受，这是一个很大的问题。然而，不偏不倚、中立的第三方在降低不信任程度以及承担国内和平的外部担保人方面，仍然可以起到重要作用。根据沃尔特（Walter）（1997），第三方"……能够改变条约执行期间的恐惧和不安程度，有助于问题的解决……（他们）能够保证各群体得到保护，约定的条款得到履行，承诺得到兑现"。②第三方的存在，为交战方提供了外部安全保障，并且做出可靠承诺，保证任何一方背叛停火协议都会受到惩罚，由此解决了承诺问题。通过提供有关冲突方行动的准确信息、控制军备、保护协议以及为各族群提供可信的"胡萝卜加大棒"，中立的外部干预者能够大幅降低族群间对彼此的恐惧和不确定感，正是这些构成了安全困境的基础。想要达到以上目的，外部干预者的承诺应当满足以下三个条件：在解决冲突过程中，该承诺必须

---

① Fearon, J.D. 1998, 108.

② Walter, B.F. 1997, 340.

关乎干预者自身的利害关系；"必要时必须愿意使用武力，且军事能力足以惩罚违约的任何一方；……（并且）干预国应当能够表明干预决心"。[1]

对偏袒一方的干预者来说，可信承诺问题为其追求自身利益提供了有利的土壤。第三方将交战方的恐惧和期待玩弄于股掌之间，或者一手制造出各种承诺问题，加剧了对象国国内状况的不稳定程度，降低交战方之间达成和平解决方案的可能性，因为一旦他们之间达成和解，就会阻碍干预方达成干预目标，最终交战方便会以对自己最有利的方式来改变冲突结果。我们这里讲的其实是另外一种信任——对威胁和背叛之后惩罚的认识。

单边干预者对多边干预者

用以上方法研究国内和平的外部担保人存在一个问题，就是该方法笼统地将焦点放在干预者承诺现象本身，并没有区分不同类型的干预者。不对干预者成分给予足够的关注，弄清他们实施计划乃至维持和平的能力，对解决或是加剧安全困境这类问题和可信承诺问题的研究就非常不全面，抹杀了行为体的复杂性。在和平中心论的理论框架下，评价第三方成败时，一直都在试图区别单边和多边干预，并且就有关第三方构成成分在维持和平方面所起的作用，得出了颇为不同的观点和结果。

不过，有一个共识是，多边干预正是因为其多边性和中立性，比单一的第三方能更持久地维持和平。干预中立性事关干预目标、干预成分以及干预力量所进行的活动这些概念，会让冲突方比较容易接受外来力量的介入。在这方面，多边干预比单边行动更有可能带来持久的和平。[2]

---

[1] Walter, B.F. 1997

[2] Regan, P.M. 2002

多边干预，尤其是像联合国这样的跨政府组织或代表这样的组织进行的多边干预，考虑到了"接下来的国际执行，（这种执行力）通过强行恢复秩序、直接执行和平协议或者提高违约代价的方式，能够帮助解决承诺和合作问题"。[1]联合国的介入，用多伊尔和桑班尼斯（2000）的话来说就是，"……给出了一个信号，即结束冲突符合国际利益，而且联合国还会为冲突方提供所需帮助"，[2]不过，其行动还应该在操作上以及功能上得到主要国际行为体的支持。从可持久和平的角度来看，多维度的介入，也就是包括维持和平、建设和平和冲突后重建的组合干预策略能够"不仅有助于减少暴力……还……有利于体制和政治改革、选举以及民族化"。[3]

和平解决方案的稳定性，与国际维和力量的部署情况正相关。根据福特纳（Fortna）（2004），将近70%在国际组织介入下达成的协议，有效持续时间都比较长。用和平失败的风险大小来衡量干预的成功，"传统的维和特派团和观察团最为成功，因其能够降低战争风险"，[4]且程度相当可观。总体上，干预后若有维和行动，则会显著地降低冲突卷土重来的风险——程度达一半以上。同时，非联合国行动比联合国介入对和平的持续时间有更大影响。冲突结果对战后稳定来说也很重要：如果和平是交战中的一方通过决定性胜利取得的，则会持续更长时间。这种形式的胜利能够帮助第三方节约资源，降低战败方重整旗鼓、再次武力相向的可能性。

单一的干预者"容易于偏向冲突中某一方"，而多边干预者相对来

---

[1] Doyle, M. and Sambanis, N. 2000. International Peacebuilding: A Theoretical and Quantitative Analysis. The American Political Science Review, 94（4），781.

[2] Doyle, M. and Sambanis, N. 2000, 785

[3] Doyle, M. and Sambanis, N. 2000, 791

[4] Fortna, V.P. 2004. Does Peacekeeping Keep Peace? International Intervention and the Duration of Peace After Civil War. International Studies Quarterly, 48, 283.

说则有助于产生"一种方案,该方案不仅能满足各冲突方的利益,也能满足国际社会的利益"。多边干预者更受交战方信任,而且,多边干预者构成成分的性质决定其能够考虑到国际上主要行为体的利益。此外,联合国出面的干预能够提供"比单边……行动更好的保障,来确保各方利益(如主要国家或同一地域内其他国家的利益)得到尊重"。①

与此同时,在涉及冲突解决中的多边组织,尤其是联合国的作用时,和平中心主义的研究方法在好几个方面都存在相当大的疑义。作为一个跨政府组织,联合国所具备的能力及其政治意愿,都受制于其成员国承诺和投入的力量。联合国通常"只在(冲突)超过一定严重程度后"才介入,来挽救维和人员生命,而并非对象国人民的生命。联合国还"往往很快离开"冲突现场:因资源有限,联合国的干预目标也具有局限性,并且一旦敌对活动结束,除非其任务范围进一步扩大,联合国行动组便会撤离,而更改任务范围又不得不在安理会进行长时间的讨论。反对联合国介入的最终原因,在于其提供的是人工解决方案:冲突可能以一方取得决定性胜利或其他多种方式结束,而联合国"行动却可以使冲突进程停止,导致一种僵局,而这种僵局只能延缓冲突的卷土重来,并不能阻止其发生"。②地区的多边干预者,与联合国相反,在操作上更为成功。卡芒和希尔(2001)的分析认为,受邻国国内冲突的间接影响,像难民的流入、政治上的不稳定以及跟冲突国之间密切的经济联系,"无论是跟各干预国还是联合国相比,地区组织在终止武力方面都做得更好"。③

---

① Diehl, P.F., Reifschneider, J. and Hensel, P.R. 1996. United Nations Intervention and Recurrent Conflict. International Organization, 50(4), 687-688
② Diehl, P.F., Reifschneider, J. and Hensel, P.R. 1996. 688
③ Carment, D. and Harvey, F. 2001. Using Force to Prevent Ethnic Violence: An Evaluation of Theory and Evidence. Westport, Connecticut, London: Preager Studies on Ethnic and National Identities in Politics. Preager, 129

从纯粹的操作角度来说，多边干预的另一个不利之处在于，在决策与形成"志同道合国家"联盟以及实际的军队部署之间，需要很长时间。国际联盟的成员国还面临来自本国内部反对其参与干涉的压力，于是便出现了帕特南（Putnam）所谓的双层博弈的"两面"模型（"Janus-faced" model of the "two-level games"）。[①]参与的国家行为体越多，便越容易出现搭顺风车和逃避责任的现象。这些国家可能会承诺派出一定数量的军队和军事装备用于干预，这是因为他们希望在国际社会享有威望并能够继续待在"优等国俱乐部"，实际上有可能根本就不兑现这些承诺。在多边倡议下参与干预的国家在其国内可能存在一些利益行为体和反对阵营，这些力量可能与本国政府意见相左，会从国内权利角逐的考虑出发质疑本国的介入。

在干预国内部，上述不同意见之间的争论制衡也会有其理性的部分，会让本国认真考虑到参与这样的联合干预时所要付出的高昂代价。卡芒和罗兰兹（1998）认为，外来干预的花费有以下两种类型的区别：干预者本身承诺给付的费用和第三方强加的解决方案所产生的费用。"所有策略的选择都涉及干预者风险。什么都不做可能会产生不想要的结果，而有力的干预则可能给干预者带来急剧增加且不必要的费用。"[②]而且，如果干预力度不够（例如高风险环境中的轻度干预），对干预者来说结果可能反倒代价更高，并且最终对交战方来说也是如此。干预国就可能出现的状况、收益以及相关的经济和人力成本进行计算，如果收益大于成本，他们则决定进行干预。

在目标法中，应用第三方构成成分的不同这一点时，多边干预比单边干预更成功这一假说在干预者成分因素方面有几个假定。首先，无论

---

① Putnam, R.D. 1998. Diplomacy and Domestic Politics: The Logic of Two-Level Game. International Organization, 42（3），427-460.

② Carment, D. and Rowlands, D. 1998. There's Company: Evaluating Third-Party Intervention in Intrastate Conflict. The Journal of Conflict Resolution, 42（5），576.

外部支持的受惠者是谁——是对象国政府或者挑战政府的族群——任何干预结果都"需要一种机构正当性，作为长效措施的基础"。[①]若要持久，任何冲突结果——和平协议、失败或僵局——都需要某种法律的框架，如此冲突结果才能制度化。参与方越多，哪怕提供给交战方的选择不是最好的，也会显得越合理。这里多边干预因为由一方以上进行，对冲突结果提供了制度化的合法性，即使和平以及冲突的解决并非干预者直接目标，也是如此。

与机构合法性这一概念密切相关的第二个假定，是多边干预行动的公正性，这种公正性将交战方背叛停火协议的动机降至最低，并且提高了冲突各方眼中干预者的可信度。战争中的各派系都应该清楚，即使自己裁减军备或遣散部队，也不用担心干预方会让某一方获胜。当然，参与多边干预联盟的国家就特定的干预结果也会有自己的利益和利害关系。然而，他们的自我利益会因其他国家的存在而被"抵消"：多边干预在功能上的公正性平衡了作为其组成部分的不同行为体的利益。相反，当一些国家进行单边干预时，他们就干预结果为冲突方所提供的担保受制于他们的自身利益和针对不同族群所采取的立场，而这一点对他们的可信度是不利的。国家利益对单个国家来说可以各有不同，而在多边组织中则对干预进程影响较小。相对单个国家来说，在政策方面以较高路径依赖性为特征的多边组织，对急剧改变的政治愿景有较强的抵抗能力，否则这些变化一旦产生，将不可避免地导致其基本机构核心产生变化，而机构核心是多边组织存在的基础，如果要改变它，即使不需要全部的成员国同意，也要求他们中的大多数同意才可以。

即使多边干预在行动上并不公正，或者在强加其意志时由于做出不利于冲突某一方的行为而显得不够公正，支持上述假说的第三个假定则会为他们行动中在操作上的偏见辩护。在族群战争中，有时对一方来说

[①] Carment, D. and Harvey, F. 2001, 129

最好的结果对另一方来说却是最糟糕的，但这种情况发生时，"双方都乐意的解决方案是无法实现的，因为较大的、军备有力的族群很清楚，坚持抗击会让他们获得更大收益，给予一方的支持一定会遭到另一方的反对"。①在行动上反对一方显然就意味着支持另一方，这样就进一步大大降低了第三方行动的合法性。从这个角度来说，多边干预的不同之处在干预者有着共同的偏见，这种偏见弥漫于各成员国：一国的意志与多国的意志并驾齐驱，难以反抗，并非因为其强大的惩罚力度，而是因为该意志得到了由不同国家组成的一个更大的国际组织的首肯。

第四个假定是，多边干预相比单边干预有更高的透明度。一旦某个干预国在一次族群冲突中成为主要行为体，该国就能很容易地将其军队的行动、数量和策略以及地面军事装备的类型从国际视野中隐藏起来，并通过使用包括大众传媒在内的各种工具来影响大众观点。因此，其行动更加隐秘，并可能存在暗箱操作、武器装备的供给和不受控制的经济支持。而干预若由一个以上国家进行，理想的状态是在"国际特别部队的领导下……（该部队）包括积极的地面人员部署，但并不涉及武器的供给或补给"②。另外，因为多边干预者扮演中立的观察者角色，这种角色让他们避免了与交战方可能产生的冲突。多边干预在行动和意图上的透明度提升了其可信度，如此，无论是武力威胁还是承诺回报都更加有效。最终，第三方行动的透明性降低了交战方关于干预者行动的不确定和恐惧感，从外部减轻了安全困境。

同时，需要重点提到的是，第三方行动的成分因素本身并不能完全解释其成败：冲突在地理位置、交战各方的成分、国内权力角逐以及邻国利益方面各有不同。上述因素的任何变化或其组合方式发生任何改变，都有可能对干预进程及其达成预期干预结果的能力产生重要影响。

---

① Carment, D. and Rowlands, D. 1998, 580.
② Regan, P.M. 2002.

特定的国家和干预因素能够增加或降低成功的可能性，直接影响第三方行动的结果。可以重点考虑各种国内变量：第三方介入前的冲突情况、冲突的性质（族群、宗教还是因群居而起），当地行为体的力量平衡；交战各方的地理位置及其在多大程度上接近可能的干预国领土，对象国的行政—政治划分，用以支撑各交战族群的经济资源以及其他很多变量。

干预前的冲突情况对第三方行动的成功起着重要作用，其具体状况有以下四种可能：战争正在进行、一方已获得决定性胜利、处于军事僵持状态和经协商已达成解决方案。因地面状况和冲突参与者（参战各方及其支持者）的情况不同，干预者在其行动上会面临不同的阻碍和促进因素。

我们首先来看进行中的战争这一情况，这时结果很大程度上取决于第三方支持谁。干预方要么支持反对方少数族群（少数族群通常是反对方——较弱的一方），要么支持多数族群（通常是政府——较强的参与方），要么就是保持中立，谁也不帮。如果干预方支持较弱的族群，则会通过带来自己的资源来提升该族群在国内的权力地位，使其与更强一方的权力平衡趋于平等。这会延长冲突时间，增加较弱一方在军事上抵抗对象国政府的机会，但是也会影响第三方的伤亡情况，并增加较强一方从外界寻求帮助进而请来其他外部行为体的可能性。然而，第三方若是帮助多数族群，则不必像支持弱小一方那样投入那么多的资源，因此会更节约费用。干预者还可以支持已经在军事上比对手具有优势的一方，以便更容易达成自己的目标。支持政府一方也会有助于更快结束冲突，因为这样会降低弱小一方的期望值，使其更加顺从。如果干预者中立和不偏不倚，不支持战争的任何一方，则会被交战双方两面夹攻。第三方在行动上介入这种敌对活动越少，受到的损害也就越小。

僵局是另外一种在操作上与积极的战争很类似的情况。在这种"非和（非战）"状态，"鉴于对手的力量，双方都无法在战场上取得显著的进展，双方也都不相信短期内局势会有所改善"。[①]但是，从成功干预的角度来说，这种僵局可以被视为一种更理想的局面：尽管各方或许已经在冲突中耗尽其军事力量，他们仍然清楚彼此的战斗潜力，这种潜力原则上可以在任何时候用于抵抗任何干预者。僵局虽能为各族群带来他们所需的缓冲时间，同时也为交战双方提供了集结资源和招募更多兵力的机会，以便重拾战火，而干预者也就面临更为激烈的军事对抗。因此，第三方会选择与交战双方进行积极的协商，以降低战争损伤。

僵局和积极战争的最终结果都可能是签署停火协议，停火协议可以是交战双方自己达成的，也可能是在外来调节人的帮助下实现的。这里，冲突解决的结果以战争双方的合作活动为基础，这些合作活动，用布龙菲尔德的话来说，"……通过寻找自己的整体解决方案……来解决冲突，于是他们就成了自己的协议担保人"。[②]如果有外来帮助，通常是以"斡旋"的形式，中立和不偏不倚的第三方比带有偏见的第三方更有机会促成和平协议的签署，这是因为此类协议是否具有生命力，很大程度上取决于交战方在多大程度上信任作为外部和平担保人的干预者。

最后一种情况是，干预者介入之初，对象国冲突的某一方便明显会取得决定性胜利，或者已经取得了决定性胜利，根据利克里德（1995），一方的军事胜利意味着"反对方发起内战会很困难……内战中经协商达成的解决方案很容易招来一些族群的否定，因为这些族群不愿臣服于对自己的影响尚不确定的社会变化；但是军事胜利则会摧毁这些族群的力量，再次冲突会更加困难，而政府也便可以为所欲为"。[③]决定性的军事胜利让获胜一方不再担心失败一方会再次武力相向，因

[①] Walter, B.E. 1997, 347.

[②] Bloomfield, D. 1995. Towards Complementary in Conflict Management: Resolution and Settlement in Northern Ireland. Journal of Peace Research, 32 (2), 152.

[③] Licklider, R. 1995. The Consequences of Negotiated Settlements in Civil Wars, 1945—1993. The American Political Science Review, 89 (3), 685.

为后者军事力量已经遭受重创。即使过一段时间，失败方试图恢复其战斗力，获胜方可能会再次重创失败方，所以获胜方仍最有可能保持其因获胜而取得的军事优势。这种情况下，支持主要族群（更强一方）的干预者更有可能成功，而为较弱的族群提供支持的干预者则会延长冲突时间，加大自己的损伤。对中立的第三方而言，他们要做的仅仅是确认获胜方的胜利，并且在愿意的情况下建设和平。

从更多的国内变量来看，交战方的性质和他们之间的关系，在干预者达成目标过程中也起着重要作用。在第三方的和平决策议程方面，尤其如此，相比意识形态引起的冲突，在认同冲突中进行和平建设更加困难。福特纳（2004）的分析表明，相对意识形态的对抗，认同冲突中的解决方案更难持久。[1]另外，利克里德（1995）认为，族群和宗教认同战争比其他冲突更容易卷土重来。[2]不过，杜比（Dubey）（2002）[3]和哈策尔等人（2001）所做的研究并不支持上述结论，[4]这几位研究者的研究表明，冲突参与者的性质与带有维和行动议程的成功干预之间不存在显著差别。

低伤亡率是另外一个被认为是成功干预的决定性因素。冲突越血腥，战火重燃的可能性就越大，其结果是，干预者行动会遭遇更多的军事敌对活动。[5]换言之，双方死亡人数越多，战争双方就越想为死去的同胞报仇。这样就会导致冲突的持续和暴力程度的增加，使得第三方更

---

[1] Fortna, V.P. 2004, 283.

[2] Licklider, R. 1995.

[3] Dubey, A. 2002. Domestic Institutions and the Duration of Civil War Settlements. Paper to the Annual Meeting of the International Studies Association, New Orleans.

[4] Harzell, C., Hoddie, M. and Rothchild, D. 2001. Stabilizing the Peace After Civil War. International Organization, 55 (1), 183-208.

[5] Dubey, A. 2002. Domestic Institutions and the Duration of Civil War Settlements. Paper to: the Annual Meeting of the International Studies Association, New Orleans; Doyle, M. and Sambanis, N. 2000, 799-801.

难应对。对多数族群来说,这就意味着比较优势,这种优势使得多数族群在战场上能够承受绝对值更大的损失,也能做好打持久战的准备。另一方面,死亡人数越多,冲突方因战争的损耗其反抗能力降低,也就越容易接受干预方强加或给出的解决方案。

各族群的地理位置和行政区划也会影响外来干预,成为实现干预目标过程中或积极或消极的因素。少数族群生活在国家发展的"边缘"——本国的边远地区,这里中央行政控制通常较弱,这些族群会有在经济和政治上被边缘化的感觉,不仅如此,边界地区还是外来支持的理想区域。邻近的国家可能生活着一些这些少数族群的族人,这样就会增加人口流动性,并为这些族群提供更多的商品以及经济和军事上的支持,能够降低中央政府对其控制力度,如此一来,以上论断就会更加成立。如果邻国生活着族人,这些邻国会有强烈的动机为他们的同胞而进行干预。有些国家存在被其他族群包围的飞地或者说是"民族岛"①,在对其进行干预时,第三方就能够迅捷地给其临近地区提供军事和(或)经济援助。②干预会因此而代价更低、速度更快并且效率更高。

第三方介入族群冲突的意愿,被认为会因为族群自治的行政划分而增强,这种划分使得干预者能够将其干预结果制度化。康奈尔(Cornell)(1999,2002)和哈策尔(1999)认为族群自治有利于族群的壮大和动员,容易产生冲突,③而对第三方来说,族群自治则很有吸引力,可以让他们以民族自决原则为基础为其行动找到合法的理由。

---

① Posen, B.R. 1993.
② Walter, B.E. 1997
③ Cornell, S.E. 1999. The Devaluation of The Concept of Autonomy: National Minorities in The Former Soviet Union. Central Asian Survey, 18 (2), 185-196; Cornell, S.E. 2002. Autonomy as a Source of Conflict: Caucasian Conflicts in Theoretical Perspective. World Politics, 54 (2), 245-276; Harzell, C.A. 1999. Explaining the Stability of Negotiated Settlements to Intrastate Wars. The Journal of Conflict Resolution, 43 (1), 3-22.

最后，事实证明，国内情况在决定第三方成败方面是很重要的因素。自然资源，或者"可抢掠之物"（石油、天然气、矿藏、黄金、钻石，还有其他与收入有关的变量，例如通海航道和道路运输情况）能够支持交战各方进行与战争相关的活动，[①]是第三方干预的强大诱因，而且很大程度上能够预测是否能够达成持久的和平解决方案。交战各方若是拥有可用于军事活动的大量资源，冲突持续时间会更长，解决起来也就越困难。对外来干预来说，这些资源可能有助于第三方行动的成功，也有可能对其不利，具体要看干预方支持的是哪一方：第三方通过支持拥有更多更重要可支配自然资源的一方，从单纯的商业的角度就会获益。

---

① Collier, P. and Hoeffler, A. 2000. Greed and Grievance in Civil War. CSAEWPS/2002-01 [Online]。Available at: http://www.csae.ox.ac.uk/workingpapers/pdfs/2002-01text.pdf [accessed: May 6, 2009]; Elbadawi, I. and Sambanis, N. 2001. How Much War Will We See? Estimating the Incidence of Civil War in 161 Countries. World Bank Policy Research Working Paper [Online]. Available at: http://siteresource.Worldbank.org/INTKNOWLEDGEFORCHANGE/Resources/491519-1199818447826/muti0page2533.pdf[accessed:May 6, 2009]; Dubey, A. 2002. Domestic Institutions and the Duration of Civil War Settlements. Paper to: the Annual Meeting of the International Studies Association, New Orleans; Ross, M. 2006. Mineral Wealth and Equitable Development, Equity and Development, World Bank Development Report, Background Papers [Online]. Available at: http;//siteresources. Worldbank. Org/INTWDR2006/Resources/477383-1118673432908/Mineral_Wealth_and_Equitable_Development. Pdf[accessed: May 6, 2009]; Doyle, M. and Sambanis, N. 2000. International Peacebuilding: A Theoretical and Quantitive Analysis. The American Political Science Review, 94（4），779-802.

第二章

民族冲突中外部干预的定量分析

外部干预是一个复杂的现象。与他国有关系的一国所采取的任何措施都可包含其中,如单纯的军事行动,或是经济援助、经济制裁等。干预活动可以仅限于派驻观察团到发生冲突的国家,也可能是为交战国提供经济援助或对其实行制裁。实施干预活动的第三方有可能公开派驻正规部队到目标国直接参与军事行动,也可能安排特种部队秘密执行任务。干预活动还有可能涉及参与国各自独立(或多国联合)的官方调解或仲裁的努力,或是对交战国秘密提供军事或经济的支持。

由于一个国家参与他国内部事务本身情况各异,有时甚至还十分模糊,因此有必要对外部干预下一个清晰的定义。尽管目前学术界对外部干预有相当多的认识,涉及干预行动的范围和领域也很宽泛,但是,尚未出现一个被人们广泛接受的定义。关于干预的各种文献资料十分丰富,涉及不同类别的干预活动:如军事干预、宣传活动、经济援助、外交谈判,以及包含上述各项的多维度干预活动,或是单边(多边)干预等。罗斯诺(Rosenau)在1969年提出的说法也许是目前对干预行动这一概念最宽泛的定义:干预是对目标国中的个人或团体的行为所进行的修正活动。如果进行干预的国家没有采取干预行动的话,那么这些修正活动就不会发生了。这样的观点难以令人满意,因为它将外部行为体对目标国家的每一步行动都视为干预活动,而这种说法缺乏证伪性。当我们从复和相互依赖理论（Complex Interdependence Theory）的核心出发——该理论由基欧汉（Keohane）和奈（Nye）于1977年[①]提出，即一个国家对目标国的行为的变化，取决于他们之间的互动与联系——来审视干预概念的话，我们就可以很清晰地看到，后者这个目标国被置于一种或脆弱或敏感的处境，而且会被迫改变自己国内状况。如果按照这种方式解读的话，那么一个国家所采取的每一步行动，只要在目标国出现相应的回应，就都可以被视为干预活动了。

以此类推，如果我们将干预活动定义为外部行为体所采取的旨在影响他国国内事务的话，不作为或者是外部影响的缺失也可以被认为是一种干预。外部性的缺失也会影响国内冲突，比如，如果没有外部支持，冲突一方就不会取得胜利。这种对干预所做的宽泛定义是有问题的：一国疆域之外的任何国家对该国事务做出任何行动，都可以被视为一种干预。倘若一切皆干预，这一说法便失去了其意义。因此，需要对外来干预做出一个简化的、有限定性的定义。

下文对干预的描述结合了利克里德（Licklider）（1995）和里甘（Regan）（2002）[②]关于第三方行动的定义，尽可能给出一个狭义的表述，但同时又不失准确：干预就是对他国的内部事务所做的打破惯例的军事和（或）经济干预的活动，目的在于改变其国内的权力平衡。干预活动的手段主要针对其权力结构和政府能力以及反对者，或是不为冲突的任何一方提供支持。这里的干预存在三种类型即地理、行动、内涵的限制，即干预活动应该发生在有限的疆域内，其运作方式需在有限范围

[①] Keohane, R. O. and Nye, J. 1977. Power and Independence: World Politics in Transition. Boston, Little and Brown.

[②] 干预的定义见利克里德 R，1995年。The Consequences of Negotiated Settlements in Civil Wars, 1945—1993. The American Political Science Review, 89（3），681-690 and Regan, P.M. 2002. Civil Wars and Foreign Powers – Outside Intervention in Intrastate Conflict. University of Michigan Press, 2002.

之内，且有明确的方向。

在下文所做的数据分析中，我们以评估第三方对其成功实现目标的影响为目的，将干预者的活动作为一个虚拟的自变量来考察：即在国际或地区组织的联合指挥下采取行动，或是多方干预者为共同的目标而采取联合行动，并且采取行动的方向一致，这些都是多方干预；而单方干预是指目标国家之外的一个单一国家所采取的干预行动。

由于检验假设认为多边干预要比单边干预的成功率更高，因此，在回归分析阶段，自变量将不再区分为各种各样的行为体，如多个国家共同采取的干预行动，或是多国或地区组织庇护下的干预行动。在此，我们的任务是考察干预者在实现其目标方面的二元对立性质的单纯构成性影响。多边联合行动中不同参与者的真实问题将会在随后的案例分析中讨论。

因变量——干预行动的成功——也将被重新考察。为了采取以目标为导向的研究方法，将不得不舍弃检测干预行动成功与否的时间限制。5年或2年，抑或6个月的持续和平，都不能完全解释干预者是否成功完成了其目标，在这里，成功这一概念是支撑该理论的支点。因此，如果干预行动成功地完成了其议程和目的，那么就可以视为干预成功，反之则为失败。这种观点将会提供一个有限的、简化而又完整的画面，向我们展示出干预者欲达成的目标，以及他们已经实现的目标。为了将产生成功的干预活动的因素以及检测干预成功的因素分离开来，每一例干预活动的真实结果——因变量——都必须与其议程和目的进行反复核对。

如此一来，具有实践相关性的成功概念将会被干预活动的终点所取代。这一点可以通过对下文中成败评估的思考来实现。首先，由于因变量是实现干预的目标，那么，一旦干预者离开冲突地点，并成功或失败地完成了他们的目标，干预活动的成功与否就可以得出结论。例如，一个中立的第三方可能会采取干预行动，来终结冲突国的战争，如果和平得以实现，这一干预行动就可视为是成功的。或者，如果一方的干预是为了帮助少数派对抗多数派，而且这个少数派最终成了赢家，那么这一方的干预行动也应该视为是成功的。

　　与此同时，干预者的目标会因多种因素而随时改变：如干预者行动的环境、干预者国内政治局势和国际上的反应等等。对于多国干预行动而言，一般都是如此，这些行动的目标和任务是被授权执行的，并非一成不变——它们可以改变、修改、扩展到其他区域或目标，抑或被其他的目标完全取代。在干预中反映出的单边行为体重塑外交政策利益的情况就可发生了，例如，当一个国家政府的反对派执政当权，它可能就不再同意其国外的行动了。干预者的行动中，有些令人尊敬的议程可能会比其他的任务更加成功。因此，由于这些议程本身的不确定性，我们在评价干预活动议程的目的时，应该采取所谓的"冻结窗口"观点。

　　对干预行动成败的统计回归分析主要有两个目的：这样将有助于认定第三方（多边对比单边）自变量对于干预行动议程成功的影响。在某种意义上，这也将给自变量和因变量之间"纯粹"的关系下一个定义。与此同时，还有必要指出一点，除了干预行动的构成变量以外，还有其他的因素需要考虑，这些因素可能属于目标国家的国内环境，也可能属于国际层面上的安排，这些安排可能会干涉干预活动议程的完成过程。如果我们不能及时连贯地把握这些因素，也就不能在干预行动类别和干预行动成功之间建立真正的关联。

　　以和平为中心的研究方法转移到目前以终点目标为核心的研究方法，控制变量也有所变化，包括第三方支持的方向，干预行动中干预工具和力量因素，该因素包含在目前的数据集中，目的就是为了检测他们在以终点目标为核心的研究方法中的稳健性。除了上述这些主要解决影响干预过程和结果的国内因素的变量以外，国际政治气候和体系层面的国家间的互动，也一并考虑在内。为了评估国际体系在冲突国家的国内对抗中的作用，我们引进了另外一个变量——冲突与冷战结果的接近度，此举的目的在于考察两极对抗在国际体系中的终结是否对次体系的种族战争之结果有影响。所有控制变量及其相关假设详述如下。

控制变量1：第三方支持的接受者。就交战方的关系而言，第三方实际上有三种选择：帮助目标方，支持挑战者或是保持中立。目前关于内战的干预的观点是，中立的干预力量对于实际的和平与和平维持的时间具有积极的影响。如果交战方都没有接受外界力量的支持的话，那么即使第三方出于自身利益的考虑而可能会对某种结果感兴趣，干预者与交战方的关系也依然是中立的。还有一点值得注意，即当多边干预是以多国联合的名义实施时，这样的干预行动就享有更高的中立程度，也更易被冲突国家的交战各方所接受：干预方共同的行动偏见，以及多国的参与，都会使交战各方认为干预者的行动不存在偏见。概率分析是在目标测量的框架内检测接受第三方支持与干预成功可能性之间的关联。

控制变量2：干预类别。以和平为中心的研究方法假定军事、经济，或两者混合的干预可以带来不同的结果。例如，根据里甘的研究，军事援助和经济支持组合在一起，可以增加干预者在内战中实现可持续和平的几率。[①]换言之，当军事胜利得到经济资助的支持时（如非洲国家的经济和军事行动，瑞典和爱尔兰在联合国的支持下，在扎伊尔于1960—1965年之间意在寻求重建扎伊尔国内秩序，防止其崩溃的行动），两者结合有助于取得胜利，这要比单一行动拥有更多的帮助。此外，干预行动还需要根据冲突的实际情况来进行。例如，长期的冲突由于造成的破坏比较严重，因此需要更多地关注经济和政治的发展，而对于短期的冲突而言，军事干预也许就足够了。这样的联合战略将意味着干预者不仅要做好打短期军事战的准备，还要准备好进行长期的经济援助，这样一来也能更加接受外界支持的交战方对干预者的信任。

控制变量3：干预者的相对力量。之前的研究认定超级强权的参与，无论是以绝对形式（联合国、全球性超级大国如美国和俄罗斯）出现，

---

① Regan, P.M. 2002.

还是以相对形式（地区性超级大国：法国在对非洲的干预行动）单独或联合其他国家出现，都与干预目标的实现有着积极的关系。[1] 更为强大的国家在军事行动和为冲突的任一方提供经济支持方面都会更加成功，尽管这样的假设很符合逻辑，力量的差别有助于理解干预行动的成功，也有助于确定力量本身是否就足以成为第三方成功的先决条件。概率分析就是为了确定超级强权的参与或不参与对单边和多边干预行动各自的影响：相比联合行动的成员力量均衡的情况，强大的参与者是否会给予多边干预行动的成功带来更大的机会？超级大国的干预是否会比非超级大国的干预更有可能成功？

控制变量4：干预行动与冷战结束的接近程度（苏联解体前后5年，即1986—1991年）。以和平为核心的方法认为冲突发生的时间与冷战越接近，越有可能受到外界力量的干预。[2] 潜在的假设就是，两极世界格局以及美俄意识形态对立的终结（这两者在冷战期间存在某种程度的合作），与干预行动的成功存在消极的关联。与此同时，在冷战期间，民族冲突的干预一般都是由意识形态的差异所引起（如1977—1978年欧加登战争期间苏联和古巴对埃塞俄比亚政府的支持；1960—1965年加丹加省冲突中，比利时对扎伊尔实施干预行动），[3] 这些冲突方和干预者都利用各自意识形态的关系寻求外交支持，或是进行干预。

冷战期间，联盟中体制层面的冲突都被化为国内对抗，在联盟中，

---

[1] Fortna, V.P. 2004. Does Peacekeeping Keep Peace? International Intervention and the Duration of Peace After Civil War. International Studies Quarterly, 48,269-292; Paul F. Diehl, Reifchneider, J. and Hensel. P.R. 1996. United Nations Intervention and Recurring Conflict. International Organization, 50 (4), 683-700; Regan, P.M., 2002.

[2] Regan, P.M. 1998. Choosing to Intervene: Outside Interventions in Internal Conflicts. The Journal of Politics 60 (3), 754-779.

[3] 更多案例参见 Jenne, E.K., Saideman, S.M. and Lowe, W. 2007. Separatism as a Bargaining Posture: The Role of Leverage in Minority Radicalization. Journal of Peace Research, 44 (5), 539-558.

交战方的意识形态相冲突，因此成了超级大国对立（也称为"代理战争"）之中的卒子。相反，冷战后非国家参与者的扩张导致了低强度以及中等强度冲突的不断增加，一般都发生在脱离了前赞助国限制的国家之中。这也就解释了为什么这一时期所有的干预行动成功率较低的原因。

总而言之，定量研究检测多边对比单边干预行动的成功程度，对比他们各自真实的结果，并进一步确认决定成功或失败地完成目标议程的起因。为此，我们建立了一个新的数据集，为以目标为导向的民族内战干预研究提供了例证。在选择案例和确定干预者成功与否（目的在于确认第三方的干预议程，以及这些议程与干预行动的实际结果是否一致）的过程中，我们一直都在查阅大量的资料和数据，包括和平维持时间这一因变量，以及咨询与政策和民族相关的智库和资源。

目前的数据集当中所使用的资源包括："国内战争的关系数据，1816年—1997年（v3.0）"1946年至1997年中35个族群冲突的数据。案例的数量相当少，原因在于由COW所采用的族群冲突的定义比较狭隘，特别是每年1000人的伤亡数量，以及对抗结束后要5年的时间段，门槛太高了；帕特里克·里甘（Patrick Regan）（宾汉姆顿大学）的"干预数据"；国际社会科学理事会的冲突早期警报体系数据库（Database of the Conflict Early Warning Systems, CEWS）研究项目；乌普萨拉大学的冲突数据项目（与PRIO合作）和冲突终止数据集；由"超越难解项目第二版"产生的案例研究；欧洲冲突预防中心的论文和调查；"冲突历史"数据以及国际危机组织的可供搜索的"危机观察"数据库；国会图书馆的联邦研究部门；国家百科全书；国际问题。联合国干预行动的数据来自于联合国维和行动部门。为了确定某些干预行动的目的，我们还咨询了联合国条约集系列。

数据集包含了二战后（即1948年至2003年）50个冲突中107个干预事件。为达成数据集本身的目的，事例的选择都遵循下文对国内种族战争中的定义：地理上相邻近的族群之间持续的军事冲突，一方是中央政府（冲突的目标），另一方或几方是挑战者，每年至少有1000人死于战争，其结果可能是重塑了国家的政治格局安排，也可能是改变了这些族群之间的力量平衡。这一分类是以利克里德对国家内部冲突[①]的描述为基础的，同时也根据冲突真正的结果，把冲突各方的渴求考虑在内。

除了真正解决了的冲突之外，还有8个仍然在继续的内战：缅甸对克伦邦省，1948年至今；菲律宾对MIM和摩洛民族解放阵线，1970年至今；毛里塔尼亚（西撒哈拉独立运动），1975年至今；斯里兰卡对泰米尔叛乱，1982年至今；索马里，1991年至今；刚果民主共和国对伊图里省，1999年至今；苏丹（达尔富尔），2003年至今。这些内战也包含在数据之中。2008年俄罗斯出兵格鲁吉亚并未列进数据集中，然而，在案例研究过程中这一事件是一个对照研究案例。

干预行动的概率分析

干预的数据集包含以下几个类别：冲突（冲突的名称和/或冲突各方），日期（冲突的起始日期和结束日期），干预者（国外的行动方干预目标国的内部事务）。自变量是构成（干预力量的构成："0"代表单边，编码为"U"；"1"代表多边干预者，编码为"M"）。由于干预行动是否成功在于干预者的日程是否得以完成，那么他们的指标只能采取二进制值，即"成功"或"失败"，而不能描述为相对的概念（即不能描述为"有点更成功"或是"有点更失败"的干预行动）。因此，自变量成功也可以代表一个类别，或是一个"虚拟"变量，以"1"代表干预成功，"0"代表失败。

其他的控制变量包括类别（干预活动的行动特点）："0"代表军事

[①] Licklider, R. 1995, 682.

干预（编码为"Mil"）；"1"为对交战方实施经济支持或制裁（编码为"Eco"）；"2"为混合型干预行动，包括军事和经济两种手段（编码为"Mix"）。支持（干预行动的方向）："0"代表第三方支持反对派（编码为"O"），"1"代表支持政府（编码为"G"），"2"代表第三方保持中立（编码为"N"）。力量（干预者和第三方的相对实力）："0"代表干预者和交战方实力均衡（编码为"力量均衡"），"1"代表干预者之一是一个主要的地区大国（编码为"大国"）。体系（国际体系的状态）："1"代表冲突发生在冷战结束的十年之内，即发生在1985年至1995年之间（编码为"不稳定"）；"0"代表冲突发生于1985年之前，或1995年之后（编码为"稳定"）。

大样本概率分析使用"R2.2.0"软件包，其作用是确定干预构成成分对其成功的可能性所产生的影响。由于因变量是一种二元对立的结果，所以使用OLS（Ordinary Least Square）（普通最小二乘法）模型是不恰当的。相反，概率单位变换被用来估计取得结果的可能性a=1（成功）。普遍说来，一次具体的干预行动的结果a的可能性Y（a）（a={成功，失败}）是一个持续变量，有可能在"1"或"0"之间以任何形式出现。在所给出的模型中，接近"0"的值意味着a=1（成功）是几乎不可能的，而接近"1"的值则意味着a=1（成功）是很有可能的。[①]因此，干预成功的可能性{a=1}可以表达为一系列相关的因子变量的功能，X={X1,…,Xp}:P{a=1｜X}=f（X）。当参与干预活动的行为体由单独一方变为多方时，概率模型还可以估计成功的可能性的区别，同时还能保持干预变量的平均值或典型值。

---

① Pampel, F.C. 2000. Logistic Regression: A Primer, Sage Publications 2000; Series: Quantitative Applications in the Social Sciences, 2.

表2.1 干预数据集

冲突	日期	干预者	类别	支持	力量	体系	构成	成功
扎伊尔对加丹加省	1960年—1965年	比利时	军事	政府	超级大国	稳定	单边	否
		联合国	混合	政府	超级强权	稳定	多边	是
		阿尔及利亚	军事	反对派	力量均衡	稳定	单边	否
		埃及	军事	反对派	力量均衡	稳定	单边	否
		比利时	混合	政府	超级大国	稳定	单边	是
埃塞俄比亚,欧加登I	1960年—1964年	索马里	军事	反对派	力量均衡	稳定	单边	否
伊拉克,库尔德叛乱I	1961年—1966年	叙利亚	军事	政府	力量均衡	稳定	单边	否
厄立特里亚战争	1962年—1991年	古巴	军事	反对派	力量均衡	稳定	多边	否
		苏联	军事	反对派	超级大国	稳定	多边	否
		美国	混合	政府	超级大国	稳定	多边	否
		古巴	军事	政府	力量均衡	稳定	多边	是
		苏联	混合	政府	超级大国	稳定	多边	是
		苏丹	军事	反对派	力量均衡	稳定	多边	否
塞浦路斯	1963年—1964年	英国	军事	中立	超级大国	稳定	单边	否
		希腊	军事	政府	力量均衡	稳定	单边	否
		土耳其	军事	反对派	力量均衡	稳定	单边	否
		联合国	军事	中立	超级强权	稳定	多边	是
乍得内战I	1966年—1971年	法国	军事	政府	超级大国	稳定	单边	是
		利比亚	军事	反对派	力量均衡	稳定	单边	否
伊拉克,库尔德叛乱II	1968年—1970年	伊朗	军事	反对派	力量均衡	稳定	单边	是
阿曼,佐法尔叛乱	1970年—1975年	英国	军事	政府	超级大国	稳定	多边	是
		伊朗	军事	政府	力量均衡	稳定	多边	是
		约旦	军事	政府	力量均衡	稳定	多边	是
		也门	军事	反对派	力量均衡	稳定	单边	否
巴勒斯坦解放组织-约旦战争	1970年—1971年	叙利亚	军事	反对派	力量均衡	稳定	单边	否
南非,非洲民族主义斗争	1970年—1994年	联合国	经济	反对派	超级强权	稳定	多边	是
		美国	经济	反对派	超级大国	稳定	多边	是
		英国	经济	反对派	超级大国	稳定	多边	是
		苏联	军事	反对派	超级大国	稳定	单边	是
巴基斯坦对孟加拉	1971年	印度	军事	反对派	力量均衡	稳定	单边	是
乌干达,奥伯特颠覆	1971年—1972年	坦桑尼亚	军事	政府	力量均衡	稳定	单边	否
布隆迪对胡图族	1972年	扎伊尔	军事	政府	力量均衡	稳定	单边	是
菲律宾对摩洛民族解放阵线	1972年至今	美国	军事	政府	超级大国	稳定	单边	是

续表

冲突	日期	干预者	类别	支持	力量	体系	构成	成功
罗德西亚	1971年—1979年	古巴	军事	反对派	力量均衡	稳定	单边	是
		南非	混合	政府	力量均衡	稳定	单边	否
		联合国	经济	反对派	超级强权	稳定	多边	是
巴基斯坦对俾路支人叛乱	1973年—1977年	阿富汗	军事	反对派	力量均衡	稳定	单边	否
		伊朗	混合	政府	力量均衡	稳定	单边	是
塞浦路斯	1974年	土耳其	军事	反对派	力量均衡	稳定	单边	否
		希腊	军事	政府	力量均衡	稳定	单边	否
		联合国	军事	中立	超级强权	稳定	多边	是
伊拉克，库尔德叛乱Ⅲ	1974年—1975年	伊朗	军事	反对派	力量均衡	稳定	单边	否
毛里塔尼亚，西撒哈拉独立运动	1975年至今	法国	军事	政府	超级大国	稳定	单边	否
		摩洛哥	军事	政府	力量均衡	稳定	单边	否
		阿尔及利亚	军事	反对派	力量均衡	稳定	单边	否
		沙特阿拉伯	经济	政府	力量均衡	稳定	单边	否
摩洛哥，西撒哈拉独立运动	1975年至今	毛里塔尼亚	军事	政府	力量均衡	稳定	单边	否
		阿尔及利亚	军事	反对派	力量均衡	稳定	单边	否
		利比亚	军事	反对派	力量均衡	稳定	单边	否
埃塞俄比亚，欧加登Ⅱ	1977年—1978年	索马里	军事	反对派	力量均衡	稳定	单边	否
		古巴	军事	政府	力量均衡	稳定	单边	是
		苏联	军事	政府	超级大国	稳定	单边	是
扎伊尔，沙巴危机Ⅰ（科西嘉国民解放阵线）	1977年	安哥拉	军事	反对派	力量均衡	稳定	单边	否
		摩洛哥	军事	政府	力量均衡	稳定	多边	是
		比利时	军事	政府	超级大国	稳定	多边	是
		法国	军事	政府	超级大国	稳定	多边	是
		美国	军事	政府	超级大国	稳定	多边	是
		埃及	军事	政府	力量均衡	稳定	多边	是
扎伊尔，沙巴危机Ⅱ（科西嘉国民解放阵线）	1978年—1979年	赞比亚	军事	反对派	力量均衡	稳定	单边	否
		摩洛哥	军事	政府	力量均衡	稳定	多边	是
		比利时	军事	政府	超级大国	稳定	多边	是
		法国	军事	政府	超级大国	稳定	多边	是
		美国	军事	政府	超级大国	稳定	多边	是
		塞内加尔	军事	政府	力量均衡	稳定	多边	是
		多哥	军事	政府	力量均衡	稳定	多边	是
		加蓬	军事	政府	力量均衡	稳定	多边	是
		科特迪瓦	军事	政府	力量均衡	稳定	多边	是
乍得内战Ⅱ	1978年—1982年	利比亚	军事	反对派	力量均衡	稳定	单边	是
		法国	混合	政府	超级大国	稳定	单边	否
		刚果	军事	中立	力量均衡	稳定	多边	否
		扎伊尔	军事	中立	力量均衡	稳定	多边	否
		非洲统一组织	军事	中立	超级强权	稳定	多边	否
		利比亚	军事	反对派	力量均衡	稳定	单边	是
伊朗，库尔德叛乱	1978年—1979年	伊拉克	军事	政府	力量均衡	稳定	单边	是

续表

冲突	日期	干预者	类别	支持	力量	体系	构成	成功
乌干达I	1980年—1986年	美国	混合	反对派	超级大国	稳定	单边	否
		韩国	军事	政府	力量均衡	稳定	单边	否
索马里	1982年—1991年	埃塞俄比亚	混合	反对派	力量均衡	稳定	单边	否
		美国	混合	政府	超级大国	稳定	单边	是
		美国	混合	反对派	超级大国	稳定	单边	否
斯里兰卡对泰米尔	1982年至今	印度	混合	政府	力量均衡	稳定	单边	否
		挪威	经济	反对派	力量均衡	稳定	单边	否
		英国	经济	反对派	超级大国	稳定	单边	否
乍得内战Ⅲ	1983年—1987年	法国	混合	政府	超级大国	稳定	单边	是
		利比亚	军事	反对派	力量均衡	稳定	单边	否
		扎伊尔	军事	政府	力量均衡	稳定	单边	否
伊拉克，库尔德叛乱	1985年—2003年	伊朗	军事	反对派	力量均衡	不稳定	单边	否
		美国	军事	反对派	超级大国	不稳定	单边	是
		联合国	混合	反对派	超级强权	不稳定	多边	是
利比里亚I	1989年—1990年	西非国家经济共同体停火监督小组（ECOMOG）	军事	政府	超级强权	不稳定	多边	是
乍得内战Ⅳ	1989年—2003年	法国	军事	政府	超级大国	不稳定	单边	是
卢旺达对图西I	1990年—1993年	法国	军事	政府	超级大国	不稳定	单边	是
		联合国	军事	中立	超级强权	不稳定	多边	是
卢旺达对图西Ⅱ	1994年—1996年	联合国	军事	中立	超级强权	不稳定	多边	是
		法国	军事	中立	超级大国	不稳定	单边	是
尼日尔	1990年—1995年	利比里亚	军事	反对派	力量均衡	不稳定	单边	否
马里	1990年—1995年	利比里亚	军事	反对派	力量均衡	不稳定	单边	否
		联合国	经济	政府	超级强权	不稳定	多边	是
格鲁吉亚对阿布哈兹	1991年—1993年	俄罗斯	混合	反对派	超级大国	不稳定	单边	否
		独联体	军事	中立	超级强权	不稳定	多边	否
格鲁吉亚对南奥塞梯	1991年—1992年	俄罗斯	混合	反对派	超级大国	不稳定	单边	否
		独联体	军事	中立	超级强权	不稳定	多边	否
阿塞拜疆对纳戈尔诺卡拉巴赫	1991年—1994年	亚美尼亚	军事	反对派	力量均衡	不稳定	单边	否
		土耳其	军事	政府	力量均衡	不稳定	单边	否
索马里	1991年至今	美国	混合	中立	超级大国	不稳定	单边	否
		联合国	混合	中立	超级强权	不稳定	多边	是
		联合国	混合	中立	超级强权	不稳定	多边	否
克罗地亚对塞尔维亚	1991年—1993年	联合国	军事	中立	超级强权	不稳定	多边	是
		南斯拉夫	军事	反对派	力量均衡	不稳定	单边	否
波斯尼亚（黑塞哥维那）对塞尔维亚	1992年—1994年	南斯拉夫	军事	反对派	力量均衡	不稳定	单边	否
		联合国	军事	中立	超级强权	不稳定	多边	是
		北约	军事	政府	超级强权	不稳定	多边	是
摩尔多瓦对德涅斯特河沿岸	1990年—1994年	俄罗斯	混合	反对派	超级大国	不稳定	单边	否

续表

冲突	日期	干预者	类别	支持	力量	体系	构成	成功
利比里亚Ⅱ	1992年—1997年	西非国家经济共同体停火监督小组（ECOMOG）	军事	政府	超级强权	不稳定	多边	是
		联合国	混合	中立	超级强权	不稳定	多边	是
印尼对东帝汶	1999年—2002年	联合国	混合	中立	超级强权	稳定	多边	是
刚果民主共和国	1998年—2002年	卢旺达	军事	反对派	力量均衡	稳定	单边	否
		布隆迪	军事	反对派	力量均衡	稳定	单边	否
		乌干达	军事	反对派	力量均衡	稳定	单边	否
		津巴布韦	军事	政府	力量均衡	稳定	单边	是
		安哥拉	军事	政府	力量均衡	稳定	多边	是
		纳米比亚	军事	政府	力量均衡	稳定	多边	是
		乍得	军事	政府	力量均衡	稳定	多边	是
		利比亚	军事	政府	力量均衡	稳定	多边	是
		苏丹	军事	政府	力量均衡	稳定	多边	是
		联合国	军事	中立	超级强权		多边	是
刚果民主共和国对伊图里省	1999年至今	乌干达	军事	反对派	力量均衡	稳定	单边	否
		卢旺达	军事	反对派	力量均衡	稳定	单边	否
		法国	军事	中立	超级大国	稳定	单边	是
		联合国	军事	中立	超级强权	稳定	多边	是
科索沃	1998年—2002年	塞尔维亚	军事	政府	力量均衡	稳定	单边	否
		北约	军事	中立	超级强权	稳定	多边	是
		联合国	混合	中立	超级强权	稳定	多边	是
苏丹Ⅱ（苏丹人民解放军）	1983年—2003年	美国	经济	中立	超级大国	稳定	单边	是
苏丹Ⅲ（达尔富尔）		非洲统一组织（OAU）	军事	中立	超级强权	稳定	多边	否

下文中干预成功的最佳模型是通过向前—向后逐步搜索的方法得出的。[1]该研究方法的特点就是其模型是不受约束的（包括整套X的自变量），并检测这些控制变量中是否有无关紧要、可以被替代的。第一个可以被替换的变量将会是对整个模型的影响最小的那个。如此分析的结果将会是，只有最"重要的"变量会保留在模型中，换言之，比其他变量更具价值的变量将会得以保留。

---

[1] Field, A. 2000. Discovering Statistics using SPSS for Windows: Advanced Techniques for the Beginner. London: Sage Publications, 169.

多边和单边干预

为了弄清楚最初对多边干预的最大成功可能性所做的工作假说是否成立，在此提出一个通用模型，该模型涵盖预计会对干预结果产生影响的所有变量。这样有利于通过剔除不确定是否会对因变量产生影响的变量来进一步"净化"该模型。最后，这个"R"选择了能够代表对干预成功最有解释力的最简模型。给自变量赋一个值，就能通过计算因变量是所预测的值时正态分布的累积分布函数，来算出所预测的成功概率，$P(Y(x)=1 \mid x=X)=\Phi(\text{intercept}+ax1+bx2+\cdots+zxp)$，这里$x1\cdots p$是自变量，$a\cdots z$是它们在基本线性模型中相应的系数。

概率分析的结果表明，干预的多边性质好像对干预的总体成功起着重要作用。虽然数据库中多边干预仅占所有干预案例的1/3，这些干预的成功率事实上却相当高。数据显示27次多边干预是成功的，占将近84%。单边干预的成功率则低得多，只有1/4的单边干预（75个案例中有19个）成功达成了最初计划的目标。概率分析显示，在干预从单边转向多边时，成功的概率显著提高，使干预更能达成所追求的目标。这证实了，如果分开来算，多边干预跟外来单边干预相比能将干预的成功几率（$\Pr(\text{success}=1) \text{Type}=T)=\Phi(\text{intercept}+T \cdot 1,6740)$（"0"代表单边，"1"代表多边）提高大约60%。

概率分析——一个纯粹的影响

单边干预：$\Phi(-0.6640+0)=\Phi(-0.6640)=25.33\%$

多边干预：$\Phi(-0.6640+1.6740)=\Phi(+1.01)=84.37\%$

这时，在还未经案例研究支持的最初的结果基础上，多边干预的优势就可以通过多个跟完成干预任务所作承诺的制度化程度相关的因素来解释。多边干预的行动，要么在国际组织的庇护下进行，要么没有这样的机构。在后一种情况下，干预具有多国性，也就是由多个国家组织起来执行共同的任务。两种情况都事关干预的一种制度化方式，这种方式一方面从一开始就为其干预行动设立一个框架，另一方面也不大鼓励"互投赞成票"和单边化。如果干预由一个国际或是地区性的组织来组织进行，或是听命于这样一个机构，这些机构的成员则必须遵循一定的规则、准则、道德和行动标准以及最佳做法。在各干预国不受国际组织支持，而自发统一行动时，其行动也会基于这些国家之间的双边和（或）多边协议及备忘录，所有参与多边行动的国家都必须签署这些协议。这些规则会厘清目的、具体行动方式以及"由谁来做什么"之类的战略。第三种也是最后一种情况是，干预者以单边的方式单独行动，干预规则由唯一的干预国来制定。例如，在1948年到2003年期间的33次多边干预中，79%是在像联合国、北约和西非国家经济共同体（ECOWAS）这样的多国组织的庇护下进行的。只有5次干预没达到目标，其余21次，也就是超过80%的干预都在总体上达到了既定的目标。

那么，制度化的干预方式对干预成功为什么如此重要呢？这是因为规则以及框架赋予干预活动一种合法感。在第三方干预的四个层面都需要合法性：干预国国内、联合干预的国家之间、在更大的国际环境中以及对象国国内。通过加入干预计划，成员国政府能够合法地向国内选民以及无数投反对票的人证明，本国因加入干预联盟所做的军事和经济上的投入都是合理的。对于第三方联盟内部来说，用于指导干预的规则越多，联盟成员出现投机取巧和掠夺行为的几率就越低，联盟本身便越能很好地抵抗来自内外部压力而保持完整。对国际社会的其他国家来说，也需要借由合法性来从政治上支持干预国的行动。从第三方联盟外部来看，通过体现制度化规则的干预指令和（或）制度化的法律文件，对象国战争各方能清楚地看到干预方能做什么和不能做什么。

合法性能让干预方感受到一种信任，相信其行动和所提供的选择会被尊重，能够提高这些选择的合法性。这种涉及多方的合法性是单边干预和多变干预之间根本的区别，也是后者通过将冲突结果国际化和制度化而最终取得成功的原因。多边的第三方联盟在干预时通过授权来负责冲突结果的合法化。在族群冲突中，当干预由多国组织进行时，便意味着一种承诺，这种承诺表明国际社会同意从法律上承认分离（一个新的独立国家，像厄立特里亚或巴尔的摩）、重新整合（利比亚在1989—1990期间的战前状态），或者达成对象国的让步（像1990—1995期间马里的分权计划）。提供并认可一种结果的责任被所有的联盟成员分担，因而降低了成员国对冲突一方可能的偏见。反之，如果干预仅基于一方的承诺，结果便是其合法性仅依赖于该方的行动。

多边干预相对于单边干预更容易成功的另一个解释，在于行动上更高的透明度。多边干预中制定的任务规则和标准，使成员国不仅在本国内要就其行动对选民负责，还要对其他参与干预的国家和人民负责。多边干预不仅在干预活动上透明，其所动用的所有资源和技术手段也都得到全世界的监督。不管干预是在国际或地区组织庇护下进行，还是采取没有组织支持的国家联盟形式，干预的每一个里程碑都被干预指令发出组织的成员国在经济和政治上所监督。事先规定的行动模式也受到联盟成员的不断检验。这是因为，一个成员国存在侵犯人权现象或单方面支持交战某一方，就会损害所有成员国的形象。

干预的透明度对交战各方对第三方的信任来说也至关重要。多边干预日程通常比较公开，这一点体现在公开的干预行动上，如军队的转移、更多资源的调配以及干预目标等都体现在干预授权上，这些大家都看得到。这些做法是几乎所有交战方都乐意接受的，因为他们都知道自己国家在发生什么事情，干预国的实力如何，更重要的是，没有哪一个国家可以欺骗联盟来帮助对手。单边干预则相反，即使由民主化程度很高的国家来进行，也达不到相同的透明度。当然，会有来自国内的评审过程以及一定程度的国际监督，但在行动上仍不免轻妄。

多边干预更为成功跟工作假说之下的另一个假设密切相关，那就是多边干预在功能上的公正性，这又直接来源于干预制度化这一概念。多边干预在功能上一般比单边干预要更加公正，因此更为交战方所信任和接受。不论参与干预联盟的各国有何偏好，都会被别国的偏好所抵消。单个国家的利益无外乎想做单纯的调解人、获得国际重要行为体的形象以及商业企图。还有可能有一些国家加入干预联盟，是希望帮助对象国和自己有种族关系的一方。在联盟中，成员国各自的偏好在某种意义上被制度化了，因为即使一个成员国成功地让联盟听从自己的策略，该国在给交战国提供选择时的偏好也就变成了联盟中每一个成员的偏好了。这样，功能上的公正性这一概念就直接提升了交战国的信任度，交战国会认为自己不至受到任何联盟成员国的不公惩罚。

另一个支持工作假说的因素是共同的行动偏见，正是这一点使得多边第三方比单一行为体更成功。所有干预都面临一个问题，那就是他们提供的选择以及达成目标的方式必须为交战方所接受，或至少不被反对。干预往往无法满足交战各方的愿望，因为在族群冲突中各方利益通常都是互为冲突的，除非他们都同意以彼此可接受的方式终止冲突。即便干预国中立且不偏不倚，因其行动带有完成干预指令的目的，如果行动没有帮助其中一方实现其战争目标，就有可能被该方视为存在偏见。而多边干预因其具有集体的性质，其成员国的观点及偏好会被融合重塑为共同的利益和愿望，这样即便有偏见，也不再是某个成员的偏见，而成为共有的偏见。干预的执行者如果是国际组织，偏见则会通过授权和惯例而被制度化，对交战方来说，这将增加干预者承诺的可信度。共有的行动偏见还有一个好处，就是可以被交战方用来挽回面子。即使战争一方认为自己受到不公待遇，也会认识到这种不公并非来自哪个国家，而是来自所有干预联盟的成员国。在这个意义上，对于失败一方来说，做多个国家的受害者比做一个国家的受害者在感情上更好接受一些：如果战争以及在政治上的失败是由一个组织而不是某一个国家导致的，他们更容易向国内支持者解释和交代。

干预成功的干预因素

因为影响干预结果有各种内源性和外源性因素，干预力量的成分本身并不能解释干预的成败。除了表明多边干预相对于单边干预成功率更高之外，概率分析还加入了在总体上影响成功完成目标日程能力的控制变量。在评价主变量对因变量的影响之后，在模型上加入了上述因子变量。这些变量的引进似乎对所有类型干预的效率都有着多种影响。总体模型，包括所有变量的概率分析如下。

模型显示三个变量非常重要——成分、力量和时间。事实证明剩下的因子变量即支持和类型，对于模型来说则不太重要。这些不重要的变量因其对干预成功的影响可以忽略，所以用逐步搜索的方法进一步剔除。

表2.2 第三方干预的联合概率模型

偏差残差（Deviance residuals）：

Min	IQ	Median	3Q	Max
−2.0114	−0.5309	−0.2715	0.5371	2.0145

系数：

	估值	标准误差	Z值	P值	
（截距）	−1.1195	0.2677	−4.181	2.9e−05	***
因子（成分）	1.6189	0.5182	3.124	0.001787	**
因子（力量）1	1.6373	0.4382	3.736	0.000187	***
因子（时间）1	−0.6774	0.3777	−1.794	0.072852	.
因子（支持）1	0.5978	0.3562	1.678	0.093279	.
因子（支持）2	−0.7478	0.5680	−1.317	0.187945	
因子（类型）1	−0.0928	0.6965	−0.133	0.894001	
因子（类型）2	−0.5220	0.4259	−1.226	0.220307	

注：显著性编码：0 '***' 0.001 '**' 0.01 '*' 0.05 '.' 0.1 ' ' 1。

关于支持变量，发现干预中立或支持政府与干预成功无关，这与一些认为中立对达成和平来说是一个正面因素的学者的观点相矛盾。例如，迪尔等（1996）很大程度上将联合国干预的成功归功于其中立性，促成了"一个既满足冲突各方的利益，也满足国际社会利益的解决方案"。[1]因此，中立性被认为能给冲突各方带来信任，相信干预者会致力于维和的总目标，而不是自我扩张。与此类似，里甘（2002）强调多边干预相对于单边干预更容易成功正是因为前者的中立性。中立的干预者能够让交战方接受其介入：在行动上，其军队"不是参与党派战争，而是扮演一个中立的角色，防止战争的爆发和蔓延"。[2]多伊尔和桑班尼斯（2000）也谈到中立多边干预的成功，他们指出"国际执行通过落实执行和平协议或提高不合作成本来帮助解决承诺和协作问题"。[3]

然而，当干预不是通过和平中心论的方式，也就是对象国是否出现和平以及维持了多久，而是通过第三方是否完成其干预日程来评价其是否成功时，后者尤其适用于族群冲突而不是所有的内战，第三方支持方向的三个特点都没有在总体上起重要作用。中立的单边干预尤其如此——单一的干预者很少中立，更多的是在冲突中追求其自身的重大国家利益，因此很难说服冲突各方承认其中立性。但是一个多边力量则在本质上就比较中立，只不过其中立性并不一定导致一个冲突各方都接受的结果。

除了因子变量所起作用的纯数字特征之外，族际互动的复杂性也表明在很多情况下第三方支持哪一方的确有影响。事实上，当干预者在外部强加的选项是达成干预目标唯一的首选或可用选项时，国内权利平衡就成了一个不得不在逻辑回归中考虑的干预变量了。支持多数或少数，挑战方或目标国政府，都涉及第三方在目标国国内权利背景环境中的行

---

[1] Diehl, P.F., Reifschneider, J. and Hensel, P.R. 1996.

[2] Regan, P.M. 2002, 102.

[3] Doyle, M. W. and Sambanis, N. 2000. International Peacebuilding: A Theoretical and Quantitative Analysis. The American Political Science Review, 94 (4), 781.

动。这里最主要的问题是，政府不一定就是多个交战群体中最强的一方：统治政府的有可能是少数一方，该方可能在行政和政治结构中具有较高代表性，但在包括军队和警力在内的法律和秩序机构方面则较弱。另一方面，反对派也有可能是比处于统治地位的少数派更强大的多数一方（正如1959年的卢旺达"社会革命"）。因此，需要考虑的不是双方法律意义上的实力，而是其相对实力。另外，有些情况下，第三方可能虽然支持政府或反对阵营中的一方，却投入有限。这样一来，法律上对任何一方的支持都必须参考该方事实上获得的支持，来判断干预方的介入如何影响干预成功。不是所有这些具体情况都能用统计模型来表示，尤其是在统一的和平中心论模式下。

干预方通过资源补给来支持较弱一方，增强了其实力，从而使其与较强一方势均力敌。这会导致冲突的延长，并增加挑战方持续打击目标国政府的机会。然而，如果干预者帮助的是较强一方，总会比帮助较弱一方节省资源，也会因支持在军事上比对手有优势的一方而更容易实现目标。最终，第三方的支持有助于通过降低较弱一方反抗政府——通常是较强一方——的预期效能，来更快地结束冲突。

尽管概率分析表明，干预方支持哪一方并不影响干预成功，原因在于干预的单边和多边成分这一自变量的性质，而干预成分和支持方向之间的相互作用在族群冲突中对干预的成败则很重要，但是这一点在统计模型中无法显示。虽然被从模型中排除，支持变量仍比类型具有更高的参数比，与主要的重要变量关系密切。为了衡量这种相互作用的效果，就需要借助深入的案例研究，来考察第三方支持接受方的性质是否跟不同类型的干预者成功达成干预目标具有相关性。

逻辑回归分析还表明，军事战略和经济策略的组合（共有20个混合干预的案例，占19%）不是一个预测族群争斗中干预成功的重要指标。这一发现也跟和平中心论在冲突解决方面的观点相矛盾。里甘（2002）认为，用和平年限来看待成功时，混合策略会让干预更可能成功。[1]从持久和平的角度来看，第三方给交战方提供的帮助类型对看待干预成功来说应该是一个重要因素。然而，运用目标法时，这些对解决冲突来说都不重要。

混合策略似乎对和平很重要，是因为这种策略在冲突的长期解决中事实上是必需的。例如，对对象国来说，不管有没有外来干预，需要长达5年的时间来恢复正常运转及提供国家服务。经济援助也能在很多方面提供帮助：恢复财产及其他资产损失，维持最低生活标准，创造就业机会，发放工资、养老金和赔偿金，以及在总体上恢复人性尊严。经济援助也有助于克服落后、被忽视和被歧视的感觉，这些感觉有可能导致冲突卷土重来，一旦如此，他们（其他族群）将因"我们"的经济问题而受指责。如果用和平的年限来衡量干预的效果，军事支持之后给予的经济援助越多，一个国家就越容易从冲突中恢复。类似的，军事支持有助于带来和平，而经济援助则有助于保持和平。这就是和平中心论非常重视干预中的混合策略。

以上变量在总体模型中并不重要还有另外一个解释。在从最初目标的角度来判断干预是否成功时，并不是经常能够轻易区分军事和经济成分。例如，为交战一方训练士兵既可以被看作是军事援助，也可以被认为是改善该方的经济状况（如印度对斯里兰卡泰米尔叛乱的支持，或法国军官对乍得军队的训练），因为接受方有可能将这种军用拨款用于其他目的。

应用目标法时，就可以直接观察干预的成功。混合行动的长期效果不易确定：干预在军事方面的影响一般比较容易直接观察，而经济干预则需要一些时间才会对干预成功产生比较重要的影响（如在1960—1965期间联合国和比利时对扎伊尔的干预）。干预者的目标在干预期间还可能产生变化——他们起初可能就是通过军事力量实施和平，然后再进行和

---

[1] Regan, P.M. 2002.

平建设和国家重建，这些最终会需要更多的经济而非军事资源。这种情况下，具体每一种支持类型是否成功就应该在每一个相应的阶段结束以后马上进行评估，也就是说，干预目标及其实现方式都更具流动性。

最优模型

对其余变量，也就是成分、力量、时间的概率分析如下：

表2.3 第三方干预的最优概率模型

	估值	标准误差	Z值	P值	
（截距）	−0.9526	0.2186	−4.359	1.31e−05	***
因子（成分）1	1.1524	0.3595	3.205	0.001350	**
因子（力量）1	1.3728	0.3644	3.768	0.000165	***
因子（时间）1	−0.7180	0.3513	−2.044	0.040951	*

注：显著性编码：0 '***' 0.001 '**' 0.01 '*' 0.05 '.' 0.1 ' ' 1.

简化模型是逐步法的结果，其中包括主要的自变量成分及控制变量力量和时间。尽管这些控制变量的存在稍微降低了自变量的系数，这些变量对所预测的干预成功概率的影响大体上仍能证实如下预测，就是多边干预比单边干预更成功。然后，有意思的是，这些干预变量因干预成分的不同而对成功概率产生不同的影响。

以下表格表明，基本上所有类型的干预中超级大国的出现都会给干预成功带来积极影响。以上模型明确表示，单边干预如果由一个跟交战各方实力相当的国家来进行时，是最不成功的，而最高的干预成功率则出现在包括一个超级大国的多边联盟。不管是在国际还是地区范围内，只要军事上占有优势，能够摧毁交战方的实力，就会增加成功的可能性，不管干预是多边还是单边的。一个强大的干预者不仅能给其反对的一方以失败的可信威胁，还可以做冲突中获胜一方和（或）和平的可信担保人。一旦有这样一个强大的行为体出现，冲突的进一步发展在很大程度上就取决于这一干预者的利益及其在冲突中要执行的政策。

表2.4 考虑到力量因素的干预成功概率

	单边	多边
超级大国	48.62%	87.70%
无超级大国	14.55%	55.57%

　　力量因素对干预成功具有很大影响，这一影响对单边干预比多边干预更为重要：干预国是超级大国相比干预国与对象国实力相当的情况，其单边行动的成功率几乎翻倍（从25.33%上升至48.62%），而在多边干预中则几乎不重要——只有3%的增长（从84.37%到87.70%）。同时，除掉超级大国因素，多边干预几乎达到了单边干预成功率的4倍。非超级大国的干预者只在14.5%的干预中可能成功,而多边联盟进行的干预即使没有超级大国的参与也有超过一半的成功率。

　　"超级大国"总体上的干预成功可以由几个因素来解释。从纯粹行动的视角来看，超级大国享有军事上的优势，使其能够比那些与交战方实力相当的国家更快更好地执行干预任务。尤其是在多边干预中，超级大国通常在干预时带有更高的赌注：除了军事上的胜利之外，还有国际上超级大国声望的问题。联盟中其他成员可能也会有"精神"保障，认为一旦一个超级大国决定行动，就会很坚决地利用其资源实现干预成功，因为赌注是其作为世界大国的名声。

表2.5 考虑到力量和冷战因素的干预成功概率

冷战期间

	单边	多边
超级大国	66.28%	94.21%
无超级大国	17.04%	57.92%

冷战结束之前和之后5年

	单边	多边
超级大国	38.29%	80.36%
无超级大国	4.74%	30.21%

最后的变量时间，或者说冲突与两级体系解体后10年在时间上的接近程度，也是预测干预成功的一个重要指标，证实了超级大国竞争期间多边第三方会更加高效。虽然多边干预仍比单边行动更为成功，但是两极格局期间所有类型的干预成功率比美苏对抗结束之后都高。

所有的干预类型中，效率最高的就是三者的结合，即干预发生在两极格局期间，并由包括超级大国在内的多边联盟进行：成功率由最初的84%增加至94.21%（效率提高了10%）。冷战对其余类型的干预也有积极影响，这些包括超级大国参与和不参与的单边干预以及超级大国不参与的多边干预。有意思的是，冷战因素在所有单边干预中的价值基本相同：冷战期间那些力量对等的单边干预的成功率跟冷战结束时相比，成倍增长（从4.74%升至17.04%）。单边的超级大国干预情况也大概如此，总体成功率呈现很显著的28%的增长（从38.29%到66.28%）。多边干预也一样：只要发生在冷战期间，不管有无超级大国参与，跟两极对抗之前和之后5年期间发生的类似干预相比都更为成功。所有冷战期间的多边干预中，没有超级大国参与的情况下，成功率提高了27.71%，有超级大国参与时，成功率提高13.85%。

冷战期间及苏联解体以后的干预高成功率可做如下解释。首先从系统层面看国家之间的相互作用以及在次系统层面看国家内部的情况；其次，再看国家内部族群关系的性质。两极格局世界的特征不仅在于超级大国之间的意识形态之争，还存在一种"包含合作"形式，这种情况下，双方都害怕一旦出现重大冲突会被对方彻底毁灭。系统安全困境在互相确保毁灭（MAD）（Mutually Assured Destruction）策略中达到顶峰，这一策略即主张全面核战争，同时又限制超级大国使用核武器。最先注意到这一现象的学者之一是米勒（Miller）（1992），米勒指出，冷战期间意识形态不同的超级大国在国际安全领域合作并共同管理区域冲突。①这一观点也得到了俄罗斯冷战历史学家博加图罗夫（Bogaturov）（2006）的支持，他认为"1960年代，对抗性稳定的特征是苏联和美国开启对话，在地区次系统中高冲突的背景下，缓和在武器控制和欧洲国际状况问题上的立场……"②

冷战后，世界被分为两大霸权各自的影响区域，这两大霸权虽避免直接冲突，却在其他国家动武来扩大其影响。两个超级大国在系统层面的竞争被以内战的形式转移至其所辐射的卫星国内部和"无人"国。超级大国给那些在意识形态上效忠他们的阵营提供经济和（或）军事援助（就像巴雷在索马里推行的"科学社会主义"工程），不惜一切代价避免彼此间的直接对抗（古巴的核危机就是躲避全球战争的一个完美例子）。美国和苏联都刻意避免彼此之间直接的武力行动，因为害怕一旦爆发核战争会引发全球沦陷，鉴于两国的实力，这一点是不可避免的。

1980年代的最后几年动摇了两极统治格局，这一格局的坍塌与戈尔巴乔夫的全面封锁和改革（Glosnost and Perestroika）一并导致了系统无政府状态、新的独立国家及其国内对手的产生，系统层面的合作变得更加困难。新的俄罗斯陷入经济衰退的内部问题、政治的不稳定和领土争端之中，而美国则茫然于"新的"充满了机遇和威胁的国际关系。

从次级系统的角度来说，新诞生的国家不再拥有外来的援助国，其国内的无政府状态制约了族群之间的关系。因意识形态限制的消失而突

---

① Miller, B. 1992. Explaining Great Power Cooperation in Conflict Management. World Politics, 45 (1),1-46.

② Bogaturov, A.D. (ed.)2006. Sistemnaya Istoriya Mejdunarodnix Otnoshenii [The System History of International Relations]. M.: Kulturnaya Revoluciya, 278-279.

现的物化的原始仇恨导致族群冲突（再次）出现和卷土重来。垮台的苏联减少了对其卫星国原本可以和另一超级大国抗衡的支持，导致很多国家出现深层财政危机，国内秩序的主要方面瘫痪以及政治分裂和民族主义高涨。动荡的局面也影响了干预国成功执行其干预日程的能力。冷战结束后的第三方干预总体上成功率较低，不管是单边还是多边干预都因系统垮台而释放出的各种力量而不够成功。在新的国际体系差不多酝酿结束之后（一般认为十年时间便可以重置系统），国际领域的合作开始增加。1995年以后仍有干预发生，但这些干预相比国际体系重塑阶段所进行的干预都更为成功。国际合作使得国家之间通过广泛参与国际政治经济机构而更加互相依赖。全球化也让民主价值观被普遍接受。虽然一些国家，尤其是超级大国，继续插手他国内政，国际体系层面更好的秩序还是填补了更多的政治裂缝，之前的霸权国家在其利益和意愿方面也更加稳定。

结论

概率模型准确预测了41起多边干预中31起的成功案例（75.61%）以及66起单边干预中的51起失败案例（77.27%）。模型的总有效率是76.64%——107起案例中总共成功预测82起。统计回归显示，有几组关系需要理论解释。统计回归证实了工作假说所支持的观点，即相对单边干预，多边干预成功率更高。多国联合进行的干预比单个多家的行动更能成功达成目标。第三方动用的武力水平很大程度上影响干预方实现干预日程的能力。单边干预中超级大国的存在给干预方带来实质性的优势，而对多边的第三方来说价值则不太大。最后，冷战前后世界超级大国之间的竞争和合作都与干预的成功呈正相关，但是在过渡阶段成功率较低。

概率模型实质上表明，尽管干预的本质和支持类型会有所不同，多边干预比单边干预更加成功。回归分析还显示，不管支持哪一方——对象国政府、挑战方或是中立，干预者都一样成功。总而言之，以下情况干预成功率最高：干预在由多国进行时，世界超级大国之间如能形成合作的氛围；干预由一个比对象国在实力方面享有绝对或相对优势的国家进行；以及那些在国际（地区）组织庇护下进行的干预。最不成功的，是发生于冷战结束前后并由实力与交战方大体相当的单边干预国进行的干预。

为了界定帮助或妨碍干预成功影响因素，本书进行了深入的案例研究。案例选自用于量化研究的冲突与干预列表。前两个是概率分析成功预测的案例：通过成功的多边干预和失败的单边干预来分析哪些因素有助于干预日程的完成。其余两个选自预测不成功的案例：通过成功的单边干预和失败的多边干预来总结哪些因素妨碍实现干预日程。这样，便有可能提出进一步的干预成败理论前提，通过加入明显有助于第三方行动成功的干预因素来优化分析框架。预测失败的案例则有利于目标法的可证伪性，用以解释那些第三方承诺理论无效的案例。

选择案例时使用了以下两个标准：通过自变量和因变量高低水平的变化进一步将干预成功理论化，以及利用冲突之间的案例相似性来保持重要干预因素的稳定，如干预者性质、历史、地理、政治环境、经济状况以及后帝国主义经验等。根据这些标准选出了以下案例：卢旺达冲突中成功的单边和多边干预，格鲁吉亚和阿布哈兹冲突中失败的单边干预和多边干预，乍得长期冲突中成功和失败的单边干预，以及索马里成功和失败的多边干预。

以上干预案例有许多共同之处，其中最显著的部分是对象国的特点、干预的时间框架以及干预者本身的性质。尽管非洲和欧洲国家之间存在地理、历史和文化方面的差异，所有对象国在干预进行期间都在一定程度上属于"失败国家"：国家处于无政府状态，没有或仅有一个软弱无能的中央政府，没有"能够做出集体决定的合法权威"，长期因行政资源失灵而无法"提供合理的公共服务"。①在接受干预之时，卢旺达、乍得、索马里以及格鲁吉亚都正经历大规模内战，部分内战则由第三方煽动或支持。经济疲软和认同差异（文化、宗教、种族以及地理）也是这些案例中国家失败的部分原因。

冲突的历史背景也很类似：所有国家都有被殖民的历史。案例中国家领土之内的冲突都发生在刚刚从保护国独立出来，正面临空前高涨的民族自豪感、历史的耻辱以及重创后的经济，而这三者的混合是危险的。

从干预的时机来说，卢旺达、索马里和格鲁吉亚的冲突都发生在两极体系解体之后国际秩序混乱的十年，这短时间里，老的竞争对手不复存在，两个超级大国之间还未建立起新的关系模式。在这方面乍得是个例外，在乍得案例中，第三方干预在冷战结束之前很久就开始了。然而，即使在该案例中，冲突的最终解决——1994年，在国际法院的判决之下，利比亚不得不将奥祖地带归还给乍得，也恰好发生在苏联解体之时。

冲突研究在干预的第三方性质方面也很类似。在几乎所有的冲突中（美国对索马里的干预除外），干预方都跟对象国有着历史渊源。而且，在大部分冲突中，都出现了同一行为体发起至少两次干预的情况，两次干预中有的成功程度相同，有的则不同。出现类似的行为体在相同的冲突中干预这种情况，有以下好处：首先能保持干预者性质不变，不需再去关注与行为体相关的各种因素；其次，这样得以考察究竟是哪些因素使得同一行为体在同一个国家环境中成功和失败。同时，案例范围内第三方成分的不同：单边干预（法国和利比亚在乍得的干预、俄罗斯在格鲁吉亚的干预），由多边机构授权的单边干预（法国对卢旺达的干

---

① Failed States Index, Fund for Peace [Online]. Available at: http://www.fundforpeace.org/web/index.php?option=com_content&task=view&id=102&Itemid=151[accessed: May 7, 2009].

预），多边部队联盟（美国在索马里的干预），形式上多边但实质上是单边力量（独联体维和部队中的俄罗斯），以及多边组织干预（联合国卢旺达援助团和联合国索马里行动）。

第三章

乍得（1966—1987）：强行控制

在很多方面，相比于非洲以及其他地区的类似民族争端，乍得国内的民族争端显得十分突出。尽管其激烈程度不及其他民族斗争，但乍得内战是二战后公认最持久的国内冲突之一。不计其数的叛乱、政变、动荡、穷困、外部干预等因素持续煎熬了近两代生长在这片土地上的乍得人。

冲突背景

与大多数非洲中北部国家类似，乍得曾被法国殖民占领——这一状况也决定了其后殖民时代的大部分政治进程。尽管乍得的大部分地区都缺少像石油、天然气、黄金、宝石这样的珍稀资源，但其位于跨撒哈拉十字路口这一地理优势，为其发展贸易、手工艺、非法买卖奴隶等行业提供了空间。民族、环境、宗教三个方面都存在族群分裂是乍得社会独有的特点。乍得分为北部、中部和南部，有约200个民族群体[1]，讲100余种不同的语言。[2]

---

[1] Chapelle, J.1980. Le Peuple Tchadien. Paris: Hartman, reprint in World Almanac (1993). New York: Press Publication Company, 71.

[2] Morrison, D. G., Mitchell, R.C. and Paden, J.N. 1989. Understanding （转下页）

第三章 乍得（1966—1987）：强行控制

1916年，乍得与位于其南部的其他三个法国殖民地——乌班吉沙里（Ubangi-Chari）、中央刚果（Moyen-Congo）和加蓬（Gabon）同时加入了法属赤道非洲（The French Equatorial Africa）。1920年，乍得成为单独的法国殖民地。法国对乍得的统治存在严重的偏见，偏袒信奉基督教的南方人，排斥北方的穆斯林，相对于信仰异教的游牧民族，更倾向于定居人口。这些区域上、宗教上的分界恰好与乍得国内社会、政治方面的分化相一致，这种分化现象也正是乍得国内几乎所有争端的核心。正如阿泽维多（Azevedo）和纳多齐（Nnadozie）（1998）所言："法国政权通过运用对比鲜明的称谓来巩固这种南北两极分化：基督徒相对于穆斯林，南方人相对于北方人……"[①]随之而来，这种地域上、宗教上的断层便滋生了乍得国内政治经济上的区域差异：欠发达的北方（法国人称之为"无用的乍得"）落后于工业发达、受教育程度更高的南方（有用的乍得）。这也导致在乍得独立以后，南方人担任了最优越的政府公职，并且享受了高于国内其他地方居民的政治、经济特权。

对于乍得社会而言，去殖民化的过程本身就是痛苦的：殖民统治给这个国家留下了传统型、出口导向的经济主体，薄弱的工业部门，以棉花种植为主导的农业，以及十分匮乏的基础设施。地方政治动荡，族群、宗教和区域差异导致人口分化，形成的相互独立并时而敌对的群体，使得经济困境愈发严重。这种人口鸿沟（population divide）促使了二战后地域化、民族化政党的形成：代表南方利益群体的乍得进步党（PPT）（Parti Progressif Tchadien—Chadian Progressive Party），和乍得民主联盟（UDT）（Union Démocratique Tchadien—

（接上页）Black Africa: Data and Analysis of Social Change and Nation-Building. New York: Paragon House and Irvington, 412.

① Azevedo, M. and Nnadozie, E.U.1998. Chad: A Nation in Search of its Future. Westview Press, 38.

Chadian Democratic Union），该党是戴高乐领导的法国人民大会（Rassemblement du Peuple Français）在当地颇具影响力的分支。直至1960年8月乍得独立，乍得进步党和南方势力一直都主宰着乍得政坛。

1960年8月11日，乍得进步党的弗朗索瓦·托姆巴巴耶（Françoise Tombalbaye）成了乍得的第一任总统。肩负着统一四分五裂的乍得社会之重任，托姆巴巴耶大量借助来自法国的支持，在众多政府机构聘任法国顾问，并允许法国操纵大部分的国家财政活动。这样一来，法国仍然保持了自己"法定"守护神地位。在汤普森（Thompson）和阿德洛夫（Adloff）看来，不仅仅是乍得人"继续将法国视为自然庇护者和资助方"，[1]就连法国都将乍得视作其自身威望以及外部安全不可或缺的一部分。在法国与乍得政府签署的几乎所有的各色协议上，这种关系均有体现。

例如，据1960年8月签署的双边"援助协议"（Assistance Agreement）规定，法国有责任"（以）展开研究、提供设备、派遣专家与技师、培训人员以及提供财政援助的方式，在乍得完成经济、社会进步目标时提供其所需的资助……"[2]法国与乍得，以及马达加斯加、刚果、加蓬、科特迪瓦和尼日尔（Niger）曾签订有效期为1966至1967年的《维持非洲马尔加什国家秩序协定公约》（Agreement and Conventions to Maintain Order in African Malagasy States），[3]在这一框架内，法国可以直接或者间接地在有关国家维持法律秩序。间接帮助包括提供物资

---

[1] Thompson, V. and Adloff, R. 1981. Conflict in Chad, Research Series—Institute of International Studies, #45（University of California, Berkley）, 12. Vgswhsw

[2] Assistance Agreement between the French Republic and the Republic of Chad [Online]. 1960. United Nations Treaty Collection. Available at: http://treaties.un.org/doc/Publication/UNTS/Volume%20821/volume-821-1-11745-English.pdf [accessed: May 13, 2009]

[3] Accords et Conventions de Maintien de L'Ordre dans les etats （转下页）

和运输支持,而直接帮助则意味着法国会借这些国家的总统之名进行干预。在法国的军事行动中,"(这些国家的)军队尽管由本国直接指挥,但仍暂时局部受法国差遣"。法国政府也有权"使用武装力量在一个国家维持正常秩序"。因为另一项关于技术军事援助的协定,乍得得以在组建内部军队——警察总队(Gendarmerie)和国防军(the National Army)——的时候向法国寻求援助。此协定的第5条,使得乍得必须"在维护以及日后获取军事装备和物资方面,寻求法国的独家援助"。①20多个协定、公约的所有条款,目标都是与这个以前的殖民地、现在的独立国家建立正常的关系,并让其成为国际社会名正言顺的一分子。

然而不久,托姆巴巴耶的"一人制"(one-man-only)统治激怒了大多数群众,并引发了其他民族、宗族的强烈反对。托姆巴巴耶来自南方萨拉族,他基本上把大多数重要的行政职位都交到了氏族亲戚和南方人手上,并通过镇压手段和区域性偏袒的方式来挥霍其政权合法性。其他族群对这些压迫性政策愤恨不已,北部的穆斯林宗教领袖和军阀,有着各自基于族群的目标和支持者,开始公开挑战托姆巴巴耶的统治。反对派也越来越多地利用以往的族群忠诚和仇恨来谴责当权的南方人,进而在自己的追随者中获得更大的支持。大众的不满情绪步步高涨,或真或假的政变浮出水面,政府加强了对所有阶层人民的压迫,就连总统自己所在的萨拉族也不例外。

最早的叛乱之一于1996年发生在乍得的北部地区,这一叛乱在随后

(接上页)Africains et Malgashes [Agreement and Conventions to Maintain Order in African Malagasy States] 1966-1967. United Nations Treaty Collection. [Online]. Available at: http://www.rue89.com/2008/02/03/laccord-secret-qui-lie-la-france-au-tchad [accessed: May 13, 2009].

① Agreement Concerning Technical Military Assistance between the French Republic and the Republic of Chad [Online]. 1960. United Nations Treaty Collection. Available at: http://treaties.un.org/doc/Publication/UNTS/Volume%20821/volumne-821-I-11741-English.pdf [accessed: May 13, 2009].

的国内冲突中发挥了重要的政治作用——乍得解放阵线（FLT）(Front de Libération du Tchad—Liberation Front of Chad)。乍得解放阵线后来更名为带有强烈武装成分的"民阵"（FROLINAT）(Front de Libération Nationale de Tchad—乍得民族解放阵线)。尽管"民阵"把所有对托姆巴巴耶心怀不满的群众联合了起来，但还是缺乏统一的政治意志和远见，没有专门的实际政治平台，只有对未来国家模糊的治理计划。其政治目标过于宽泛、模糊且好高骛远。正如诺卢舜古（Nolutshungu）（1996）所说，乍得民主解放阵线的另一个弱点是"……一直以来，其管理结构区域化严重，不同区域派系的民族构成也各不相同"。[1]各个成员对该组织的忠诚度参差不齐，并且不同宗族能够掌握最高领导权的机会也不均衡，这些因素使该组织内部的民族分化现象进一步恶化。叛党内部的散乱本质对未来外国力量对乍得进行干预的成败有着重要作用。

"民阵"内部主要有三个核心武装团体，都打着各自的算盘：后来发展成为"火山军"（Vocan Army）的第一解放军（FLA）(First Liberation Army)，主要由阿拉伯民族构成，领导者是阿巴·西迪克（Abba Siddick）。其内部的竞争对手是第二解放军（the Second Liberation Army），又称北方武装部队（FAN）(Forces Armée du Nord—Northern Armed Forces)。北方武装部队大概是最有影响力的一支，受到利比亚的大力支持，领导者是希塞内·哈布雷（Hissène Habré）（戈兰尼人）(a Gorane)[2]和古库尼·韦戴（Goukouni Oueddi）一位德戴（derdei）[3]的儿子，系被托姆巴巴耶驱逐、旅居在利比亚的乍得宗教领袖。第三解放军（the Third Liberation Army）主要活动在卡内姆的中西

---

[1] Nolutshungu, S.C. 1996. Limits of Anarchy: Intervention and State Formation in Chad. University Press of Virginia, 97.
[2] 经查Gorane应为Gorani。——译注
[3] Derdei，又作derde（derda, derdai, dardai），是乍得西北部一种最高宗教及政治领袖头衔。——译注

部地区,并没有担当什么重要的角色。

虽然"民阵"起源于博恩提省(BET)(博尔库·恩尔迪·提贝斯提)(Borkou-Ennedi-Tibesti)的图博(Toubo)穆斯林区,且主要由穆斯林构成,它内部唯一的统一点实际上却在于其从未想要从乍得分离出去。相反,其立场十分明确,即倡导乍得统一。然而,这个想要保持国家完整性及统一性的意愿是相当理性的。诺卢舜古(1996)说过,"'民阵'要是把最贫穷、最没经济前景的北部从乍得分离出去,是没什么好处的,尤其是在其有着现实的可能来统治整个国家时,它更不会想闹独立"。[1]一旦"民阵"将欠发达的北部地区分离出去,利比亚就会乘虚而入,从卡扎菲掌权起,利比亚就有吞并乍得北部的想法。乍得民族解放战线的领导者们深知利比亚的这些企图,一旦独立,他们便会沦为利比亚统治下的地方长官。

法国与利比亚的干预

"民阵"通过巩固其在博恩提省和瓦戴省(Wadai)的势力,逐渐加强了对北方的控制。驻扎在当地的乍得军队大多是由南方人组成,当地人视其为外来者,而更亲"民阵",因为后者在本地作战。北方的不满情绪越来越难以应付,托姆巴巴耶请法国来帮忙遏制叛党。法国立即回应,调派了一支远征军,目标是"使在博恩提省重新实施乍得政府统治成为可能"[2]——这次行动无论在地理范围还是运作范围上都有所缩小。干预要达成短期的目标,即在内部政治混乱之时,拯救后殖民时代乍得政府的统治。托姆巴巴耶和法国都没有想要完全粉碎叛乱:前者担心北部省份会进行大规模报复,而后者则没准备打一场耗时耗力的仗。

---

[1] Notlushungu, S.C. 1996, 61.
[2] Nolutshungu, S.C. 1996, 71.

干预分为两个阶段：第一阶段从1968年8月开始，历时3个月。在这一阶段，法国只调派了数量有限的军队，但在干预结束时，已经有2000名法国海军陆战队士兵参与。在与叛党进行了一系列军事对抗后，法国成功夺回了北方的哨所，这些哨所于同年3月被"民阵"控制。第二阶段始于1969年4月，在人员和物资方面都较之前有所扩大。干预于1971年6月正式结束，但之后仍有1200名法国军事人员留在了乍得，来训练其国家军队——乍得武装部队（FAT）（Forces Armée Echadienne—the Chadian Armed Forces），其规模是法国派遣力量的两倍——陆军及空军合计约2700名。①

法国的干预镇压了乍得中东部地区的叛乱，大体上解除了博恩提省的威胁，尤其是提贝斯提（Tibesti）。"民阵"早期在北部的成果被逆转，其向南的扩张也被遏制，已无力夺回先前占领的地区。和乍得武装部队并肩作战以及与"民阵"的正面交锋鼓舞了士兵们的斗志，他们因而意识到自己身后有一个区域强国来给予支持。总而言之，用诺卢舜古（1996）的话来说，法国力量"循序渐进地削弱了'民阵'在该地区的势力，并永远地剥夺了中东部地区在叛乱中的优势地位"。②"民阵"在战场上的散漫纪律也打乱了其内部秩序，其内部的政治断层日益加深，整个运动也因此萎靡不振，在外部施压下越发脆弱。

干预过后，法国坚持实施政治改革，目的在于分散国家的中央集权，将权利转移到省级官员和传统社区领袖的手上。与此同时，法国也在推广自己的国家目标：它意识到叛乱远没有结束，担心乍得北部的局势再度恶化，如此一来，托姆巴巴耶就会再次要求自己介入。因为急于让民主管理成为国家安定的前提，法国在乍得极力推广分权体制，以求在全国范围达成和解，提升公共管理质量，并改善乍得南北地区之间

---

① Nolutshungu, S.C. 1996, 69.
② Nolutshungu, S.C. 1996, 63.

的关系，以满足想法各有不同的民众，避免再次产生不满情绪或者发生叛乱。

在法国推荐人选以后，中央权力机构开始与当地酋长进行商讨，成功地改善了地方税收状况，并释放了若干政治犯。不幸的是，这些改革仅仅是空想，没能治理乍得社会最根本的顽疾——区域分化、经济落后以及政治动荡。国内政治环境以及一党当道的局面没有得到任何改善，托姆巴巴耶仍稳坐乍得唯一统治者的宝座。乍得武装部队内部也产生了不满情绪，因其在近期与"民阵"的争斗中取得了成绩，便骄傲自满起来，也想在国家政治生活中发挥积极作用。托姆巴巴耶方面则惧怕军队政治力量增强，于是开始改组军队，并因怀疑其组织政变而抓捕那些最棘手的军官。军队格局改变，1975年4月13日，托姆巴巴耶在一次兵变中遇刺身亡。同样作为南方人的费利克斯·马卢姆（Félix Malloum）将军成为乍得的第二任总统，他与乍得北部以及一名被托姆巴巴耶囚禁的前政府批评者有着密切的亲缘关系。

马卢姆组建了最高军事委员会（CSM）（Supreme Military Council），带进了大批北方人，这也标志着随后乍得国内的政治权力重心开始从南方转移到北方。不久，穆斯林开始成为最高军事委员会的主体，大多数代表都来自乍得的北部及东部。新政府的第一要务是争取让乍得独立，摆脱外部干扰，尤其是来自支持托姆巴巴耶政权的法国势力的干扰，正如诺卢舜古所说，新政府越加"军事化……只有少数的非军事人员担任着相对次要的管理职务"。①

与上任总统一样，马卢姆于1976年3月6日签署《法兰西共和国与乍得共和国政府间文化合作协议》（Agreement on Cultural Co-operation between the French Republic and the Government of the Republic of Chad），以此来巩固与法国的关系。该协议在以下领域对两国间的合作

---

① Nolutshungu, S.C. 1996, 94.

进行了设想：教育研究、技术教育，乍得与法国颁发学历的相互认证，文化交流与培训课程的促进，图书馆、研究中心、文化设施的建设。① 两国还于1976年3月6日签署了另一项协议——《法兰西共和国与乍得共和国政府间技术军事合作协议》（Agreement on Technical Military Cooperation between the Government of the French Republic and the Government of the Republic of Chad）。根据此项协议，法国负责"为组建及训练乍得军队提供必需的法国军事人员"。法方人员会定期停留，期限由法国决定，以便法国能够自由召回其派遣人员。根据第4条规定，法国军队禁止参与"战争行动、维持秩序或执法行动"。法国还负责向乍得军队提供军事装备及后勤支持，并在自己的军事教育机构培训乍得军官。②

尽管法国在政治、军事及经济上对乍得进行了资助，其与马卢姆政府之间的矛盾还是很快浮出了水面。事实上，大多数乍得人口并不支持马卢姆——即使在叛乱时期，他也不是一位突出的领袖，并未得到民众的大力支持——人们只是反对托姆巴耶而已。既没有进行强劲的改革，又没能有效地管理国家，最高军事委员会的领导层没能维持住自己在政变初期获得的权威、合法地位及人民的拥护，未能将起初的斩获转变成长期的政治稳定。马卢姆政权与其前任越来越相似，他对所有的政府机构进行控制，禁止了一切政治活动，包括叫停乍得国家工会以及禁止工人罢工。

---

① Agreement on Cultural Co-operation between the Government of the French Republic and the Government of the Republic of Chad. 1976. United Nations Treaty Collection. [Online]. Available at: http://untreaty.un.org/unts/1_60000/30/16/00058760.pdf [accessed: May 13, 2009].

② Agreement on Technical Military Cooperation between the Government of the French Republic and the Government of the Republic of Chad. 1976. United Nations Treaty Collection. [Online]. Available at: http://untreaty.un.org/unts/1_60000/30/17/00058811.pdf [accessed: May 13, 2009].

在这种情形下,"民阵"成了一个将所有对最高军事委员会心怀不满的人联合起来的组织。没有了法国军队的阻挠,"民阵"获得了相当的活动自由,成功地在偏远地区重新建立了与首都恩贾梅纳(N'Djamena)相抗衡的政权。同时,1968年至1971年遭受失败后,古库尼(Goukouni)和哈布雷(Habré)两股势力长期进行争斗,导致反叛运动本身也出现了分裂。前者大体上顺应利比亚方面的利益,所以不想让"民阵"在两个阵线上同时作战,一方面对抗恩贾梅纳,另一方面对抗利比亚,乍得国内的政治进程直接牵扯到利比亚方面的利益。

乍得与利比亚的关系就好像是一对亲密而又相互敌对的邻居。二者之间的紧张关系源自双方多达几个世纪的民族、宗教及商业往来。二者过去都被殖民——乍得被法国殖民统治,而利比亚则是意大利的殖民地,两个宗主国之间的相互争斗导致了附庸国之间的关系也分外紧张。1969年利比亚独立后,其新任领导卡扎菲收回了奥祖地带,这块位于乍得北部,约10万平方公里的土地拥有丰富的铀储量,曾被法国于1935年通过协议划给了意大利。古库尼并不太担心利比亚出面干预,他的当务之急是要打败中央政府,然后才是尽量将利比亚从奥祖地带驱除出去。与古库尼不同,哈布雷拒绝与利比亚合作,将其视为入侵者。

导致北方武装部队内部出现明显裂痕的是,哈布雷绑架了一名德国人及两名法国人,并随后谋杀了前来谈判的法国安全部队的军官。尽管古库尼担心欧洲人会进行报复,想要释放人质,哈布雷还是坚持扣留他们,直到有机会重新就赎金进行谈判。最终,法国通过与哈布雷直接对话,解救出了人质,这激怒了时任国家总统的马卢姆。他起初命令余下的法国军队撤出乍得,以报复法国方面与叛党联系,但因为国内局势依旧动荡,他还是留下了几百名法国士兵,并重新商定了一系列军事条约以保证提供紧急支援。

非洲国家首脑和法国顾问催促马卢姆在政治方面进行分权,以防止再次发生动荡，马卢姆便试图让哈布雷和古库尼加入政府。然而，他们之间却很快发生冲突，随后又与马卢姆产生矛盾。哈布雷的军队在北方与马卢姆势力交锋，古库尼则在中部战胜了马卢姆并对恩贾梅纳造成了威胁。为了挽救自己的地位，马卢姆向哈布雷提出了正式的联盟邀请，盟约被编入《基本宪章》（the Fundamental Charter），双方于1978年8月建立了新的联合政府。马卢姆担任新政府的总统，而哈布雷则担任首相。

然而，这次成立联合政府的尝试也没能解决已经蔓延至全国的冲突。古库尼感到自己被新政府排挤，便开始对马卢姆和哈布雷一视同仁。他的武装力量由三支军队构成，并取了新的名字——人民武装部队（FAP）（People's Armed Forces），其目标是推翻乍得武装部队和北方武装部队联合政府的政权。到1978年，人民武装部队控制了南部省份，并于同年4月开始逼近恩贾梅纳。

这个局面不仅对马卢姆个人来说十分危险，一旦人民武装部队的军事行动取得成功，他便会完全丧失统治权力，并且对法国也十分不利。法国方面担心，随着被利比亚支持的穆斯林力量人民武装部队的成长，非洲在政治、经济、语言、宗教和文化上深受法国影响这一由来已久的观点会被动摇。他们十分怀疑人民武装部队与利比亚之间的关系，以及后者可能在当前中央政府虚弱、反对派日益壮大时趁机捞好处。法国还担心人民武装部队的扩张会威胁到自己从尼日尔获得铀资源的安全途径，这些铀资源对法国发展核打击力量至关重要。

法国于1978年4月至5月间站在政府一方，进行了第二次干预，即用战斗机为1700人的部队进行了短期且迅速的小规模空中补给。法国在政府周围建立了一块缓冲区域，对前来的叛军进行狂轰滥炸。法国的行为是在向反政府力量表明，尽管新政府含有自己先前的敌对势力，法国仍会对其大力支持，会坚决维护自身在乍得的影响力，并维持当局的政权统治。与第一次的干预一样，法国不对乍得政治进行深入的干预，也没有完溃人民武装部队的目标。他们同样没准备担任外部的维和方，也不打算将乍得内部的交战各方统一为一个国家。

其结果是，法国重新巩固了自己在恩贾梅纳的权势，并利用有限的资源，获得了有限的成果。法国的干预防止了人民武装部队进一步向政府部队及首都进行攻击，并把叛党逼退到北方，直至阿提省（the Province of Ati）。法国的这些行动显示，其接下来对乍得进行的所有干预中将运用到以下重要手段：坚决与他们的援助对象——政府，保持一致。自1968年法国在乍得的首次行动起，十年来，法国一直帮助维护乍得领导人的政权，尽管在新政府中有一位人物，先前在人质事件中与法国为敌且关系紧张——哈布雷。归根结底，乍得的真正掌权者究竟是谁对法国来说并不重要：它依然向中央政府提供支援，毕竟政府是实力较强的一方。

马卢姆—哈布雷联合政府在取得胜利后，乍看起来，这似乎是在领袖们利益出发点明显相同的基础上一次成功的政权整合。二者都反对利比亚对乍得内政的干预。同样，二者同样反对建立联邦制政府，因为这样会加剧现存的民族分裂。起初，他们都同意建立一个世俗化国家（a secular state），阿拉伯语会被赋予跟法语相同的地位，这样就能够最大程度上防止北部的穆斯林在利比亚支持下谋反。最终，马卢姆和哈布雷都非常支持国家对经济进行大力管制。然而，联合政府也存在着内部矛盾，哈布雷在提出其他要求的同时，还要求北方人担任更多的政府官职，用阿拉伯语来播报广播，而不是使用法语。同样，他还拒绝交出先前在乍得武装部队、现属北方武装部队的自己的忠实部下，并坚持让他们担任自己的私人守卫，这导致了"在这个人口不足45万的城市，存在着两支军队，一支属于总统，另一支属于首相，但其装备都是由法国提供的"。[1]

一次，在同时分发反马卢姆和反哈布雷的手册时，支持对立派别的

---

[1] Nolutshungu, S.C. 1996, 106.

大学生间发生了冲突，两派之间的紧张关系进一步恶化。三位哈布雷手下的部长在机场被没收护照，这一事件持续升温，最终成为马卢姆与哈布雷发动内战的最后一根导火索。1979年2月12日，发生了被称为"恩贾梅纳第一战役"（the First Battle for N'Djamena）的最重要的一场战斗。非常有趣的是，法国派出的部队始终保持中立，在两个政府派别你争我斗的时候没有进行大规模的参与，任何一方战后都会组建新政府，委任新总统，法国却在支持哪一方的问题上没有做任何表态。

同时，尽管哈布雷绑架过法国平民还杀害了一名法国军官，法国还是在暗中支持他。只有一次例外，即法国飞行员与乍得武装部队协议好，对北方武装部队发动了攻击，但哈布雷通过扬言要报复法国平民，成功地阻止了这次空袭。这一点也是二者对抗中最具有决定性的因素之一，正如阿泽维多和纳多兹（1998）所述，"如果法国没有在1979年2月勒令乍得政府停止空袭敌方据点，马卢姆的军队也许已经取得陆地战场的胜利了。"[1]因此，尽管法国的官方立场是中立的，只给"……中央银行、机场（其基地所在）、城市电话系统（非洲地区本身就鲜有电话存在）、以色列建立的国际酒店……"[2]提供保护，最终却因为他们的无动于衷，马卢姆领导的最高军事委员会土崩瓦解。

因被法国遗弃，乍得武装部队士气低迷，撤离首都。之后，败退的南方人和前进的北方人开始相互打击报复。恩贾梅纳一战，1000人死亡，8万人逃离首都。短短十天之内，古库尼的人民武装部队在一片混乱之中，趁机进入首都。到1979年3月，这场战争让乍得真正分裂了：北方武装部队控制着北方，古库尼占领了首都，马卢姆的军队则占据着南方五省。

穆斯林和南方基督徒之间的碰撞将冲突从北方转移到了南方，并

---

[1] Azevedo, M. and Nnadozie, E.U. 1998, 53.
[2] Nolutshungu, S.C. 1996. 114.

且,外国政府也几次三番地帮助二者进行和解。在1979年3月至8月间,以尼日尔为代表的邻国出面进行调停,并组织了4次和平会议。然而,他们的作用非常有限——汤普森和阿德洛夫(1981)的话也证明,交战双方"……的领导想要通过联合政权,夺取更多的权力,这并不在他们的能力范围内……但他们却认为自己有这个能力"。[1]尽管所有的这些会议都提出要建设一支维和部队,并且已经有一批兵力(如800名尼日尔士兵)被部署落实,据诺卢舜古(1996)所述,"他们既没有成功替代警察,也没能解除交战各方的武装。他们人员稀少,根本不能阻止一个坚定的入侵者,或者决定本土武装政治团体之间争斗的胜负,更无法做到让尼日尔选派的领导来统治乍得。"[2]这样一来,尼日尔的维和力量因为自身无法提供可信的第三方和平保障,没能让交战方遵守和平协议。

这些会议中最重要的一场,应该是1979年8月在拉各斯召开的最后一次会议,乍得的所有党派、政治及军事团体都参加了该会议。除了裁减军备、释放囚犯、赦免、广播立场中立、引进维和部队等事宜外,与会者还就组建乍得民族团结政府(GUNT)(Gouvernement d'Unité Nationale du Tchad)达成了一致,该政府会在交战双方之间进行调停。内阁席位实行区域均衡分配。作为一个分权性质的机构,民族团结政府试图将所有的领导都招揽过去:古库尼任国家总统,卡穆格(Kamougue)(南方人、第三解放军领袖)任副总统,哈布雷任国防部长。

从一开始,民族团结政府就出现了与最高军事委员会相似的问题。领导之间互不信任导致其缺乏政治凝聚力。从政治方面讲,除哈布雷外,新政府的领导职位都交给了亲利比亚的人,这些人自然敌视哈布雷这一反利比亚派主要人物。从个人层面上来讲,古库尼和哈布雷在"民

---

[1] Thompson, V. and Adloff, R. 1981, 91.
[2] Nolutshungu, S.C., 124.

阵"早年的恩怨在民族团结政府得到了延续。新政府就位后，古库尼和哈布雷保持了各自的势力，并在恩贾梅纳各据一方。民族团结政府在贯彻拉各斯的职权规定上鲜有成效：汤普森和阿德洛夫（1981）注意到，"……拉各斯约定的主要规定中，没有一条被实施，内阁成员只进行了一次会见，南方的囚犯也没得到释放，并且，没有一支非洲维和部队到过乍得。"①

两位领袖之间的对抗带来了另一场内战，这次战争开始于1980年3月，持续了9个月的时间，参战各方的立场较之前并没有多大改变。1980年12月，恩贾梅纳第二战役爆发。除人民武装部队及北方武装部队以外，卡穆格的南方第三解放军也抵达了首都郊区，但后来因死伤惨重被击退。几乎所有的平民都逃离了恩贾梅纳。尽管600名刚果维和士兵已抵达，法国军队也在场，也根本无法给这座城市带来和平，恩贾梅纳当时已经被分割成几个部分，被不同的敌对势力所占据。古库尼担心自己会被打败，便让利比亚出面干预。

利比亚的干预

利比亚在乍得拥有长期利益的因素有好几个。对利比亚来说，一心想要统治乍得的原因有理性计算的成分，也跟历史上对北方穆斯林的一贯支持有关。一方面，据说奥祖地带拥有一系列的丰富矿产，其中包括利比亚一直想要控制的铀资源。同时，同样有殖民历史的利比亚想要以一种特殊的方式将自己从这段经历中解脱出来——它想要自己也成为一个殖民霸权，并把乍得发展成为自己的殖民地。遵循着这个逻辑，诺卢舜古（1996）称，与法国一样，利比亚想要建立"最好是一个在意识形态上与利比亚相似的亲利比亚政府，而且这个政府愿意接受利比亚已

---

① Thompson, V. and Adloff, R. 1981, 97.

第三章 乍得（1966—1987）：强行控制

经将奥祖地带纳入自己版图这个事实；或者更妙一点，这个新政府应该并入利比亚，并由卡扎菲信赖的人来领导"。①除了这些利益考虑，利比亚还想减少欧洲在非洲的势力，并且让伊斯兰势力发展到连接乍得与苏丹的萨赫勒（Sahel）地带中。于是，通过削弱乍得与西方的关系，以及减少非洲对西方民族国家体系的依赖，卡扎菲希望能够实现自己建立统一的伊斯兰北非的梦想。乍得后殖民时期的政府，无论在经济上还是军事上，都高度依赖法国，这与卡扎菲的设想相矛盾，于是卡扎菲便与若干反对派领导建立了联盟，包括古库尼、西迪克、艾哈迈德·阿西尔（Ahmat Acyl）（阿拉伯裔乍得人、民主革命委员会首脑）（CDR）（Democratic Revolutionary Council）、卡穆格——所有这些人一旦担任政府领导，都会为卡扎菲谋求利益，并依据卡扎菲的想法来制定政策。

1980年6月15日，古库尼的民族团结政府与利比亚签署了利比亚—乍得《友好联盟条约》（Treaty of Friendship and Alliance）②，该条约规定，乍得在主权、领土完整或是国内安全受到威胁时，都可以向利比亚寻求援助。该条约把乍得和利比亚称为，以"根深蒂固的精神、经济、人文纽带"相联系，拥有"共同命运、共同目标和抱负"的"两个亲如兄弟的民族"。合约的第一条写道，"双方如果有任何一方受到外国直接或间接的侵犯，另一方应提供防御支持"，以及"侵犯任何一方，就是侵犯另外一方"。利比亚还承诺在乍得的经济、军事重建中，提供经济、物资及文化资源。乍得则承诺"不会容忍在国家疆域内，建立任何外国军事基地、殖民地及帝国主义军队"，以及"其有权在主权、领土完整或国内安全受到威胁时，请求阿拉伯利比

---

① Nolutshungu, S.C. 1996, 147.

② Treaty of Friendship and Alliance between the Socialist People's Libyan Arab Jamahiriya and the Republic of Chad. 1990. United Nations Treaties Collection. [Online]. Available at: http://untreaty.un.org/unts/60001_120000/5/23/00009133.pdf. [accessed: May 13, 2009].

亚人民社会主义共和国（Socialist People's Libyan Arab Jamahiriya）支援"。

通过该合约，利比亚称其支持民族团结政府，即拉各斯协议规定的合法政府。以该合约作为前提，利比亚军队于1980年11月受古库尼之邀，进入乍得。来自利比亚的7000~9000人、配有坦克和自行火炮（Self-Propelled Artillery）的军队，以及来自伊斯兰军团（the Islamic Legion）的4500~5000名士兵迅速占据了乍得北部及中部的哨所。

利比亚的干预大获全胜，成功压制了北方武装部队，并让民族团结政府得以掌权。从乍得北部开始，民族团结政府和利比亚伊斯兰军团的统一战线于1980年12月15日控制了恩贾梅纳。利比亚的干预给北方武装部队带来了毁灭性打击，几乎在所有主要战役中均将其击败。北方武装部队在一个月内就败下阵来，哈布雷也被迫逃到苏丹，在乍得第四大城市阿贝歇（Abéché）重新组建了军队。作为针对利比亚支援而进行的让步，古库尼被迫于1981年同意将乍得并入利比亚。然而，迫于法国及众多反对甚至畏惧利比亚这样"发展壮大"的非洲国家的压力，民族团结政府不久便否认了这个协定。

利比亚通过在乍得取得合法身份获取了大量的实际利益，并对奥祖地带进行持续控制，除此之外，利比亚的介入也稳定了乍得国内的局势。在诺卢舜古（1996）看来，利比亚的"出现帮助控制了民族团结政府内部党派间的冲突，为各部队从首都撤出及其在别处重新部署提供了支援，并协助其对平民缴械。利比亚的军队被部署在了最需要的地点，并且……平抑了哈布雷快速组建起的军队的优势……"传统上，乍得北部一直在利比亚势力范围内，可是利比亚还关心其在北部以外地区的受欢迎程度，并且因此"带来了资金，为这些地区经济生活注入了活力……"[①]

---

① Nolutshungu, S.C. 1996, 155.

1979年，法国停止了干预，在帮助哈布雷对抗利比亚方面没有任何行动。很大程度上，这是由于其不想让冲突升级，进而演变成与利比亚之间在国家层面的战争。然而，法国防患于未然，增加了其在中非共和国的兵力，以向利比亚人展示自己的实力，并明确地示意利比亚，一旦其轻举妄动、侵犯乍得的国家地位，法国会立即介入。利比亚则以威胁要向乍得实施原油禁运作为回应。最终，迫于来自非洲团结组织的压力，以及在害怕丧国给利比亚的古库尼的要求之下，卡扎菲于1981年11月撤军离开恩贾梅纳。

利比亚如此之快地从冲突中退出，可能的原因不止一个，但是最有解释力的还是经济上的考虑。很简单，利比亚无法承担将冲突扩大到整个乍得的成本。在向南方快速突进时，利比亚并没有想对其进行大规模的长期占领，这种占领意味着高昂的成本。同样，在乍得的大部分区域，北部除外，利比亚不受欢迎——跟邻近的穆斯林比起来，利比亚在南部萨拉族的眼里更为陌生。

这样一来，卡扎菲就想要保持一个中立、公正的调停人形象，支持合法政府并遵从其意愿——像对法国那样。卡扎菲一再提到，自己的"军队是应民族团结政府及其总统的要求而进入乍得，一旦乍得总统要求他们撤离，他们会马上照做"。[①]利比亚在乍得长期驻扎，承担了维持其国内安全的任务，并因此控制了乍得的国际政策，但同时也承担了与不怎么赞成利比亚介入的乍得邻国发生冲突的风险，如苏丹、埃及和尼日利亚。

利比亚撤出后，来自非洲统一组织（OAU）（the Organization of African Unity）的泛非部队（IAF）（Inter-African Force）进入乍得，由2000名尼日利亚士兵、2000名扎伊尔士兵及800名塞内加尔士兵组成。由于该维和部队没有明确的行动指令，且三个国家都不愿与其他军队公开作战，泛非部队在利比亚退出后，没有试图阻止哈布雷军队的反击。不

---

① Nolutshungu, S.C. 1996, 156.

与哈布雷作战的最重要的一个原因是，泛非部队国家想要阻止利比亚扩大在北非的势力，哈布雷在其中能够发挥重要作用。

失败之后，哈布雷花了几乎一年的时间来重新控制北部。作为回应，民族团结政府试图再次向利比亚寻求援助，却吃了闭门羹。卡扎菲觉得北方武装部队一方占据上风，一旦与迅速壮大的哈布雷公开作战，他可能被打败。而且，民族团结政府对乍得境内的卡扎菲军队转变了立场，并宣布废除关于合并的约定，这让卡扎菲很"受伤"。最终，利比亚决定停止支援古库尼军队。民族团结政府和泛非部队都几乎没有进行反抗，北方武装部队于是逼近首都，于1982年6月7日占领了恩贾梅纳，并宣布哈布雷为国家元首。

法国与利比亚的干预

失败之后，古库尼并没有完全退出政治舞台。古库尼自己的军队约有3000-4000人，来自人民武装部队、乍得武装部队、民主革命委员会、第一解放军、火山军、西方武装部队（the Western Armed Forces）的剩余兵力加入其军队。新部队被命名为民族解放军（ANL）（National Liberation Army），共有1.2万人。哈布雷还将自己的军队进行重组，新组成的乍得民族武装部队（乍得民族武装部队）（National Armed Forces of Chad）共有约1万人。起初，古库尼在战场上取得了一定的胜利，1983年6月，利比亚对乍得民族武装部队进行了一场轰炸，这次具有决定意义的轰炸让其得以占据法亚-拉若。再往南，民族解放军占领了卡莱特（Kalait）和乌姆沙卢巴（Oum Chalouba），以及阿贝歇。与1982年6月不同的是，利比亚现在决定支持古库尼，担心哈布雷一旦取得先机，便会威胁到自己对奥祖地带的控制。

然而，哈布雷也在寻求外界帮助，不过却不怎么成功。最终，他亲自率领乍得民族武装部队，先解放了阿贝歇，4天后又解放了法亚-拉若，最后收回了北方的哨所。哈布雷在北方的防守反击引发了其与驻扎在当地的利比亚军队之间的碰撞。利比亚军队在武装力量方面占据着压倒性优势（4000-5000人），拥有坦克、装甲车、战斗机、自行火炮以及多弹道导弹发射器，最终把乍得民族武装部队从法亚-拉若赶了出去。

看到乍得可能要被利比亚占领，法国欲竭力阻止，于是决定再次插手，这样便导致这场干预比赛一下子有了4个参与者，交战各方都有各自的"庇护国"。乍得的国内争端虽然已经国际化，在法国和利比亚之间却没有演变成公开的冲突，因为他们各自的干预都"……具有合作比赛（cooperative game）的特点。双方都给自己设定职责范围，法国不愿为哈布雷夺回北方，而利比亚则不想用自己的军事优势来帮助民族团结政府进攻首都……"①两国都不想把乍得内战激化成二者之间的国际冲突，因此都仅仅是展示一下自己的兵力，而没有进行任何直接的军事对抗。

法国想阻止利比亚对法亚-拉若进行大规模、长期占领，并将利比亚在乍得，更具体地说，应该是在非洲内政中所发挥的作用最小化，便于1983年展开了"曼塔行动"（Operation Manta）（即刺魟）（Stingray）。在这次行动中，法国进行了包括180名军事顾问及武器装备的空中补给，随后又派遣了3500名士兵，其中包括空军、外国军团以及空降人员。法国军队运用先前使用过的策略——先拿下恩贾梅纳，然后在通向政府所在地——首都的路径上进行防御部署。法国还试图通过在北纬第16纬圈建立禁飞区来将交战各方分开，以结束利比亚的轰炸。

到1983年，乍得分裂成两个部分：博恩提省被民族解放军控制，其他地区则归乍得民族武装部队。利比亚则通过在乍得设立新的现代雷达站和增派部队来巩固自己的势力。乍得濒临瓦解，冲突已有引起法国和利比亚之间的国际战争的危险。两国对这一情况都所有察觉，于是在1984年9月，两国决定将战争降级，法国承诺从乍得撤军，而利比亚则承

---

① Nolutshungu, S.C. 1996, 189.

诺从饱受争议的奥祖地带撤离。然而，只有法国履行了自己的承诺，依照合约的规定，于11月份从乍得撤离，但利比亚却背叛了合约，保留了其在博恩提省的3000名士兵。

法国干预的结果是，利比亚停止继续向南逼近，并不再威胁要占领恩贾梅纳。"曼塔行动"震慑住了民族解放军及其支持者利比亚。同时，利比亚不想与法国公开斗争。禁飞区的设立帮助乍得民族武装部队巩固了它在与该区域接壤地区的势力。最终，尽管法国撤离了乍得，而利比亚仍留在了博恩提省，"曼塔行动"仍阻止了利比亚继续占领该省以外的地区。法国的介入促使乍得民族武装部队迅速壮大，并鼓舞了其士气，而民族解放军的情况则相反，其内部则出现了腐败和内讧。此时，民族武装部队拥有大约1.5万人，他们来自之前南方的"科多叛乱"（Codos Rebellion）。[①]利比亚见势，决定增加在乍得的兵力，并将提贝斯提和法达（Fada）的民族解放军—利比亚部队合并，士兵总人数升至1万。

利比亚建立了新的空军基地及雷达站，不断巩固自己的势力，这引起了法国的注意，法国于1986年2月返回乍得，发起了"雀鹰行动"，派遣了2500人，其中包括一支由顶级的美洲豹战机和幻影战机组成的特遣队。然而，这次部署并不具有完全的军事干预意义，因为法国部队只参加了少数行动，除此之外，它们只是利用"吓唬"的方式阻止了利比亚对恩贾梅纳和阿贝歇发动攻击。真正的军事行动发生在博恩提省，而这里唯一的军事力量就是150名负责给该地区扫雷的工程师。

乍得民族武装部队的成立以及法国的派遣队恰好与民族解放军的内部分裂发生在同一时间。阿西尔得到了利比亚的单独支援，让其他派别很是愤怒。于是古库尼自己的军队，尤其是人民武装部队，开始憎恨利

---

① 从本书的写作意图来讲，科多叛乱的意义并不大，因为它没有对乍得未来的政治进程产生重大影响，也没有招致第三方的介入。

比亚在北部发展其势力,也对其不再继续对抗乍得民族武装部队感到不满。这种不和升级为人民武装部队与民族革命委员会之间的公开军事对抗,后者在利比亚的支持下,将占有民族解放军2/3预备兵力的古库尼军队逼退至山上。这种情况之下,古库尼一反常规,与他的老对头——乍得民族武装部队联合起来。这样对利比亚背后一刀的做法很投哈布雷所好,他于是跟人民武装部队签署了一份协议,此时的古库尼正被软禁在的黎波里(Tripoli)。

起初,人民武装部队发动了对民族革命委员会的攻击,但是被利比亚军队击退,撤回到提贝斯提的山林中。1986年12月,利比亚的装甲部队用凝固汽油弹和毒气袭击了驻扎在提贝斯提的人民武装部队阵营,迫使其撤退。同时,在法国的经济援助下,乍得民族武装部队装备有轻型丰田敞篷货车来运送武器,能够良好地适应沙漠作战,对位于法达的民族革命委员会及利比亚部队进行了攻击。利比亚和伊斯兰军团的重装甲坦克不适应此类作战方式,灵活的丰田卡车则可以在近距离发射反坦克导弹,用来福枪进行射击。利比亚方面共700人死亡,150人被俘,还损失了十亿美元的军事装备。[1]

尽管失败,卡扎菲为了控制住博恩提省,又发动了另一次攻击。然而,1987年2月,卡扎菲在动用了1.1万名兵力发动进攻,却还是以失败告终:乍得民族武装部队不仅粉碎了利比亚的两支坦克中队,还成功地占领了利比亚位于乍得北部的基地,造成利比亚方面1200人死亡,450名士兵被俘。这又给利比亚以沉重的打击,使其本已消沉的士气进一步低迷。既非应乍得政府要求,也没有得到之前任何一位乍得盟友的支持,利比亚作为一个占领者,在乍得陷于困境。由于缺乏有效的雷达系统和空军基地来指挥地面部队,以进攻乍得民族武装部队移动单元,利比亚军队在不熟悉的地域深陷绝境。

---

[1] Azevedo, M. and Nnadozie, E.U. 1998, 59.

在人员和军事装备上蒙受了巨大损失,没能为民主革命委员会守住北方,也无法扩大自己在博恩提省的势力的情况下,利比亚开始撤退。随之而来的是,乍得民族武装部队对奥祖地带发动了成功的袭击,逼迫利比亚人离开自己的基地。利比亚轰炸由乍得民族武装部队控制的北方城市,进行打击报复。作为回应,哈布雷提出要求法国介入,但是没有成功。法国想要维持自己在乍得的势力,但却不想插手利比亚控制的奥祖地带。法国国防部长声称,法国不会派遣士兵或战机来帮助乍得政府从利比亚手中解放乍得北部,部署在恩贾梅纳的1000名法国士兵和战机,仅仅是为了保卫首都。

结果,乍得民族武装部队孤军奋战,利比亚军队运用轻型车辆仿照乍得的沙漠作战手法,先后对其发动了空袭和地面攻击,将其赶出了奥祖地带。作为回应,哈布雷对利比亚空军基地进行了突袭,歼敌1000名,俘虏300名,并缴获了相当数量的利比亚战斗机及直升机。之后,法国很巧妙地通过建立空中防御系统来帮助哈布雷,阻止了利比亚军队向16纬度圈南部进一步进行轰炸,并轰炸了利比亚位于瓦迪杜姆(Qadi-Doum)的雷达装置。

最终,意识到继续进行军事对抗毫无结果,哈布雷和卡扎菲都决定暂停战斗。乍得和利比亚的外长于1988年8月进行会晤,两国在非洲统一组织的调解下,同意进一步会谈。乍得暂时不再试图夺回奥祖地带,而利比亚则停止了对乍得南部地区的轰炸。两国随后签署了停战协议,不过奥祖地带直到1990年都一直被利比亚所控制。①

1989年以后,掌权近7年的哈布雷在颁布了一系列民族和解政策的同

---

① 乍得与利比亚对奥祖地带的争议于1990年被提交给国际法庭,以求获得有法律效力的统治权。根据1994年2月3日国际法院(the ICJ)做出的决定,这块土地仍属于乍得。奥祖地带于1994年3月30日正式由利比亚移交给乍得。[Online: the ICJ Judgment].Available: http://www.icj-cij.org/docket/index.php?sum=424&code=dt&p1=3&p2=3&case=83&k=cd&p3=5 [accessed: May 6, 2009].

时，对曾经公开和大力反对其政权的派别领导进行了惩治。在国内政治领域，他倡导民族团结、国家统一。然而，由于政权在国内受到威胁，他开始对自己的政治对手进行镇压。在国际层面上，哈布雷则表现出了对法国支援的青睐，而排斥利比亚方面的资助。法国在乍得境内保持了大量的军事及安全力量，同样也继续对乍得进行大力的经济、财政支持。

民族斗争仍旧继续。不同部族之间的冲突，在中央政府内部的哈贾莱（Hadjerai）、扎格哈瓦（Zaghawa）和格拉尼（Gorane）阵营代表之间尤其激烈，这导致伊德里斯·代比（Idriss Deby）叛变，伊德里斯·代比是扎格哈瓦族，也是哈布雷手下重要的将军之一，于1989年4月逃亡到苏丹的达尔富尔（Darfur）。1990年12月，由于法国在乍得的驻军未加反对，代比成功占领恩贾梅纳，并罢黜了哈布雷，将其驱逐至塞内加尔（Senegal）。3个月后，在爱国救亡运动（MPS）（Patriotic Salvation Movement）的支持下，代比成了乍得的新任总统。

干预分析

乍得内政错综复杂，国际社会对法国作用的不同看法，以及20世纪60年代不断改变的国际政治环境，形成了法国对乍得的特定干预形式。自从其前殖民地独立以来，法国通过在军事、经济、行政诸多方面上为乍得政府提供支援，在乍得内政中发挥了重要作用。[1]法国在乍得的势力一直都很引人注目：他们的军队或是短时现身于乍得境内，或是为了向乍得政府提供不时之需而被部署在邻国。作为最重要的经济援助来源，法国向乍得提供了发展援助、贷款以及其他经费来支撑乍得经济。尽管

---

[1] 据一些资料显示，1983—1987年间，法国对乍得政府的军事援助费用高达175,000,000美元。仅1987年上半年，所有的帮助，包括雀鹰行动，耗资将近100,000,000美元（关于法国对乍得的军事和经济作用的信息。（详情请见http://www.country-data.com/frd/cs/tdtoc.html [accessed: May 6, 2009].）

法国已不再像殖民时期一样购买乍得农产品，法国的援助始终占据着乍得国家预算的一大部分。

与此同时，除了帮助若干届乍得政府，法国还有着自己的介入目的，实际上，其中有些根本与乍得无关。诺卢舜古（1996）对法国给予乍得的持续援助及其在乍得的势力发展有着重要见解："在法国，乍得的命运总是与法国在其他热带非洲殖民地的势力是否完好有关。这种多米诺理论似乎很适用：一旦失去一个殖民地……便会失去（或放弃）其他殖民地；如果法国不能够保护一个附属国，其对别的附属国的保护能力就会受到质疑……法国的国际地位，及其在非洲的经济利益、声望都会受到影响。"[1]于是，法国将乍得视为自身安危的一部分，并想要维持局面的稳定。

从这个角度看来，1968年以后，所有法国的干预都与其20世纪60年代在国际政治上对自身的定位相一致，这种定位被称为戴高乐主义（Gaulism）（因法国著名的时任总统夏尔·戴高乐得名），即法国需要拥有独立的核军火库——核打击力量（force de frappe），以强调自身在国际政治舞台上的伟大，并履行其向全世界传播民主的使命。这样一来，法国的干预便有了更深层次的动机，如谢尼奥（Chaigneau）（1984）所说，在他们"对……国际层面上的势力及影响力的需求之下，非洲在这一计划中起了重要的作用"。[2]这样成功的国际行动，尤其是发生在欧洲之外，会重新确立法国（区域）霸主的地位，同时也向北约的盟友展示了法国具有在国际舞台上独立行动的能力（尤其是法国于1966年领导北约一体化军事指挥机构一事）。此外，就法国国内而言，恢复国际地位能够让其从二战时被德国占领这一耻辱中走出来，并且重新赢得国民信心。

---

[1] Nolutshungu, S.C. 1996, 11.
[2] Chaigneau, P. 1984. La Politique militaire de la France en Afrique. Paris, 1984, 18-19.

然而，法国涉足非洲，还有另外一个原因——在法国心目中，非洲是自家后院，它想要限制亲苏国家和伊斯兰利比亚在非洲的影响力。法国反对利比亚在中北部非洲尤其是在乍得的扩张，因为利比亚不仅仅可能会对乍得进行强势的"伊斯兰化"，还可能会将乍得人口"阿拉伯化"，并使之逐渐减少法语的使用，由阿拉伯语取而代之，这就预示着法国文化氛围的消亡（其实，这种现象早在哈布雷任期的头几年就开始发生了）。其结果是，法国渐渐失去与其前非洲殖民地之间的传统联系。此外，利比亚在奥祖地带的壮大威胁到了法国对邻国尼日尔境内铀资源的获取，而这对法国的国家利益而言是至关重要的。

法国的干预之所以成功，大体上取决于以下三个因素：其对乍得政府内部政治团体的支持，通过有限的行动参与和制度法（institutional approach）来将干预外化。法国的一贯干预模式中有一个标志性的变量，也正是这个变量让其在不同时期的干预行动很大程度上获得了成功，即法国的支援方向：法国向来支持乍得政府，而在大多数情况下，乍得政府是国内所有军事集团中实力最强的。这种立场源于法国惯有的"家长式"态度，这种态度就决定了法国一直以来都大力支持非洲法语国家。单就乍得来说，在前统治者费利克斯·埃布埃（Félix Eboué）的领导下，乍得政府在二战中曾表现出对法国的忠诚，并积极拥护戴高乐领导的自由法国运动（de Gaulle's Free France），法国对此不曾忘记并心存感激。乍得独立后，法国在进行干预时，都一如既往地在其动荡的环境下袒护乍得政府，即便有时其政府的做法公然违反了民主原则。

在对几届乍得名义政府的支援中，法国干预的路径依赖性有时会以自相矛盾的形式出现，先前政府的敌人一旦掌权，也肯定会获得法国的支持。比如，在1968年的第一次干预中，法国支援了托姆巴巴耶，一起对抗"民阵"。而后，法国又支持推翻托姆巴巴耶统治的马卢姆，联合对抗"民阵"。另外，在"曼塔行动"和"雀鹰行动"期间，法国又支援了哈布雷，尽管由于其先前的反法言论及对法国公民的敌对行径，法国并不是特别喜欢他。

法国在支持乍得政府的背后，还有另外一个完全出于理性考虑的理由。法国想要保持非洲法语国家的安定，并维护自身在这些国家的经济、政治利益。而这些国家的政府则拥有在军事和经济资源方面的相对优势，并占有较大面积的土地，而且大多数情况下，它们比反对势力强大，在打击力量较弱的各路反对派组织时，有限的外部投入能够对政府进行更有效的支援。而且，名义政府有着维持各自国内安全的任务，而反对派却意味着安全隐患，是导致国内环境动荡不安的因素，所以与帮助反对派相比，支持名义政府更为容易。

法国干预获得成功的另一个重要因素是其始终都保持外部参与者的身份——这个立场源于法国总体上的后殖民主义态度，即限制在非洲的大规模干预以及大量军事部署。自去殖民化政策实施以来，法国就一直尽量避免深度参与非洲国家的争端，这样就远离了重要内政参与者这样的身份。法国在干预中对支持对象的态度，及其军事活动特征，都表明了其外化策略。

几乎在所有的干预中，法国始终都信守其承诺，远离乍得国内政治、交战各方及内部争斗的各种状况。法国有限的行动计划、参与范围、地域覆盖及资源部署上，都反映出其干预的外化方法。从以拯救托姆巴巴耶政权为目的的第一次干预开始，到随后对其他统治者的支援过程中，法国都避免了实施国内执法功能及其他行政任务，因为这些行为都会让法国与乍得想起二者过去的殖民关系，并因此牵扯到长期的大量经济、政治资源分配义务。法国也不愿在乍得建立外部权力机构并部署"自己的"人员。

此外，法国从未打算将维持乍得国内安全局势作为自己应尽的义务，因为这样的承诺需要大规模的军队部署。这种行动姿态源于法国对非洲国家采取的一般立场：法国不会参与针对非洲国家的重大外部行动，虽然法国想让该地区局势稳定，但并不愿意通过大规模军事干预来实现这一想法。这种立场在很大程度上局限了法国在乍得进行干预的目标。法国不仅没有以消灭各路反对阵营为目的而进行干预，因为这样会引起这些反对派支持者的严重敌对态度；法国也没有发挥和平实施者或是和平维护者的作用，否则，它应该会为交战各方提供外部安全保障。此外，法国并没有真正地领导或是调解过正式的和平会谈、谈判，除了释放法国人质一事，并未以结束争端为目的与"民阵"进行过协商。

尽管法国在乍得的行动一直都为人所知，法国军队却从来没有长时间在乍得驻扎过。法国干预的特点是反复，同时发生，但不连续不持久。除了实际的干预行动，法国从未在乍得进行过大规模军队部署，而且行动结束之后立即撤军。在非战时期，法国派往乍得的只有负责训练士兵的军官，以及恩贾梅纳机场的服务人员。法国的分遣队始终都独自行动——他们不与乍得军队混合在一起，并一直以单独的个体存在。法国借此让乍得人民相信他们自己是独立自主的。这样的态度增长了乍得军队的士气，让他们在感到身后有强大支持的同时，又觉得自给自足。

干预的外化方法导致他们行动范围有限：法国只在极少数情况下与反对党派的武装部队发生过直接碰撞。法国从未与另一干预方——利比亚真正地面对面进行对抗，这种姿态避免了法国与利比亚之间发生国际冲突。这样法国也将自己的战争损失限制在了一定范围之内，具备了其在国内获得大众对军事活动支持的前提。狭小的军事活动范围也让他们的地域覆盖面积很受局限：与分散于乍得北部各地的利比亚军队不同，法国军队基本都部署在恩贾梅纳，并保护着通往该地的路径。这些战术让他们得以维持良好的沟通线路、军队的机动性以及作战部队的密集度，并且避免大规模的战争伤亡。与利比亚不同，法国军队从未被迫在不熟悉的恶劣环境下作战，也从未违背了人民的意愿而进行军事行动——在恩贾梅纳及附近地区，本地人一般都非常接纳法国军队。

最后，法国干预成功的一个很重要的方面，就是他们在乍得人民及国际社会眼中的制度化。干预的制度框架是通过支持乍得政府而获得的，乍得政府拥有合法的制度权威，并用相关的法令将法国在乍得的驻军进行合法化。通过支持一个起码在名义上拥有制度合法性的行为体——政府，而政府拥有行政机构、军事及执法机关的参与方，这样法国便将自己在乍得的行动制度化了。政府在对其人民采取非法行动时，其便失去了合法性，就这一备受争议的话题而言，没有一任乍得政府领袖曾进行过针对国民的大规模残暴活动或是种族清洗。这些乍得领袖之所以能够获得法国的支援，是因为他们的政府职权，尽管该职权也谈不上完全民主，而不是因为他们的个人品格。与此同时，反对派们则缺少国家政府的制度合法性——它们的合法性仅仅局限于其所在区域。

从法律角度讲，法国干预的基础是与非洲国家签署的各种多边、单边的合作协议。例如，法国与法属赤道非洲（AEF）（Afrique Équatoriale Française）成员间的《防御协议》——法国与乍得、中非共和国以及刚果于1960年8月15日签署。[①]根据该协议的条款，法属赤道非洲国家的军队"应该与法国武装力量一起，在统一指挥下，参与到共同的防御体系中去"。他们还给予法国"按照共同防御来履行其职责"的权利，但又允许"法国武装力量自由使用所需基地"。法国请求"向（这些国家）提供他们建立自己武装力量所需的援助"。该援助包括却不仅限于"在领土、领空、领海自由移动……利用海港、海洋河流、公路、铁路及空中设施……进行操作和运筹……""履行职责"这项条款则意味着法国可以在其认为必要时，将乍得政权从内部、外部的危险中拯救出来，这样，法国便可以基于自己的判断自由行动。

作为回报，法国不仅有义务向乍得军方提供经济支持和军事技术

---

① Denfence Agreement between the French Republic, the Central African Republic, the Republic of the Congo And the Republic of Chad. 1960. United Nations Treaty Collection. [Online]. Available at: http:// untreaty.un.org/unts/1_60000/23/33/00045646.pdf. [accessed: May 13, 2009].

援助,其中包括对乍得军官进行培训和指导,还要保护乍得免遭外部危险,为其提供国内安全、法律及秩序的保障(该条款是马卢姆在要求法国支援其剿灭"民阵"时提出制定的)。该合约的法律效力本会让法国不得不对乍得政府进行长期投入及永久支援,会是一个沉重的负担。从乍得国内政治的立场看来,这样合法的、制度化的干预方法非常重要,能够维持来自法国干预者的公开支持。这样一来,乍得人民就不会把法国视为干预者,而是将其看作一个保护国家安全、维持国家稳定的第三方。

作为乍得的另一个干预方,利比亚为了其本国利益在乍得也进行了近20年干预活动。甚至在20世纪伊始,当利比亚仍被奥斯曼帝国统治时,它就开始尝试将自己的势力延伸到乍得。在殖民时期,一次决定性的事件为其日后在乍得进行干预奠定了基础。1935年,迫于法西斯德国的压力,法国被迫为了与其相邻的殖民国家——墨索里尼执政下的意大利的利益改变其在乍得的行政边界,意大利当时占领着现在已独立的利比亚。

因为以上安排,利比亚—乍得的分界线跨过奥祖地带被向南推进了100公里。乍得独立后,利比亚企图通过驻扎部队来控制该地带。一般来说,在干预开始前,都会明确待解决问题,然后以完成目标或是干预失败而告终,利比亚的干预则不同,它在乍得的行动更像是对外国领土的占领和吞并。利比亚将部队驻扎在乍得北部和中部的同时,还通过向这些地区引进自己国家的身份证、货币,以及在利比亚培育乍得青少年,建立人民委员会,在当地政府建筑上悬挂利比亚国旗等手段,来将本地人口"利比亚化"。这些过分的行为,也正是利比亚干预接连失败的主要原因。法国一直将自身视为乍得的外部参与方,而利比亚则不同,从干预一开始,就竭力成为乍得国家政治舞台上一个内部参与者——不仅仅是有着自己行动计划的干预方,而是作为一名占领者,向其所占领地区提供服务。法国只在有需要和被要求介入时才会出现在乍得,而利比亚从介入一开始,就有长期占领的打算。

利比亚随后几次干预的失败，其原因也还在于其越过先前占领地区并扩大了自己的干预计划，事实证明这种做法是致命的。驻扎在奥祖地带时，利比亚的军队可以自如协调其行动，从本土不断获取军事装备及弹药，并在经济上维持这些活动。他们还可以设置自己的行政机构（实际上，他们的确也这么做了），并大量传播阿拉伯语言及利比亚的文化传统。此外，有限的地域覆盖让利比亚得以有效地对其永久性军事基地进行勘察，并通过空袭为其陆军部队行动提供支援。

然而，一旦利比亚决定向南扩张，就需要在更大的、未知的区域维持其部队的有效运作，事实证明这是很困难的。从利比亚进行物资的空中补给也越来越难。由于利比亚没有在乍得南部安装雷达设施，其空中监控便受到了限制，利比亚军队也就无法获得空中支援。此外，因为不得不在其他族群生活的地区执行任务，利比亚军队士气消沉，而且还遭到了当地民众的抵抗。

利比亚将干预内部化之所以失败，一个重要因素是它没有将其介入限制在单纯的干预行动上，而是以为北部地区提供外部安全及外部统治为目标，一步步进行干预的。利比亚对奥祖地带的长期占领，导致其深陷乍得内政及随后的各种问题之中。尽管卡扎菲努力控制利比亚在乍得的行动，其介入程度还是进一步加深。利比亚不能无限期地盘踞在一个主权国家的领地之上，要么通过合并乍得北部将利比亚的身份合法化，要么撤离。利比亚在乍得的干预没有得到国际社会的大力支持，而且，利比亚与美国和苏联这样的国际强国之间关系恶劣，在吞并乍得领土一事上无法获得国际认可。如此一来，利比亚选择的是第三条、对其最不利的一种做法：在乍得进行最长时间的停留，承担越来越多、自己无法完成的国家职能及义务。

利比亚干预接连失败的另外一个重要因素，在于其支持了与合法政府为敌的反对派。利比亚站在反对派一边，让大多数乍得人民都将其视为不受欢迎的外来者。与政府一方相比，反对派在军事行动能力方面通常较弱,利比亚的投入也无法与对方的力量匹敌。一个清楚的例子便是,哈布雷领导下的北方武装部队上台后,反对派与其之间的对抗:反对派在战术上和执行上都逊于北方武装部队,而利比亚也未能有效地与政府抗衡。尽管法国只扮演了观察者及欧洲侨民保护人的角色,未向北方武装部队提供可观的支持,哈布雷的部队还是打赢关键的一仗,在奥塔韦(Ottaway)(1987)看来,这乃是"当代西方军队与第三世界国家军队之间最成功的合作"[1]的结果。最初在恩贾梅纳落败后,北方武装部队的军队变得更加适应沙漠战,战术上也灵活起来。而另一方面,利比亚的军队则"……倾向于传统的苏联作战模式,即步兵以装甲兵为后盾,这让其在北方武装部队的游击战术中很容易被攻击"。[2]利比亚只在1988年战胜过哈布雷一次,那次它通过模仿北方武装部队运用具有高度灵活性的轻型车辆及短程自行导弹,成功将北方武装部队从奥祖地带赶了出去。

利比亚在支持反对派的过程中,仅有一次完成了其干预目标。这次干预发生在20世纪80年代后期,利比亚军队成功帮助民族团结政府掌权。从军事行动的角度来看,利比亚军队成功帮助民族团结政府遏制了北方武装部队,并将哈布雷的支持者逼出恩贾梅纳将近一年时间。这都得益于利比亚—民族团结政府联合部队的作战优势,他们拥有更先进的军事装备,并且在大多数情况下,其人数都超过了乍得民族武装部队。然而,最重要的因素是,即便民族团结政府处于流亡状态,其仍是乍得的合法政府。同法国的干预一样,制度化也是利比亚行动中的一个关键性决定因素。在与古库尼签署的正式协议基础上,利比亚对民族团结政府进行了支援,民族团结政府作为一个合法政权,是拉各斯二次会议(Lagos II)的产物。除了为乍得提供公共安全支持以外,这种制度化让

---

[1] Ottaway, D. 1987. The US May Send Chad Some Stingers. The Washington Post, September 17, A 36.
[2] Africa Confidential 28(8). April 15, 1987, 2.

卡扎菲能够以求和者而不是吞并者的身份自居，并分散国际社会的注意力，使其不那么关注自己在乍得的真正利害关系。

如果说利比亚在乍得北部领土获得了公众支持，其中包括其阿拉伯族裔及其他非洲穆斯林人口，那么随着利比亚军队向南推移，公众对其接纳程度也在降低。南方一直都十分抵制来自北方的统治，在这种霸权来自外来势力的情况下尤其如此。因为利比亚支援乍得合法政府，的黎波里的军事行动也显得合法了，而且民众支持民族团结政府，利比亚也因而获得一定的支持度。

将干预制度化，无论对乍得国内政治，还是对国际范围内，都是不可或缺的成功前提。制度化的干预增进了利比亚人与乍得人之间的信任，利比亚人是为正当的事业和政府进行干预。卡扎菲更进一步称，既然是古库尼要求利比亚进行干预的，他同样也可能要求利比亚退出，一旦这样，自己也将受制于该决定。作为一名有责任心的国际社会成员，利比亚会尊重这个决定并撤离。在古库尼的要求下，利比亚确实撤离了，这或许挽回了些颜面。

在4次调停会议的努力下，才酝酿并确立了民族团结政府的合法性，法国没有在1980至1981年之间支持哈布雷，这也许是其另外一个原因。尽管时任国防部长的哈布雷已不是民族团结政府的成员，但仍是一位反对派领袖，依然与法国曾支持过的合法政府作对。那么这里便自然要问一个问题，即法国为什么不像其支持哈布雷政权那样，支持作为合法政府的民族团结政府？一个可能的解释是，民族团结政府有利比亚在背后支持，而法国与利比亚在乍得地区具有竞争关系。法国领导层要想与这样的国家进行合作，在国内会很难得到公众的支持，利比亚虽说不是法国的敌人，至少也不是法国的友邦，其势力威胁到了法国在非洲的利益。于是，考虑到法国一直支持乍得合法政府的普遍做法，无论谁掌权，合理的解释是，一旦新政府掌权，法国就可以轻易地向其施加影响。

结论

乍得的冲突及当时的干预，是干预方不同程度完成干预目标的示范。法国和利比亚的干预都具有较大的路径依赖性：他们始终支持同一方，前者支持实力通常较强的政府一方，后者支持实力通常较弱的反对派一方。二者都是在官方合法协议的保护下，因为制度上的安排而干预成功的。即使利比亚当时支持民族团结政府而反对哈布雷统治政权，很多人包括国际上都将前者视为流亡政府，利比亚正是为这样一个政府进行干预的。

第三方支持的方向对以后事态的发展有着重要影响：支持政府的干预方在当地（目标国家）、本国内（干预方自己国家）及国际上都享受更高的合法地位。于是，国内外人民都把这个干预方视为法律与秩序的神圣维护者，并帮助其实现目标。相反，一旦干预方支持的是反对派，便只有所支持的党派和该党派的支持者作为其后盾，而这一后盾力量本身是非常有限的。

干预成功的另外一个决定性因素，是干预的外化，这一点提高了成功的可能性。它在操作上和后勤上为干预方提供了便捷，使得干预方能够将军队保持在目标国之外，并只在其所支持党派提出要求时才出兵干预。法国在乍得进行的干预始终都是外部干预，保持着有限的干预日程。对比之下，利比亚事实上和象征意义上进行的扩张——扩大其覆盖地区，包括增加额外的干预内容，如国家建设及外部统治，则妨碍了其对干预目标的有效实现。

同样，有限的干预日程是与外化相辅相成的另外一个因素：在干预目标较为局限时，法国和利比亚的行动都很有效，前者不想与反对派进行长期的冲突，并且在乍得内政中成功取得了发言权，后者则有效地将自己的势力控制在了奥祖地带这一狭小范围内。利比亚一越过自己最初的干预范围，就无法维持包括步兵、装甲车、炮兵及空中力量在内的多元部署，也无法在远离本土军事基地的大面积土地上进行公共管理。完成这样庞大的任务，不仅需要在高度分散的部门之间进行高度协调，还需要巨大的经济投入来维持。利比亚想要向南扩张，并在所覆盖区域供养当地行政部门，事实证明这一任务是极其艰巨的，主要是因为利比亚的经济资源有限，而且，乍得南部的人口也相对多元化。

第四章

格鲁吉亚（1992—1994）：为干预而干预

格鲁吉亚—阿布哈兹内战是典型的后冷战时期分离主义冲突，发端于多数民族与少数民族交往的历史，苏联解体后便随即爆发。长达70多年的时间里，苏维埃体制滋生同时又限制着民族主义武装势力，这些势力创建了各自称为类单一民族国家的共和国，却面临一系列族际冲突，这些冲突引发了阿布哈兹、南奥塞梯（South Ossetia）、纳戈尔诺—卡拉巴赫（Nagorno-Karabakh）、奥什（Osh）以及德涅斯特河沿岸共和国（Transdniestria）长期的认同之战。起初是格鲁吉亚人与阿布哈兹人之间的族际冲突，格鲁吉亚人是前格鲁吉亚苏维埃社会主义共和国（Georgian Socialist Republic）及其境内阿布哈兹苏维埃自治共和国（Abkhazian Soviet Autonomous Repulic）领土上的多数民族，阿布哈兹人是格鲁吉亚少数民族，后来演变为全面战争。

此次冲突中，共有两次国际干预发生：20世纪90年代由俄罗斯联邦（Russian Federation）发起的单边干预，以及俄罗斯联邦以独联体（CIS）（Commonwealth of Independent States）维和部队的名义发起的多边干预，其实该维和部队完全是由俄罗斯军队构成的。两次干预均没有获得成功——前者由于供给不足和立场不明确而没有达到干预目的，后者在履行其维和使命上则是完全没有成效。在阿布哈兹冲突发生前，格鲁吉亚境内南奥塞梯地区的少数民族——奥塞梯人也与格鲁吉亚人发生了种族冲突。这两次冲突都以实为国家分裂的"非战非和"状态收场，这一局面历时14年之久，直到2008年8月俄罗斯联邦为南奥塞梯人出面进行干预才宣告结束。阿布哈兹人充分利用了这次为时不长而又颇有成效的调停，在格鲁吉亚武装力量忙于与俄罗斯武装力量交战时，趁机进一步将其驱逐出阿布哈兹边境，从而使得阿布哈兹和南奥塞梯全都取得了被俄罗斯单方面承认的独立。

冲突背景

要想理解这些单边干预和多边干预的起因和结果，有必要回顾一下前苏联多数民族和少数民族之间的历史关系。民族关系之所以紧张，其核心原因在于由瓦尔什尼（Varshney）（2003）提出的原生主义问题："先定居的族群认为，在国民文化中他们应比后来者享受更多政治特权或占有更重要的地位。"[①]土地方面也涉及一些相关问题，如语言、文化、宗教以及政治效忠。这一系列的因素便构成了这两个民族固有的自我认同。"谁先在阿布哈兹定居——格鲁吉亚人还是阿布哈兹人？"这一问题正是格鲁吉亚人与阿布哈兹人长期对抗的部分内容和外在表现。该对抗在苏联统治时期被平息，但在20世纪90年代初，随着前苏联的逐渐衰弱，二者在民族同一化政策（ethnic homogenization policies）的实施下又重现分歧。

阿布哈兹位于格鲁吉亚的西北部，远离中心，与俄罗斯接壤，并濒临黑海。在苏联时期，阿布哈兹人指的是大多居住在阿布哈兹自治共和国境内、特征较明显的一支少数民族。1989年格鲁吉亚的人口普查显示，居住在格鲁吉亚境内的105,308阿布哈兹人中，91%（95,853人）

---

① Varshney, A. 2003. Nationalism, Ethnic Conflict, and Rationality. Perspectives on Politics, 1 (1), 92.

居住在阿布哈兹自治共和国境内，其余则居住在格鲁吉亚的西部地区。格鲁吉亚人为多民族的格鲁吉亚共和国的命名民族，占总人口的65%，该共和国共有239个民族，约550万人口。①

在谁先来到这片土地这一问题上，双方的说辞及所引用的历史资料是互相矛盾的：格鲁吉亚人和阿布哈兹人都声称最先来到阿布哈兹。在他们大谈"悠久"历史的时候，族际关系中另一个重要的方面也受到了威胁——认同。阿布哈兹人声称自己与格鲁吉亚人完全不同，而后者则坚称阿布哈兹人有格鲁吉亚血统，且属于以格鲁吉亚人为主导民族的伊比利亚—高加索族系（Iberian-Caucasian）。与此相反，阿布哈兹人则断言自己是该地区的原住民，与格鲁吉亚人毫无关系。

历史上，阿布哈兹曾是隶属于格鲁吉亚王国的单独公国，位于伊朗和土耳其之间。该地区的现代历史始于俄罗斯与土耳其之间的高加索战争（Great Caucasian Wars）（1830—1864）。高加索战争中，阿布哈兹人支持了土耳其的穆斯林兄弟，而格鲁吉亚人则站在了信仰基督的俄罗斯人一边。俄罗斯取得战争胜利后，阿布哈兹落入了俄罗斯的直接管辖之下，在苏维埃时期，这种关系也得到了保持。

1918年，阿布哈兹以自治共和国的身份加入了格鲁吉亚民主共和国（Democratic Republic of Georgia）。在这个新的独立国度，少数民族相关问题远未妥善解决，直到1921年，格鲁吉亚共产党红军（Red Army）解除了格鲁吉亚的独立国家地位，格鲁吉亚的少数民族才得以摆脱一直以来的歧视与压迫。1921年3月，阿布哈兹布尔什维克派（Abkhazian Bolsheviks）宣布阿布哈兹地区独立，并成立了阿布哈兹苏维埃社会主义共和国（Abkhazian Soviet Socialist Republic），成为直接听命于莫斯科的加盟共和国，与刚成立的格鲁吉亚苏维埃社会主义共

---

① 与居住在格鲁吉亚的少数民族有关的数据来自"Demoscop"网站。见以下网址：http://demoscope.ru/weekly/ssp/sng_nac_89.php?reg=6 [accessed: May 6, 2009]

和国（Georgian SSR）没有正式外交关系。然而在1931年，阿布哈兹苏维埃社会主义共和国又以自治共和国的身份被划进格鲁吉亚苏维埃社会主义共和国的版图。这也是格鲁吉亚首都第比利斯与阿布哈兹首都苏呼米之间首次正式建立行政管辖、纵向的上下级关系。

阿布哈兹民族在苏联时期的整个发展过程就是该认同冲突的根源，在此过程中，格鲁吉亚人强制同化阿布哈兹人，俄罗斯人也刻意同化阿布哈兹人，二者之间时有争斗，标志之一就是强制使用西里尔文字（Cyrillic script）。格鲁吉亚民族主义者声称，阿布哈兹人新近迁徙至该地区，与阿布哈兹地区的古代居民并无任何关系。此事至关重大，直接关乎阿布哈兹民族的存在与否。阿布哈兹人一再坚持自己的独特性，格鲁吉亚人却断言阿布哈兹不是独立的民族，"阿布哈兹族完全是苏联歪曲历史的产物，并被人刻意渲染，企图动摇、削弱高加索的地位。"①

这不单是强制进行民族转化的问题——还有更深层的制度根源，即苏联的行政结构和民族政策。在未来冲突中，阿布哈兹的自治问题至关重要。在康奈尔（Cornell）（2002）看来，自治体"意味着民族领地制度的引进，即与民族相关联的领地管辖"，②而在苏联解体后，这一字眼则意味着分裂，即制度化了的"异类"感。正如布鲁巴克（Brubaker）（1994）所说，"苏维埃共和国与自治体的制度，（通过）资助，合法化，制度化……在亚国家层面上，炮制出民族地位和民族性，将多民族和多族群的存在当作国家和公民的构成元素，并积极推进其制度化。而在国家层面上，却没有任何制度化的实质行动"。③此外，苏尼（Suny）

---

① Goldberg, S. 1994. Pride of Small Nations: the Caucasus and Post-Soviet Disorder. London and New Jersey: Zed Books Ltd, 102.

② Cornell, S. 2002. Autonomy as a Source of Conflict: Caucasian Conflicts in Theoretical Perspective. World Politics, 54 (2), 246.

③ Brubaker, R. 1994. Nationhood and National Question in the Soviet and Post-Soviet Eurasia: An Institutional Account. Theory and Society, 23 (1), 52.

（1993）认为，苏维埃共和国内部的少数民族自治体是未来事态动荡的主要成因："宪法保证了脱离联盟的权力，使得民族自决发展成为分裂主义，这个定时炸弹在斯大林统治的时代处于休眠状态，却在戈尔巴乔夫改革时期爆发了。"[1]尽管没有任何真正的操作机制，苏联宪法第72条赋予了各共和国脱离联盟的正式权力，这种针对共和国层面的宪法保障会让这些共和国内部的自治体认为，既然苏维埃级别的共和国有从联盟中分离出去的权力，它们也有权从共和国分离出去。然而，在苏联统治时期，自治共和国的地位只是意味着从所属国家分离的行政权，苏联解体后，少数民族的自治地位便预示了其独立的可能性。

苏维埃体系虽是公共管理机制，其中却滋生出一种框架，为今后阿布哈兹从格鲁吉亚独立出去奠定了基础。在法律上具有行政独立地位的阿布哈兹，受格鲁吉亚首都第比利斯共和国当局管辖，而共和国当局又听命于莫斯科中央政府。由于共和国政府对苏维埃中央的依赖日益加深，这样的双重行政等级制度使得共和国机关相对于自治政府机关而言地位下降。值得一提的是，阿布哈兹曾是联盟级别的共和国，在苏联时期，阿布哈兹人与格鲁吉亚人共同生活在一片土地上，其民族主义武装力量也培育出了有别于格鲁吉亚人的自我认同感，并一再表示应与格鲁吉亚平起平坐，加入苏维埃联盟，或至少由俄罗斯苏维埃联邦社会主义共和国（the Russian Soviet Federal Republic）直接管辖。

自1947年以来，每隔十年，尤其是在1988年至1992年间，阿布哈兹的领袖们接连请愿加入俄罗斯联邦，而莫斯科却一再拒绝。[2]俄国官方对

---

[1] Suny, R.G. 1993. The Revenge of the Past: Nationalism Revolution, and the Collapse of the Soviet Union. Stanford University Press, 128.

[2] 关于阿布哈兹民族动员和独立企图的完整历史，参见：Lezhava, G. (ed.)1997. Mejdu Gruziei I Rossiei: Istoricheskie Korni I Sovremennie Faktori Abkhazsko-Gruzinskogo Konflikta（XIX- XX gg.）["Between Georgia Russia: Historic Roots and（转下页）

阿布哈兹方面请求的态度是，既不予以满足，又不完全拒绝。苏维埃国家，尤其是俄罗斯联邦的等级制度决定了这种态度：一旦阿布哈兹的申请被通过，其他的16个自治共和国、5个自治地区以及10个自治辖区也会提出类似的要求。苏联（USSR）对其所辖地区所采取这种民族主义政策也无可厚非。

从多数民族的立场来看，在苏联，用苏尼（1989）的话来说，"格鲁吉亚成了格鲁吉亚人享受特权的保障。他们享有社会生活方面的优厚待遇、政治上的领导地位以及文化项目中的最高经费补贴，而亚美尼亚人、阿布哈兹人、奥塞梯人、阿扎尔人、库尔德人、犹太人以及其他民族却在享用这块预算蛋糕的竞争中处于相当大的劣势。"[①]20世纪80年代接近尾声时，格鲁吉亚人的民族意识在政治上表现得愈加明显，他们坚持认为自己比共和国境内的其他民族更为优越。在当时自称为反对派领导人的兹维亚德·加姆萨胡尔季阿（Zviad Gamsakhurdia）——即格鲁吉亚独立后的总统——当政时，民族沙文主义继续蔓延。加姆萨胡尔季阿党派具有沙文主义和歧视色彩的言论——"圆桌—独立格鲁吉亚"对所有少数民族都造成了相当的威胁，他们在自己居住了几个世纪的土地上被称为"新来的""客人"。民族主义言论愈演愈烈，很多其他民族的代表也因恐惧遭受迫害而纷纷离开格鲁吉亚。然而，并没有记录表明任何族群的代表受到大规模的不公正待遇和持续的困扰。

苏联临近解体之际，信任危机的深化导致了民族间的安全危机。少数民族担心格鲁吉亚民族主义情绪会引发针对他们的侵略行动。格鲁吉亚人则将其所有的苦恼以及境内少数民族自治区域的分裂企图归咎于俄罗斯。单单是阿布哈兹拥有自治权的这一事实，就足以让格鲁吉亚当局感到这些少数民族威胁到了自己的国家自决权。一个由来已久的安全

（接上页）Modern Factors of the Abkhazian-Georgian Conflict"（XIX- XX）]. Moskva: UNMO.

① Suny, R.G. 1989. The Making of the Georgian Nation. London: I.B. Tauris, 290.

困境让格鲁吉亚族把"……阿布哈兹族和奥塞梯族看作是俄罗斯用来扰乱格鲁吉亚国内秩序以及阻碍其独立的工具……阿布哈兹族和奥塞梯族的要求或是诉求……都被视为是俄罗斯人为炮制的,并非源于他们自身……"①因此,他们之间接下来要发生的冲突具零和性质②:格鲁吉亚族关心的是国土完整,而阿布哈兹族要争取的是自己的国家地位。总之,用德拉沃斯洛夫(Zdravomislov)(1997)的话说,"政治上,格鲁吉亚对阿布哈兹方面的专横激发了阿布哈兹民族主义情绪,而后者又推动了格鲁吉亚民族主义的升温。"③为了回应苏联解体后格鲁吉亚方面的政治动员,阿布哈兹人发起了自己的民族主义运动——"阿吉拉拉"(Aidgilara),并开始努力将自己从格鲁吉亚分离出去,成为苏联内部的独立共和国。

1989年8月,格鲁吉亚当局施行格鲁吉亚语言国家政策(the State Program of the Georgian Language),将格鲁吉亚语定为国家唯一的官方语言,激起了格鲁吉亚少数民族的反抗,将格鲁吉亚人与阿布哈兹人、奥塞梯人之间的矛盾升级为公开冲突。

语言法(the Language Laws)颁布实施之后,政府又出台了格鲁吉亚选举法,禁止地方党派参加最高苏维埃。此举直接向阿布哈兹族和南奥塞梯族发出信号,二者在格鲁吉亚将无法参与本国的政治生活或为自身谋求利益。1991年4月9日,格鲁吉亚决定实施《格鲁吉亚恢复国家独立法》(Act of Restitution of Independence of Georgia),这一法律文件至关重要,申明格鲁吉亚领土不可分割,并确立了其领土边界。阿布

---

① Cornell, S.E. 2001. Small Nations and Great Powers: A Study of Ethnopolitical Conflict in the Caucasus. Curzon Press, 163.
② 零和性质(zero sum nature):一方目标的实现意味着另一方目标的无法实现,即没有解决方案的一种冲突。——译注
③ Zdravomislov, A.G. 1997. Mejnacionalnie Konflikti v Post-Sovetskom Prostranstve [Inter-ethnic Conflicts in Post- Soviet Space] Moskva: Aspekt Pres, 21.

哈兹随即做出反应，宣布此法令无效，并且，阿布哈兹最高议会于1990年8月25日颁布了一项《关于捍卫阿布哈兹主权的法律保障》（On Legal Guarantees of Protection of the Independence of Abkhazia）的决议以及《国家自治宣言》（Declaration of State Sovereignty）。次日，格鲁吉亚最高议会给予回应。从那时起，这种安全困境日益恶化，任何一方增强自身防卫的举措都会引起另一方更为激烈的反应，同时增加了双方欲先发制人而发动战争的可能性。

俄罗斯的干预

阿布哈兹开始逐渐强化与俄罗斯以及居住在北高加索边境地区的族人之间的联系。1991年11月，阿布哈兹高加索山地民族第三次议会（the Third Session of the Mountain Peoples of the Caucasus）签署了高加索山地民族联盟协议（Treaty for a Confederative Union of the Mountain People of the Caucasus）。此举为阿布哈兹族谋求从格鲁吉亚独立开辟了完美的机遇之窗，因为此时，格鲁吉亚正忙于同加姆萨胡尔季阿的内战。

格鲁吉亚国立大学（Georgian State University in Sokhumi）在苏呼米建立分校，该校的授课语言为格鲁吉亚语。阿布哈兹族认为，此举对自己的民族身份造成了直接威胁，虽然格鲁吉亚当局稳住了紧张的局面，然后这一事件却打开了阿布哈兹族和格鲁吉亚族之间暴力冲突的潘多拉魔盒。1992年8月14日，格鲁吉亚国家议会（State Council of Georgia）以防止铁路货物被劫为由，出兵越过了阿布哈兹的行政边界。阿布哈兹族人称格鲁吉亚侵犯了自己的领土，于是发动了战争。战争伊始，格鲁吉亚一方掌握了主动权，他们轻松地控制了苏呼米及其周围村镇。然而，阿布哈兹方面以雇佣军的形式从俄罗斯若干地区获得援助，于1993年9月夺回了苏呼米，这些雇佣军多来自高加索北部地区，还有俄罗斯南部省份的约1500哥萨克骑兵，以及驻扎在阿布哈兹境内城镇古达乌塔（Gudauta）、奥恰姆奇拉（Ochamchira）的俄罗斯军队。俄罗斯在冲突中的角色定位是向阿布哈兹方面提供战争物资和军火，保持国界通畅，允许雇佣军队、军用物资和武器的出入。

在政治方面，俄罗斯最高苏维埃一再谴责格鲁吉亚动武，停止向格鲁吉亚输送武器、装备和其他资源。这次禁运造成了一场真正的经济灾难。苏联时期，格鲁吉亚十分依赖从俄罗斯进口的原材料和能源载体。格鲁吉亚与阿布哈兹的边界地区有格鲁吉亚从俄罗斯进口石油天然气的中转站和格鲁吉亚一座主要的发电站，边界被封以后，格鲁吉亚陷入了一场持续近10年的严重能源危机。俄罗斯如此公开地支持阿布哈兹的分离活动，在格鲁吉亚国内产生了强烈的反俄情绪。

俄罗斯一方面站在阿布哈兹一边参与到冲突中，一方面仍旧竭力保持其中立的调停者形象。俄罗斯出面调解、促成了几项旨在终止敌意的和约。这些和约中，有的刚刚签订就遭到违反，而其他的只是暂时缓解了局面，都没有解决冲突。1992年7月，索契（Sochi）冲突爆发，俄罗斯第一次出面调停并尝试结束冲突。《索契和约》（Sochi Agreement）提出，格鲁吉亚从阿布哈兹撤军，双方解除武装，格鲁吉亚恢复战前对阿布哈兹的合法管制等。俄罗斯作为外部担保者，监督该和约的执行。格鲁吉亚履行和约，将其重型武器从苏呼米撤离到位于格鲁吉亚西部的波季港（Poti）。阿布哈兹则将武器存放在前线附近，以备战火重燃。不久，和约被违反，战争再次爆发。

这次战争造成了双方共2万[1]人死亡，超过25万的格鲁吉亚人流离失所。尽管俄罗斯一再否认自己参与了阿布哈兹战争，仍有46位不同等级的俄国士兵于1992年[2]在格鲁吉亚境内牺牲，此外，还有若干由俄国空军

---

[1] UCDP/PRIO Armed Conflict dataset v.4- 2008 [Online]. Available at: http://www.pcr.uu.se/research/UCDP/data_and_publications/dataset.htm [accessed: May 6, 2009].

[2] Brecher, M. and Wilkenfeld, J. 2000. A Study of Crisis Data Project. University of Michigan Press, 2000.

驾驶的战斗机、轰炸机及直升机被击落。不过，俄罗斯正规军中并没有军团正式参战。

1992年9月3日，冲突双方的领导人以及俄罗斯时任总统鲍里斯·叶利钦在莫斯科签署了一份停火协议，协议中，俄罗斯支持格鲁吉亚领土完整，边境不可侵犯，并且保护格鲁吉亚境内少数民族的权益[①]。更重要的是，协议中第五条还规定，双方应保障安全遣返难民。该内容也写入了之后独联体干预的强制措施中。叶利钦还提议俄罗斯作为第三方担保此次和平协议的实施。协议签署以后，谢瓦尔德纳泽与阿布哈兹领导人弗拉迪斯拉夫·阿尔辛巴（Vladislav Ardzinba）在莫斯科进行了一系列商谈与会晤，不过却毫无收获。虽然当时没有解决什么问题，双方最终还是在1993年签署了一份临时停战协议，并开始了真正的协商进程。俄罗斯杜马（议会）对格鲁吉亚摆出了极端消极的姿态，而且还通过了一系列决议，谴责阿布哈兹法定政权的行为。

为了避免与俄罗斯的大规模冲突，取代加姆萨胡尔季阿的爱德华·谢瓦尔德纳泽必须让格鲁吉亚加入独联体——继苏联之后的区域性跨政府组织，该组织于1991年12月由俄罗斯、乌克兰和白俄罗斯成立。俄罗斯与格鲁吉亚两国之间进行了以结束冲突为目的的协商。1994年2月3日，双方签署了《俄罗斯联邦与格鲁吉亚共和国友好、合作、和平共存协议》（Treaty on Friendship, Cooperation and Peaceful Coexistence）。1994年4月15日，作为独联体新成员的格鲁吉亚，为了保护本国边界，签署了《自主、领土完整以及独立国家联合体国家边界不可侵犯决议书》（Resolution of the Sovereignty, Territorial Integrity and Inviolability of the Borders of Nations Belonging to the

---

[①] Rossiya-Gruziya Itogovii Dokument Moskovskoi Vstrechi 3 Sentyabrya 1992 Goda [Russia-Georgia. Final Document of the Moscow Meeting on 3 September 1992] [Online]. Available at: http://lawrussia.ru/text/legal_185/doc185a417x330.htm [accessed: May 22, 2009].

Commonwealth of Independent States）。

在联合国介入一个平行的解决冲突进程以后，冲突上升到了国际层面。1993年8月24日，根据安理会第858号决议，成立了联合国驻格鲁吉亚观察团（the United Nations Observer Mission in Georgia），以掌控冲突局势并汇报交战双方遵守和平协议的情况。[1]驻格鲁吉亚观察团也参与到了冲突解决的过程中；1999年格鲁吉亚加入欧洲委员会（the Council of Europe）之后，联合国的参与度也有所提高。这些组织的谋和行动局限于对局势的监控以及对交战双方破坏和平秩序情况的报告。这些举措都没能从根本上解决冲突的起因：交战双方在自身政治地位上互不相容的立场。

俄罗斯在此次冲突的干预颇受争议。一方面，没有确凿证据表明俄罗斯正规军直接参与了任何一方的军事行动中。而且，也没有证据证明俄罗斯鼓动过阿布哈兹少数民族进行分裂。俄罗斯的参与是暗中进行的，表面上不动声色，匆忙应对，目的不明。正如《人权观察报告》（the Human Rights Watch）所言："俄罗斯（在格鲁吉亚）的存在……是……不固定的、目的不明，似乎代表着不同利益和需要。俄罗斯可能会提供武器、后勤保障、财政支持、军事计划、情报共享，或是军事干预。但是谁下的命令，无法确定。"同时，这份报告又说，"俄罗斯军方多次直接参与战争，并且似乎向阿布哈兹方面提供过后勤和物资支持。"[2]尤其是在阿布哈兹对格鲁吉亚占领的苏呼米进行空中攻击时。

众所周知，阿布哈兹人口远不及格鲁吉亚，这显然使他们处于不

---

[1] Mandate of the UNOMIG [Online]. Available at http://www.un.org/Depts/dpko/missions/unomig/mandate.html [accessed: May 6, 2009].

[2] Human Rights Watch Arms Project, 1995. Georgia/Abkhazia: Violationsthe Laws of War and Russia's Role in the Conflict. Human Rights Watch./Helsinki, 7 (7), 12 [Online]. Available at: http://www.hrw.org/reports/pdfs/g/georgia/georgia953.pdf[acessed: May 6, 2009].

利地位，如果没有强有力的外部支持，他们根本不能与军队占压倒性优势的格鲁吉亚抗衡。梅克（Mack）(1975)和阿勒葛文托夫（Areguin-Toft）(2001)曾论述战争中以弱胜强的理论，弱者运用不对称军事策略和游击消耗战术，最后赢得战争。①该理论在此次冲突中是不成立的，因为当地有着特殊的山区和丛林地形，战争双方均使用游击战术。地形的特殊性使双方的大规模常规军事行动变得很复杂，迫使双方都采取非常规且常常是游击性质的军事行动。此外，在苏联解体初期，格鲁吉亚并没有自己的正规军，甚至连称为"国家卫队"（National Guard）的参战常规军队都缺乏训练和专长。军队内部纪律散漫，冲突区部队调动混乱不堪，招募的志愿兵多没有作战经验，以致格鲁吉亚处于此种境况。尽管如此，格鲁吉亚在军事和人力上还是占有很大优势。

俄罗斯以如下方式直接参与此次冲突：开放与阿布哈兹接壤的边界，允许来自北高加索及南部地区的非正规军人、志愿者和雇佣军自由出入阿布哈兹，并且参与阿布哈兹与格鲁吉亚的对抗。与阿布哈兹一起对抗格鲁吉亚人的山地民族联盟（Confederation of Mountainous Peoples）及其军事武装和士兵确实是俄罗斯公民，且在俄罗斯司法管辖范围之内，这是不争的事实。除了向阿布哈兹提供军事辅助人员，俄罗斯还从军事基地向阿布哈兹提供军火、武器。最后，俄罗斯在其卡拉斯诺达尔地区（Krasnodar）也曾为阿布哈兹的分裂活动提供了经济支援。

在俄罗斯的角色问题上，可想而知，俄罗斯的观点和西方的观点存在着明显的分歧。西方学者将格鲁吉亚在此冲突中的损失直接归咎于来自俄罗斯的因素。例如，哥德堡（Goldberg）(1994)认为："格鲁吉亚出乎意料地落败，几乎可以说，完全是由于俄罗斯对阿布哈兹提供了援助并站在他们这一边……前苏维埃驻苏呼米军事基地的部队支援

---

① Mack, A. 1975. Why Big Nations Lose Small Wars: The Politics of Asymmetric Conflict. World Politics, 27 (2), 175-200; and Areguin-Toft, I. 2001. How the Weak Win Wars: A Theory of Asymmetric Conflict. International Security, 26 (1), 93-128.

了阿布哈兹人……红军的解体造成了成千上万名军人失去生计并无家可归,签约成为雇佣军给了他们一条便捷的出路。"①赫齐格(Hertzig)(1999)同样支持俄罗斯暗中帮助阿布哈兹取得胜利这一观点:"俄罗斯在阿布哈兹境内古达乌塔(Gudauta)和邦博拉(Bombora)设有军事基地,并从该基地派遣军事援助,阿布哈兹受益匪浅,尽管援助的规模和授权的级别仍有争议。"②

霍洛维茨(Horowitz)(2004)还注意到,莫斯科支持阿布哈兹分裂运动由来已久:"俄罗斯鼓励并支持南奥塞梯和阿布哈兹的反抗,将其视为压制格鲁吉亚分裂主义的途径。这也给同情奥塞梯以及阿布哈兹的苏维埃地方长官(Soviet Commanders)亮起了绿灯。"③他还指出,"驻扎在地方的俄罗斯军队提供了重要支持,而俄罗斯议会和军方内部的强硬派则曾威胁要进行大规模干预。这让俄罗斯联邦境内与阿布哈兹族有着种族联系的高加索山地居民心感宽慰。"④专门研究高加索的学者康奈尔认为,俄罗斯在本冲突中采取的亲阿政策是格鲁吉亚在取得短暂性胜利后失败的原因。康奈尔断言,格鲁吉亚军队在短暂胜利后"……被击退,是因为俄军援助阿布哈兹,尤其是俄罗斯空军轰炸格鲁吉亚阵地"。⑤他认为,阿布哈兹拥有"T-72坦克,'格拉德'(Grad)火箭发射器以及其他重型装备……战争中挖出的10多万枚地雷是俄罗斯军事援助的另一证据……因为该地区本没有如此大量的

---

① Goldberg, S. 1994. Pride of Small Nations: The Caucasus and Post-Soviet Disorder. London and New Jersey: Zed Books Ltd, 109.
② Hertzig, E. 1999. The New Caucasus: Armenia, Azerbaijan and Georgia. London: Pinter Publishers, 77.
③ Horowitz, S. 2004. Identities Unbound: Escalating Ethnic Conflict in Post-Soviet Azerbaijan, Georgia, Moldova, and Tajikistan, in Ethnic Conflict and International Politics, edited by S.E. Lobell and P. Mauceri. Palgrave Macmillan, p.63.
④ Horowitz, S. 2004.
⑤ Cornell, S.E. 2011, 171.

军火"。①

俄罗斯学者提到了此次冲突中俄罗斯所扮演角色的另一面。举例来说，普哈金（Pryakhin）谴责格鲁吉亚在冲突中表现出来的反俄情绪，认为俄罗斯已经"禁锢了格鲁吉亚几个世纪，他们终于选择阿布哈兹作为'工具'来夺回已分离出去、自由的格鲁吉亚人。"②。他认为，俄罗斯对高加索地区的关注是其外交政策的重要组成部分，而且，俄罗斯卷入冲突是由于冲突地区与俄罗斯接壤。德拉沃斯米洛夫（Zdravomislov）就俄罗斯在格鲁吉亚境内的干预范围有过重要评述，他认为，俄罗斯国内政治的非均质性正经历着从共产主义到民主主义的巨大转变。苏联解体以后，尤其是在俄罗斯联邦成立初期，中央越来越难以控制周边地区，特别是军队。这支强大的军队曾经拥有统治半个世界的能力，在苏联解体后不仅无人接管，而且无法掌控。俄罗斯（前苏联）政治、军事上的重要人物都责备戈尔巴乔夫和谢瓦尔德纳泽瓦解了苏维埃制度，责备叶利钦支持他们。用德拉沃斯米洛夫的话说，格鲁吉亚的冲突对他们而言，是一次完美的机会，来报复"极力瓦解苏联的民主派谢瓦尔德纳泽"，利用南奥塞梯和阿布哈兹来换回"统一且不可分割的俄罗斯母亲（Mother Russia）在1917年时的疆域"。③

俄罗斯参与阿布哈兹和格鲁吉亚冲突的自相矛盾之处在于，它对双方都给予了支持。除了向阿方提供人员和武器，俄罗斯还从其位于格境内的军事基地向格鲁吉亚军方提供了支援。正如赫齐格（Hertzig）所说，莫斯科对军事力量完全缺乏掌控，导致了"俄罗斯为格鲁吉亚军队

---

① Cornell, S.E. 2011, 171.

② Pryaxin, V.F. 2002. Regionalnie Konflikti na Post-Sovetskm Prostranstve. Abkhazia, Yujnaya Osetia, Nagornii Karabakh, Pridnestrov'e, Tajikistan [Regional Conflicts on the Post-Soviet Space. Abkhazia, South Ossetia, Mountainous Karabakh, Transdniestia, Tajikistan], Moscow: Publishing House GNOM and D, 134.

③ Zdravomislov, A.G. 1997.63.

也提供了装备。俄罗斯地方部队和长官们，以及首都的将军们也权且依据个人喜好和地方纽带办些有利可图的事，无视军规政策"。①跨高加索（Transcaucasia）有作为苏联和北约之间缓冲地带的传统，该地区与北约国家土耳其接壤，记住这一点很重要。苏联解体以后，总部位于第比利斯的跨高加索军事区（Transcaucasia Military District）在该地区留下了大量的武器——装甲部队、各式炮弹以及导弹系统。

一个重要的问题是，前跨高加索军区军队的法律地位没有清楚地界定，对驻扎在此冲突区域的俄罗斯人员造成了威胁。这同时也让交战双方都越加容易地获取武器。阿布哈兹和格鲁吉亚获得武器的唯一来源就是这些俄罗斯军事基地。尽管20世纪90年代俄罗斯的官方态度是支持格鲁吉亚领土完整以及维持边界地区和平，一些俄罗斯政客和将军仍热衷于提供军火和升级暴力，无视其国家努力调节的和平协议。

独联体的干预

1994年5月14日，经由俄罗斯出面调解，一项最重要的和平协议（又称《莫斯科协议》）（the Moscow Agreement）达成了。协议强调了停战以及在冲突区域解除重型武器的迫切需要，并将英古里河（Inguri River）（阿布哈兹与严格意义上的格鲁吉亚之间的边界）河畔两侧12公里内设为限制区域，以将交战双方分开。格鲁吉亚曾抱怨俄罗斯提供雇佣军一事，应其要求，各方还同意解散所有非正规军队。②1994年5月，在这份协议的签署过程中，格鲁吉亚人和阿布哈兹人共同要求独联体国家出任解决此冲突的中间人和第三方。独联体承认格鲁吉亚领土完整

---

① Hertzig, E. 1999, 156.

② Agreement of Ceasefire and Separation of Forces, May 14, 1994, UNOMIG [Online]. Available at: http://unomig.org/data/file/276/moscow_agreement.pdf [accessed: May 6, 2009].

（这就意味着将阿布哈兹也视为格鲁吉亚的一部分），支持维护阿布哈兹多民族人口权益，因此，其首脑决定在"格鲁吉亚—阿布哈兹冲突区域部署由相关国家军事代表团构成的'统一军队'——这些国家都是独联体成员国，其军事代表团约有两三千人，另外还部署了军事观察员，以此来维护和平"。①

前往阿布哈兹去充当和平卫士的独联体维和部队，被其自身的成文法规（the Statute of the CIS Peacekeeping Forces）定义为"联盟部队"②，原则上讲，该部队应该由一个以上成员国的军事人员构成。作为一个机构的独立国家联合体（Commonwealth of Independent States）具有跨政府性质，形成了多边主义的概念，但事实上相反，本次干预完全由俄罗斯军队组成，这也是后来这次干预没有达到既定目标的主要原因。

独联体干预的最初目的是分离交战双方并为之提供缓冲区域。其维和行动的另一目的是监督各方执行停战协议。更大的议题在于人道主义援助，其中包括扫雷工作。还有更具体的操作任务，就是解除双方非法的半军事部队的武装，监督《国际人道主义法》（the International Humanitarian Law）的履行情况、在冲突区域排雷、解除武装工作以及防止双方再次争斗。

这次维和行动定于1995年5月结束。如果从独联体维和部队是否完成其使命——维护真正的和平来看，确实达到了目标。尽管小摩擦时常发

---

① Decision of The Council of The CIS Heads of States on Usage of Collective Forces to Maintain Peace in The Conflict Zone of Georgian-Abkhaz Conflict, Office of the State.
② Minister of Georgia for Reintegration, August 22, 1994 [Online]. Available at: http://smr.gov.ge/en/abkhazia/documents/cis_cpkf [accessed: May 6, 2009]. Decision on Adoption of the Statute of Collective Peacekeeping Forces in the Commonwealth of Independent States. Uniform Registry of Legal Acts And Other Documents of the Common Wealth of Independent States. Moscow, January 19, 1996 [Online]. Available at: http://cis.minsk.by/webnpa/text.aspx?RN=N99600003 [accessed: May 6, 2009].

生,维和部队还是分离了交战双方,阻止了大规模军事活动的出现以及冲突的重演。实际上,双方已经不再为得失而争斗了,对这样一种"非战非和"的局面都能够接受。阿布哈兹成功地控制住了大部分领土。他们唯一不能进入的地方是科多里峡谷上游地区(Upper Kodori),此地居住着格鲁吉亚山区居民,受中央政府管辖。阿布哈兹似乎满足于长期的事实独立状态,并打算将自己与格鲁吉亚进行合法分离。阿布哈兹人并不惧怕自己一旦背叛协议之后,俄罗斯维和部队会进行报复,因为他们知道大多数的维和军人已驻扎在阿布哈兹多年,对当地居民已经自然而然地产生了感情。

格鲁吉亚方面的情形也一样,独联体维和部队的介入,对在战争中输给阿布哈兹的谢瓦尔德纳泽政府而言是一次挽回颜面的工具。这个有着400多万人口的国家没能发挥多数族群的优势来保住一方人口只有9万左右的领土。因此,俄罗斯维和部队成了政府的一个借口,来为其领土的丧失开脱。同样地,格鲁吉亚方面只要重新发起攻击,双方都会遭受更大的损失,再考虑到俄罗斯对阿布哈兹的支持,格鲁吉亚获胜的前景渺茫,甚至根本看不到希望。

然而,就在当月,独联体的首脑修改了维和部队的指令,并将最重要的任务加了进去——建立"必要安全环境以及让流离失所人员回归居住地。"[1]这就意味着多数格鲁吉亚人会返回到其之前被驱逐出去的地方,而阿布哈兹人又会恢复让其不安的少数民族地位。对格鲁吉亚政府而言,这是一件关系重大的事:一旦格鲁吉亚难民回到他们战前的家园,力量平衡会回到冲突前的状态,即几乎完全对多数格鲁吉亚人有利。格鲁吉亚也尝试过在法律途径上巩固独联体维和部队指令的内容,并于

---

[1] Decision of The Council of The CIS Heads of States on Usage of Collective Forces to Maintain Peace in The Conflict Zone of Georgian-Abkhaz Conflict, Office of the State Minister of Georgia for Reintegration, August 22, 1994 [Online]. Available at: http://smr.gov.ge/en/abkhazia/documents/cis_cpkf [accessed: May 6, 2009].

1994年与俄罗斯达成了一份双边协议,协助阿布哈兹内部流离失所人员回归[1]。

难民的回归还会让格鲁吉亚势力在冲突区域内重新站稳脚跟,因为同族支持者会为格鲁吉亚军方提供数量可观的人员流入。难民急于维护自身权益以及战时遗弃的财产。如果冲突可以一种和平的方式解决,例如,通过发起关于该地区政治地位的投票表决来做出权力分享的安排——该地区日益增长的格鲁吉亚人口会成为一种砝码,让阿布哈兹重归格鲁吉亚,因为所有格鲁吉亚族都会投票支持重新统一格鲁吉亚。

独联体维和部队未能贯彻指令中的这部分内容,原因有很多,其中最重要的要属阿布哈兹一方违背了协议条款及其既定目标。许多格鲁吉亚人的房屋都已被阿布哈兹人居住,如果要物归原主,就需要将后者驱逐出去。同时,阿布哈兹人知道格鲁吉亚人会支持统一,反对现状。俄罗斯方面也没有完全投入地来安排难民回归的工作。它害怕格鲁吉亚会再生敌意,却又不愿修改维和部队指令章程来安抚格鲁吉亚,它想要对新加入独联体的格鲁吉亚充分行使其控制权,好将事情拖得尽可能久。

帮助本土格鲁吉亚人口返回到阿布哈兹仍是维和部队的核心指令,并且也是避免让格鲁吉亚指责不休的避雷针。格鲁吉亚内部一直认为俄罗斯在政治上、经济以及军事上都在强烈游说阿布哈兹。格鲁吉亚议会也不断向独联体首脑国提议终止维和部队的法律权利,并不再延长其超过指令期限的活动时间,要么用其他维和力量来完全替换现有人员,要么起码加入其他国家的军事力量。

---

[1] Soglashenie MejduPravitelstvom Rossiiskoi Federacii I Pravitelstvom Respubliki Gruziya o Regulirovanii Processa Pereseleniyha I Zashite Prav Pereselencev(Zaklucheno v g. Tbilisi(03.02.1994))[Agreement Between the Government of the Russian Federation and the Government of the Republic of Georgia on Regulating the Process of Re-settlement and Protection of the Rights of Displaced Persons(Signed in Tbilisi on 03.02.1994)]. Online. Available at: http://lawrussia.ru/texts/legal_783/doc783a787x781.htm [accessed: June 1, 2009].

这些要改变独联体维和部队面貌的提议被阿布哈兹在地方上一再拒绝，并且被独联体中的俄罗斯阻挠。阿布哈兹的恐惧是很有道理的，如果有不像俄罗斯那样友善的外部势力进入维和部队，自己先前获得的优势将会不保。俄罗斯方面则一心想重新掌控其南部边境，同时不让任何外部势力干扰自身的影响力。

维和部队最受争议的地方，是其对既定任务的完成情况。除了维护真正的和平，指令中最重要的部分——协助难民安全回乡以及和平环境的建立——没有被很好地执行。尽管自维和部队的部署以来，该地区没有出现明显的军事活动（1998年阿布哈兹军队在加利地区的攻击未遂除外），维和部队仍然是仅仅将冲突双方分离开来。

这一名义上的跨国干预力量，因其愿望是想要在这场零和博弈中安抚双方，这就意味着该力量无法完成任务，或者根本就没想要完成任务，这才是真正的问题所在。由于在格鲁吉亚和阿布哈兹的心目中，此次冲突可能的结果是完全对立的：阿布哈兹要么回归，要么独立，想要在交战双方中达成两种互相矛盾的干预目标注定要失败。独联体方面没有达成其主要目标，也没有为那些被迫流离失所的人员提供有利的政治环境，以便其安全遣返，这也意味着独联体的干预没有成功地完成他们的使命和目标。

阿布哈兹自称共和国却没有得到认可，这种不稳定状态一直持续到2008年8月，当时因俄罗斯发起军事干预，南奥塞梯便又恢复了军事活动。在奥塞梯冲突中，阿布哈兹武装力量在英古里河畔蓄势待发，而格鲁吉亚显然不具备在两处边境同时作战的能力，因此阿方并不惧怕其反击。看到俄罗斯军队已经成功进入到南奥塞梯境内，就知道格鲁吉亚会忙于应付这些攻击，阿布哈兹军方借此机会向驻扎在科多里峡谷上游地区的格鲁吉亚军队发起了攻击，并迅速占领了整个地区。在南奥塞梯的战事平息后不久，俄罗斯便将其干预结果合法化，即承认南奥塞梯和阿布哈兹是新的独立国家，并且是国际社会的一分子。这就是说，阿布哈兹恢复军事活动，是南奥塞梯战争的副产品以及直接结果。目前，阿布哈兹正通过向俄罗斯寻求进一步的军事援助来强化其既得政治成果：俄罗斯正在阿布哈兹筹建自己的海军基地；其边防力量控制着这个新独立国家的边界及其交通设施，其中包括已移交给俄罗斯①的铁路网和港口。

干预分析

对于相关各方而言，阿布哈兹冲突远没有得到解决。阿布哈兹会继续为成为一个具有充分资格的国际社会成员，或是为加入俄罗斯联邦而不停斗争。格鲁吉亚则会继续向国际社会申诉，利用国际上关于国家主权以及国界永久有效的法律规范，来促使国际力量向俄罗斯施压，逼迫其放弃承认阿布哈兹主权的决定。俄罗斯方面也会利用同样的国际框架，只不过是性质不同的框架——国家自决权、人道主义干预的需要以及其"保护阿布哈兹境内俄罗斯公民的权利、自由和合法权益"②的义务——来最大程度地利用时势，将其最初的收益制度化。

俄罗斯第一次"为干预而干预"的目的何在？为何不能完成既定任务？独联体维和部队失败的原因是什么？俄罗斯第一次干预失败，有若干值得认真研究的因素。2008年以前，俄罗斯在阿布哈兹冲突中的角色

---

① Abkhazia Vrememnno Peredast Rossii Jeleznuyu Dorogu I Aeroport [Abkhazia will temporarily transfer railroads and airport to Russia]. 2008. Gazeta.ru News Agency. May 15 [Online]. Available at: http://www.gazeta.ru/news/business/2009/05/15/n_1362210.shtml [accessed: May 16, 2009].

② Soobshenie Dlya SMI. O Porucheniyax President Rossii Pravitelstvy Rossiiskoi Federacii v Otnoshenii Abkhazii I Yujnoi Osetii. 2008. (#501-16-04-2008), Moskva, MID [Information for Mass Media. About Decrees of the President of Russia to the Government of the Russian Federation in relation to Abkhazia and South Ossetia (#501-16-04-2008), Moscow, Ministry of Foreign Affairs] [Online]. Available at: http://www.mid.ru/brp_4.nsf/sps/FD56A80A7198CD7CC325742D003F807C [accessed: May 7, 2009].

很是模糊,并且较少公开。苏联解体后,俄罗斯对后苏联格局的政治进程保持着极大的兴趣,并极力维持自己在独联体中的老大哥地位,以在政治上左右众多前苏维埃共和国。起初,受加姆萨胡尔季阿的民族主义政策影响,格鲁吉亚避免与俄罗斯走得过近:1989年,苏维埃(或俄罗斯)军队在粉碎第比利斯反政府游行时造成了15名青少年及老者的死亡,人们对此悲剧记忆犹新。在与南奥塞梯交战时,加姆萨胡尔季阿甚至宣布对俄罗斯贸易禁运。作为警察厅厅长及苏联外交部部长的谢瓦尔德纳泽掌权后,俄罗斯希望格鲁吉亚的领导层更容易受自己影响。

但俄罗斯不能让格鲁吉亚人打败阿布哈兹人,因为这样一来最乐观的情况便是,自己和阿布哈兹人的族亲高加索民族之间的关系会变得十分紧张。20世纪90年代初期,俄罗斯自己也深陷分离主义和少数民族冲突之中,这些冲突发生在本国少数民族与北高加索地区民族之间,并主要集中在俄格边境地区(例如,车臣战争以及北奥塞梯冲突)。与南奥塞梯人在北奥塞梯有亲族的情况不同,俄罗斯与阿布哈兹没有直接的种族联系,用詹尼(Jenne)(1990)的话来说,却成了其"代理游说国(surrogate lobby state)"[①]——俄罗斯充当这种外部资助人不是出于种族联系,而是因为政治经济利益。通过允许北高加索志愿者帮助其在格鲁吉亚的所谓兄弟们,俄罗斯扭转了国内的动荡局面,平息了不满情绪,并由此在北高加索各民族眼中将自己树立成一个亲族保卫者形象。

本质上,俄罗斯的行动是冲着将阿布哈兹从格鲁吉亚分离而来的。俄罗斯开放了与阿布哈兹之间的口岸,允许来自本土的雇佣军——包括准军事组织和从俄罗斯军队雇佣的正规军人——与格鲁吉亚军队作战,并向阿布哈兹提供武器弹药,以上行为都是为了将阿布哈兹分离出来。同时,俄罗斯还想通过公开支持俄格边界永久性,从自己军事基地提供军

---

① Jenne, E.K. 1990. A Bargaining Theory of Minority Demands: Explaining the Dog that Didn't Bite in 1990 Yugoslavia, International Studies Quarterly, 48 (4), 748.

事装备，来与格鲁吉亚保持友好关系。

俄罗斯针对格鲁吉亚和阿布哈兹所采取的行动背后，是一种两叉逻辑，其结果是，俄罗斯对双方的愿望都无法满足：阿布哈兹想要获得国家主权并加入俄罗斯联邦，而格鲁吉亚则想保持领土完整。此外，俄罗斯因为干预目标不明确而导致其支持行为两边倒，最终没能实现其干预目标。

历史上，俄罗斯与格鲁吉亚民族关系紧密。众多俄罗斯（苏联）的杰出政治、军事领袖都是格鲁吉亚人，几乎素来如此。甚至在独立以后，"年轻的"俄罗斯与格鲁吉亚军方也一向关系很好。俄罗斯领导人认为，俄罗斯在此冲突中保持了严格的中立，然而，此论调本身听起来就很有问题，兹维列夫（Zverev）在20世纪90年代初期就谈到过俄罗斯这种两面派作风："……（尽管与俄罗斯在冲突中的一贯政策一致），当俄罗斯提供的战斗机正在格鲁吉亚控制的苏呼米上空进行轰炸时，其他俄罗斯部队却继续支援着格鲁吉亚军方。"[1]在冲突爆发之前，阿布哈兹人和格鲁吉亚人就已拥有大量的武器弹药，足以进行长时间对抗，而驻扎在格鲁吉亚和阿布哈兹境内的苏联（俄罗斯）军事基地则是他们获取这些武器装备的唯一来源。

军事支援之外，俄罗斯对阿布哈兹人和格鲁吉亚人所给出的承诺却是完全不同甚至截然相反的。俄罗斯官方的态度一直是支持格鲁吉亚领土完整。来自俄罗斯北高加索地区的非国家行为体和非正规军参与了冲突，俄罗斯对此予以承认，但普里亚辛（Pryaxin）称，"……俄罗斯尊重格鲁吉亚友邦主权和领土完整，这是基本原则，其官方立场不能偏离这一原则"[2]。与此同时，阿布哈兹人却不断地收到俄罗斯愿意保护自己及同胞的信号。尽管俄罗斯想要在冲突区域占有一席之地，在阿布哈兹

---

[1] Zverev, A. 1996. Ethnic Conflicts in the Caucasus 1988-1994, in Contested Borders in The Caucasus, edited by B. Coppieters. Brussels: Vubpress [Online]. Available at: http://poli.vub.ac.be/publi/ContBorders/eng/[accessed: May 7, 2009].

[2] Pryaxin, V.F. 2002, 138.

内政中拥有话语权，并保持其地区霸主的身份，却始终缺乏具体的行动计划和彻底结束冲突的实际措施。由于缺乏单纯的政治意愿，俄罗斯既没有让格鲁吉亚臣服，又没有将阿布哈兹的独立合法化。

在对交战双方实施冲突解决方案时，主要的问题在于缺乏明确的政策目标，以及俄罗斯内部的认同危机。苏联解体后，俄罗斯内部经历了剧烈变革。在这种情况下，要想控制住不同军团很困难，因为军团的首领能够自行发动小型战争。俄罗斯当时正苦于控制政治格局，在解决冲突中行动不力，并且更愿意达成"非战非和"状态，而非真正地解决冲突。这些因素导致其自我利益并不明确，因而自我收益也就模糊不清，于是产生了想要满足各方要求这种自相矛盾的愿望，这让俄罗斯自身处境尴尬，兹维列夫在下面的描述中恰当地指出了这一现象："在1992年到1993年间，俄罗斯在格鲁吉亚—阿布哈兹冲突问题上，没有单一的政策。格鲁吉亚强大而统一，或是四分五裂、脆弱不堪，哪种情况会更符合俄罗斯的利益，这一点并不明确。"[1]

犹豫不决和模糊的干预策略，导致俄罗斯对此次冲突的干预程度较低。在某种程度上，这一次是为干预而干预：俄罗斯没有动用正规的军队，没有进行大规模的部队及武器部署，也没有大范围动用海陆空多种军队。俄罗斯没有派遣大规模的正规军队，去帮助阿布哈兹取得合法的独立。对干预本身不够投入，缺乏明确的政治意愿，就会尽可能少地动用资源，在行动上不温不火。干预途径局限于经济支援，主要形式有武器弹药的运送，允许经济援助进出口岸，俄罗斯非正规士兵为阿布哈兹出面作战，以及自由地从俄罗斯南部向阿布哈兹输送雇佣军。

俄罗斯参与冲突并支持阿布哈兹，延长了双方对抗的时间。从道义角度来看，少数族群军事力量的增强会防止其遭受来自多数族群的惩罚。然而，从更长远的角度来看，这种行为反而通过第三方力量的介入

---

[1] Zverev, A. 1996.

而延长了冲突时间，造成了双方都无法取得决定性胜利的局面。在阿布哈兹，帮助少数族群获得成功意味着对象国国内新地缘政治环境的形成，这时，要么中央政府向少数族群妥协，要么少数族群从中央政府脱离出去，并建立自己的国家，或是加入其他国家。另一种可能是，多数族群政府在外部支持下获得成功，这就意味着少数族群会被更加温和地合并到当前国家，因为苏联（俄罗斯）通常采取一种保护主义政策，来支持少数民族的权利。

支持少数民族的另一个负面作用，主要体现在冲突结果难以被社会认可。如果多数民族获得支持，不仅冲突的时间会大大缩短，而且第三方的介入与冲突结果都会签署协议与合约，从而轻而易举地受到认可。通常，正如里甘之前所说的，第三方向对象国政府提供支持，通常都是以公开的方式，第三方的军队在对象国会被合法化、制度化，并且通常以双边条约为基础（如法国在乍得的干预）。在阿布哈兹，这种现象并没有发生，并且，苏联解体后，格鲁吉亚在俄罗斯出面的情况下签署过的最重要的政治合约，就是独联体成员协议了。

俄罗斯的种种不明确政治活动，让格鲁吉亚视其为侵略者，而这又给俄罗斯在该地区达成干预目标带来更多压力。尽管俄罗斯给予每个阿布哈兹人入籍的权利，但即使在15年后，这些明显想要正式统治阿布哈兹的举动也没有得逞。俄罗斯20世纪90年代早期在外交政策上的模糊不清，最终发展成了中立的维和姿态，加之俄统治阶层惧怕国内会产生连锁反应，并痛心于本国精英被卷入旷日持久、疲惫不堪且毫无成效的维和行动，于是便造成了俄罗斯这种软弱无力、"只为插一手"的利益观。然而，无论由俄罗斯组织的多边干预，还是俄罗斯单独出面所做的干预，都没有达到既定目标。

在独联体干预阶段，俄罗斯试图在阿布哈兹冲突中将自己的地位合法化。表面上虽是多边形式，维和部队事实上不得不将其唯一的玩家所提供的解决方案强加给交战双方，如此一来，在该方案中获益较少的一方就会不信任干预方。独联体无论是作为一个组织，还是其相关维和行动，都被俄罗斯严重操控。独联体国家首脑决定放弃派遣军队，就表明他们在解决阿布哈兹冲突这件事上，已经默许了俄罗斯的势力范围。比如，哈萨克斯坦、吉尔吉斯斯坦和塔吉克斯坦承诺只派遣观察员，而白俄罗斯和亚美尼亚则签署协议，表示将来会考虑参与交战双方的谈判过程。除了单纯的组织问题，独联体中没有一个国家在行动上分担维和部队的任务，于是俄罗斯就成了唯一的决策者和行为体，其行动缺乏真正的国际监管。

以上情况，加之先前俄罗斯曾站在阿布哈兹一方出面干预，让格鲁吉亚方面感到这个组织无法进行有效的调解。起初，独联体介入冲突的解决，看起来对各方都有好处，而且，俄罗斯作为苏联时期政治舞台上的主要成员，交战双方都可以接受让其出面进行调停和维和，并且在将来重新达成一个能够被双方接纳的政治和解。对于阿布哈兹人来说，俄罗斯的"正式"参与对自己先前的行为很有好处，因为俄罗斯联邦会通过驻阿军事基地，而不是身份模糊、非国家准军事力量向其提供正式的军事援助。对于格鲁吉亚人来说，俄罗斯在独联体中最初的行为是能接受的，因其对格鲁吉亚的领土完整给予了官方支持，这意味着格鲁吉亚将不再遭受损失，并有可能保住现有领土。

随着时间的推移，格鲁吉亚越来越确定，其实独联体中存在两个俄罗斯。一个支持国际法律标准下的国家领土完整，赞成冲突的和平解决，其中包括多边干预任务中常见的协助难民遣返；另一个则指责格鲁吉亚破坏和平进程，并派遣地区和联邦代表团与阿布哈兹代表正式会谈，在所有国际会议为阿布哈兹说话，只在极少数场合履行了独联体的规定，实际上也毫无效果。

这是因为，俄罗斯在冲突解决过程中立场可疑，严重影响了独联体的维和进程，维和部队收到莫斯科发来的指令，有时会互相矛盾而且与维和章程相抵触，妨碍了其军事行动。1994年9月发生了一件事，就清楚地说明了俄罗斯大体的维和方式以及维和部队的具体行动,都存在如此前后矛盾的现象:时任俄罗斯国防部副部长的康德拉季耶夫(Kondratev)[①]在视察阿布哈兹境内乱作一团的军队时,曾下令让维和队员"强行制止任何人对此进行干预",直接履行章程中关于遣返难民的内容。[②]位于加利地区的阿布哈兹民兵组织试图反抗,但被武装包围并命令解散。维和队员还封了通往加利的道路,以阻止阿布哈兹主力军队进入该地区。而俄罗斯国防部长帕维尔·格拉切夫(Pavel Grachev)却受命于叶利钦,驳回了此决定,并专程从俄罗斯飞往阿布哈兹来阻止维和部队的行动。

俄罗斯在阿布哈兹问题上的偏袒立场,还体现在其对阿布哈兹人不加选择地发放俄罗斯公民身份上面,俄罗斯还在所有场合"暗示"自己会不惜一切手段保护他国境内本国公民的安全;不断指责格鲁吉亚在交战区域制造事端;并试图将科索沃独立作为国际合法解决分裂冲突(此处指阿布哈兹和南奥塞梯)的先例。俄罗斯的两面派做法及其偏袒行为,极大地破坏了格鲁吉亚方面对独联体维和行动中立性的信任。格鲁吉亚曾在多个场合指责维和部队没有完成使命,其依据是,维和部队没有实现将约25万格鲁吉亚人遣返至阿布哈兹这一目标。他们认为俄罗斯,尤其是俄罗斯军方,一直在支持阿布哈兹的分裂活动,因此不能够充当维护和平的力量。格鲁吉亚方面还抱怨随着时间的推移,现状巩固了阿布哈兹的既得土地,并让难民在心理上习惯了长期流亡的生活。

这一思路直指独联体维和行动及其章程的问题所在——名义上是多边

[①] 原文中Kondratev疑为Kondratieff。——译注
[②] Sokolov, A.V. 1997. Mirotvorcheskaya Aktivnost I Mirotvocheskie Sili Rossiiv SNG [Peacekeeping and Peacekeeping forces of Russia in CIS], in Restructuring the Global Military Sector, Volume 1: New Wars, edited by M. Kaldor and B. Vashee. London and Washington: Pinter [Online]. Available at: http://www.memo.ru/hr/hotpoints/peace/chapter1.htm [accessed: May 7, 2009].

参与的行动，实际上却依靠单一行为体。俄罗斯在维和部队中的一手遮天，意味着独联体，即此次维和行动的发起组织，实际上对行动缺乏控制力。在不偏不倚的多边干预中，如果对某冲突方存有偏见，这种偏见会被联盟的成员国分摊，从而会在组织架构上被国际化、制度化。这样一来，干预者就更容易让交战各方接受和解安排。在独联体的维和行动中，偏见只在法律上被制度化了。事实上，在很大程度上该组织还是单边性质的，这使得格鲁吉亚对俄罗斯，乃至整个独联体产生敌意，并为这个组织本身的未来蒙上了阴影。

在执行力方面，作为独联体的区域超级大国，俄罗斯的军事能力远远超过了独联体中其他成员国以及它们的总和，可以轻易地强制交战各方接受自己的任何方案。维和部队没能公平贯彻自身的方针，而是在冲突中采取了明显的一边倒立场，给其任务执行能力造成了不利影响。维和部队有关遣返难民的空头支票也让其陷入了绝对的窘迫。维和部队由俄罗斯军队单方面组成的事实，及其对欲插手的其他国家（无论是联合国的维和部队，还是独联体成员国、与西方国家及格鲁吉亚关系密切的乌克兰）一再的阻挠，都向格鲁吉亚发出了明确的信号：第一，俄罗斯的心思并不在维护格鲁吉亚的边界上；第二，独联体维和部队无非是俄罗斯追逐自己利益的掩饰。

结果就是，独联体无法让格鲁吉亚感受到其公平性和中立性，因为在格鲁吉亚看来，维和部队所有的军事力量，都来自那个让自己在战争中失去领土的国家。多边干预的单边构成问题，再加上眼前这一干预者本身的性质，让问题变得更加严重。在冲突中被指站在阿布哈兹一方的俄罗斯，还进一步被格鲁吉亚指控其在多边行动中也存在偏见。而且，俄罗斯也确实曾经是一个只谋求自身利益的单边干预者。尽管这个多国联盟由多个国家组成，但其成员国之一曾是单边干预者这一事实，破坏了其公正性，降低了其任务完成的效率。而在阿布哈兹，因为这一多边干预组织的成员国之一，乃是先前曾参与对目标国的军事行动，并且同意部署多边力量的国家，情况就更加不利。这极大地损害了多边主义的形象。格鲁吉亚越来越清楚，维和部队提出的可行途径、解决方案及其行动，都基于俄罗斯单边干预时的计划。

独联体维和部队不仅没有完成使命，也没有厘清自己的使命到底是什么。作为格鲁吉亚和阿布哈兹军队"缓冲地带"（buffer zone）的维和部队，没有达到其存在的主要目的：通过帮助遣返难民和促进和平重建进程来建设和平。这里问题并不在于该任务难以完成，而是俄罗斯作为本次多边干预中唯一来完成使命的力量，其意愿和投入度都不够。俄罗斯没有专心完成干预目标，而是将独联体维和部队当成了自己操控格鲁吉亚本国局势的工具。

结论

事实上，冲突过程中发生的两次干预属于同一第三方的连续干预：第一次是秘密进行、非官方且非正规的；第二次是公开的、光明正大的和有些正式的，其形式上虽为多边，在行动上却是单边的。这两次干预都没有达到目的：第一次犹豫不决、笨手笨脚和优柔寡断，并且很大程度上是一个处于转型期的强国，想要插手邻国政治而采取的行动；第二次干预看起来雄心勃勃，却也因为没有能力完成预期任务而无法建立各方之间的必要信任。作为独联体中的和平维护者，俄罗斯没能向格鲁吉亚证明自身的中立与公正，在协助遣返难民及总体上帮助格鲁吉亚收复阿布哈兹等方面都很失败——虽然俄罗斯曾公开表态支持格鲁吉亚领土完整，但这些都不过是格鲁吉亚的意愿罢了。

这两次干预之所以失败，是因为干预目标过于模糊不清——先前曾站在本国政治层面上处理境外问题的单边势力，后来又扮演"假的"多边力量，造成严重的可信承诺问题。其结果是，俄罗斯将自己卷入了长达十余年、不停给阿布哈兹开空头支票的一团乱麻中。俄罗斯虽后来于

2008年承认阿布哈兹独立,却并不能证明其在20世纪90年代的行动是成功的,主要是因为时间不同,俄罗斯外交与内政也有所不同,其政策愈来愈坚定,并以国家利益为重点,俄罗斯的这种变化,在国内体现为对"纵向权利"(vertical of power)的巩固,在国际上则是重在恢复其超级强国地位,以及与主要国家竞争以达到其政治目标。

第五章

索马里（1991—1994）：武力失败之时

索马里人充满着矛盾的双重认同，这一点在其历史中根深蒂固，引发了种种压力，导致了索马里的冲突。索马里人属于同一个民族，部族之间却又严重分裂；各个群体有各自的自我认同，但又强烈渴望一个统一的国家；索马里在殖民、后殖民时期是多方争夺的焦点，而如今在世界上却饱受冷落。这些压力所引发的冲突很是引人注目，具体表现为，各部族都希望国家统一，并为此而效忠本部族，于是便形成了相互敌对的部族间的权力斗争。20世纪90年代初以来，索马里一直是"失败国家"，其社会、经济、政治指标均处于世界的最低水平，也是世界上最危险、最不稳定的国家之一。

索马里是冷战后首批由多边组织干预的国家之一——在跨政府组织的庇护下多国联合行动，干预这个饱受冲突之苦的国家的内政。冲突爆发于不断变化的世界秩序之中，这个秩序下的主要行为体，包括跨政府组织，对于冷战后世界的命运十分迷茫。在索马里，这次冷战后的干预，也许是首次摆脱了社会主义和资本主义阵营之争的干预，本应更加有效。冷战期间的干预中，交战各方只有在意识形态上服从第三方，才能获得援助，而20世纪90年代初的干预则未受类似的意识形态的影响。

第三方明确中立，没有任何公开或不可告人的目的和私心，这种干预为数不多，而索马里冲突的干预便是其中之一。两次干预都由联合国这一多边组织进行。首次行动，也就是第一次联合国索马里行动（UNOSOM I），从各授权国完成预定目标（监督停火协议的执行，支持众多斗争中的部族和解）的角度看是成功的；而第二次行动，即第二次联合国索马里行动（UNOSOM II），未实现预期目标（执行和平协议，进行冲突后的重建和国家建设）。要明白干预成败的原因，则需深入研究索马里内部各部族之间的关系、次部族之间的关系、部族获得的公众支持，以及索马里的国家结构，这些都是冲突的中心问题，也很大程度上决定了干预的结果。

由于种种原因，对索马里干预的成败评估变得相对简单。首先，联合国维和行动的目标、任务在相应的指令中明确申明，指令公开、透明，并且一旦发生意外，会随时做出修正。第二，两次行动中干预者的性质和身份相同，都是联合国，如此一来，所有与第三方特征有关的因素（例如，干预者的内部决策方式，干预者和目标国的力量对比，地理政治因素，干预者和斗争双方的关系等等）均保持不变。

斗争背景

索马里的人口属于同一个民族，他们都是索马里人，是穆斯林，认为自己是神话中萨马勒（Samaal）的传人。索马里就是以萨马勒命名的。后来随着两个军阀（也是神话中的人物），即谢赫·达鲁德（Sheikh Daarood）和谢赫·伊萨克（Sheikh Isahaaq）的到来，创建了以他们名字命名的两个主要部族。索马里人对于同一个民族的归属感十分强烈。用莱丁（Laitin）和萨马塔（Samatar）在其1897年出版的书中的话来说，索马里人拥有"……一种共同的民族认同感"……共同的地域，"……相同的语言……以游牧为主的生活方式，共有的诗文集，共同的政治文化，悠久的伊斯兰传统，人们深信几乎所有索马里人都源自同一个祖先……"①在索马里人的心目中，分裂、分歧、特定的矛盾的认同这些概念事实上并不存在。

索马里社会粗看来充满了民族的统一和一致，而与之矛盾的是，部族和次部族中存在着认同的高度分裂，这种分裂是索马里从古至今多种冲突的核心。一个典型的索马里公民"……政治上首先效忠于自己的家庭，然后是家族，接下来是家族所在的部族，然后是包括自己部族在内几个部族组成的族系，最后是族系结盟而成的一个民族"。②这些部族间的不同是了解索马里权力斗争起源和本质的关键因素。

索马里是亚丁湾和印度洋沿岸贯通东西方的商业、文化枢纽，与阿拉伯半岛相望。索马里吸引人的，正是这样的战略位置，而不是自然资源或是其他与土地相关的资源。大多数非洲国家通常只受一个殖民者控制，而索马里则不同，在其殖民史上，曾被多个国家控制着它的不同部分：英国控制中北部；法国控制东部和东南部的领土，即现在的吉布提（Djibouti）；意大利控制索马里兰的南部；肯尼亚控制北部边境地区（NFD）(the Northern Frontier District)；埃塞俄比亚控制欧加登（Ogaadeen）地区。对索马里的民族主义者来说，欧加登素来是最敏感的地区。该地区索马里人占人口的绝大多数，长期以来都是埃塞俄比亚和索马里争端的中心。在意大利统治下，索马里曾短期"统一"欧加登，但二战后应埃塞俄比亚的要求归还。

与很多前殖民地国家一样，随着民族意识的增强，索马里开始走上独立之路。在这个严重分裂的国家，所有索马里人对国家统一的集体诉求，催生了一些几乎完全基于部族的政党，构成了索马里走向独立的另一个基础。这种"政治的部族化"也是未来部族间由于竞争而分裂的一个决定因素。受过良好教育的索马里青年于1943年创建的索马里青年俱

---

① Laitin, D.D. And Samatar, S.S. 1987. Somalia: Nation in Search of a State. Boulder, Colorado: Westview Press, 21.
② Laitin, D.D. And Samatar, S.S. 1987. 30-31.

乐部（Somali Youth Club），是一次也是唯一一次获得意大利殖民政府批准的不以部族为基础的政治运动，该俱乐部后来演变为索马里青年联盟（Somali Youth League），其目标是统一索马里所有的领土，反抗以部族为基础的统治。与索马里青年联盟相反，另一个南部的主要党派迪吉尔-米利夫雷党（Hisbia Digil Mirifle），代表迪吉尔（Digil）和米利夫雷（Mirifle）两个部族，从意大利获得资金支持来制衡索马里青年联盟。其他政党也和部族相关，包括索马里国家联盟（伊萨克族系）、索马里联合党（USP）（United Somali Party）（迪尔和达鲁德族系），还有国家联合阵线。

1960年7月1日索马里独立，随之而来的问题是如何将原先的各个殖民地整合为一个国家。孔蒂尼（Contini）在其1969年的书中写道，意大利和英国在索马里的殖民地有"……不同的司法体系，不同的货币，不同的军队编制和参军条件，不同的警察、公务员……无论中央还是地方的政府机构，编制和权力都不同；税收、关税的体系和税率都不一样，教育体系也不同"。[①]意大利管辖的南部地区比英国管辖的北部地区发达许多，导致受过更好教育的南部各部族代表占据了几乎所有政府部门的关键行政职位，而北部的部族在新国家则被边缘化。

索马里独立后，部族间的斗争依然存在。1967年总统选举中，来自达鲁德部族的前总理阿卜迪拉希德·萨马克（Abdirasdiid Shermaarke）当选总统，得到索马里青年联盟的热烈支持。而其他基于不同部族形成的各个派系，以政治欺诈、利用裙带关系、保护主义和腐败等罪名指责政府。局势不断紧张，1969年10月，萨马克遇刺身亡，军队夺取了政权，少将西亚德·巴雷（Siyaad Barre）成为最高革命委员会首领。起初，巴雷倡导民主治国——解散以部族为基础的政党，旨在结束部落制度

[①] Contini, P. 1969. The Somali Republic: An Experiment in Legal Integration. London: Frank Cass, 11.

和以部族为基础的决策机制。然而,他自己却没有摆脱部族的束缚,作为一个典型的索马里人,巴雷尤为厚待自己的马雷汉(Mareehaan)族、母亲的欧加登(Ogaadeen)族、女婿的巴汉特(Dulbahante)族,即人们熟知的"MOD"。

巴雷无法处理好国家内部问题,就试图将人们的视线从国内的部族斗争转移到一个共同的国际问题上,使索马里社会团结起来。这个国际问题就是战争。1977年至1978年,索马里为统一欧加登与埃塞俄比亚交战,由于苏联和古巴的支持摇摆不定,索马里战败,这对理解之后巴雷政权的垮台和随之而来的内战是至关重要的一个因素。战败后国内局势迅速恶化,进一步挫伤了索马里人对于国家统一的信心。在欧加登的败绩给巴雷致命一击:在索马里百姓眼中,战败的不是索马里这个国家,而是巴雷的MOD,其他大多数部族都指责MOD在欧加登表现不佳。也许,对这次战争最为不满的是欧加登部族本身。欧加登部族对巴雷的不满甚于其他部族,认为巴雷战败并参与战后和平协定的谈判,是对国家利益的"出卖"。

巴雷在欧加登的军事行动失败,催生了一股反巴雷政权的政治力量,毫无意外,这股力量依然是以部族为基础的。1978年米周提尼(Majeerteen)部族的官员政变失败,之后反政府党索马里救国民主阵线(SSDF)(Somali Salvation Democratic Front)成立。1981年,身在伦敦的伊萨克族人(Isaaq)成立了索马里民族运动(Somali National Movement),目的也是推翻巴雷政权。哈维耶(Hawiye)部族也组织了自己的政治运动——索马里联合大会党(USC)(United Somali Congress),在北部和索马里民族运动紧密合作。南部由索马里爱国运动(Somali Patriotic Movement)控制。其他次要的政治组织包括拉汉文(Rahanwayn)部族的索马里民主运动(Somali Democratic Movement)和加达布尔西(Gadabursi)部族的索马里民主联盟(Somali Democratic Alliance)。共同的敌人使得这些想要推翻巴雷政权的部族暂时团结起来,也减少了部族之间的斗争。荒诞的是,这种部族团结的局面，恰恰是巴雷发动战争的初衷。在这些政治运动的支持下，各种示威和民众骚乱迅速在索马里蔓延，迫使巴雷于1991年1月逃离索马里。

临时政府成立后不久就痼疾重现，新的统治者与以往统治者一样，未能在各部族间建立有效的分权机制，使社会逐渐稳定。这种问题并非发生在各个族系之间，而是在每个部族内部。军阀奉行排除异己的政策，没有明确的政治目标和代表的立场。由此导致的无政府状态不仅存在于中央，也波及地方，结果各地的部族冲突也不断上演。

即便是在次部族中意见也无法统一，对潜在的敌对群体也无法安抚，从而导致国家崩溃。1991年5月，当权的索马里民族运动宣布索马里兰共和国（Republic of Somaliland）独立，迄今为止索马里兰共和国仍受世界认可。邦特兰（Puntland）是索马里的另一个自治区域，位于索马里东北部。邦特兰并不想建立独立的国家，只想实施区域自治。最后，索马里爱国运动在西南建立了名为朱巴兰（Jubaland）的国家，但未获得公认。

巴雷政权垮台不久，各部族、次部族便爆发了武装冲突。索马里联合大会党试图建立中央政府，这一行动却违反了其他族系的利益。虽然新政府努力吸收来自主要族系的代表（总统阿里·迈赫迪·穆罕默德[1]来自哈维耶部族，总理欧麦尔·阿尔特·加利卜[2]来自伊萨克部族），其他族系和相应的次部族则认为自己在权力的角逐中被边缘化了。一些党派，如索马里救国民主阵线和索马里爱国运动，暂时反对索马里联合大会党。

冲突始于1991年9月。最激烈的斗争发生于同一个族系——哈维耶族的成员之间。哈维耶族在推翻巴雷政权当中功不可没。来自哈卜尔盖迪尔（Habar Gidir）次部族的前任将军穆罕默德·法拉赫·艾迪德

---

[1] Ali Mahdi Mahammad
[2] Umar Arteh Ghalib

(Mahammad Faarah Aidid)①宣布反对来自阿布加尔（Abgal）次部族的总统阿里·迈赫迪·穆罕默德，并在索马里联合大会党中创建了自己的派系。1990年11月，艾迪德代表自己的派系，和索马里民族运动、索马里爱国运动签订协议，统一对巴雷的军事行动。然而，部族斗争背后真正的问题是，在反对巴雷的斗争中，阿布加尔次部族的领导人们被当成了局外人，梅斯（Metz）把他们称为"想要夺取反政府运动控制权的自命不凡的新手"②，"不配"获得眼前的统治地位。

艾迪德在首都摩加迪沙南部成立反穆罕默德政权的临时政府，此时索马里情况陷入僵局。艾迪德这一举动决定了未来的战场，就是这个被南北割据的城市。效忠穆罕默德的军队控制了摩加迪沙的北部，而南部仍在艾迪德的控制之下。双方都没有获胜的绝对优势，甚至都不能有效控制自己手中的领地。据估计，到1992年3月末，据估计有25万人丧生。另外有50万难民流亡到埃塞俄比亚，30万逃往肯尼亚，6.5万难民在也门，1.5万人在吉布提，10万左右在欧洲。③另外，1992年发生的饥荒导致30万人死亡，150万~200万人在国内流离失所。④

联合国干预（第一次联合国索马里行动）

冲突伊始，索马里局势就被看作是当地的人道主义灾难和地区的

---

① 此人名在本书中出现了Aidid和Aideed两种拼写，网上较为普遍的拼写是Aidid。——译者
② Somalia: A Country Study, Federal Research Division, Library of Congress, 1992, edited by H.C. Metz [Online]. Available at: http://www.country-data.com/frd/cs/sotoc.html [accessed: May 7, 2009].
③ Somalia: A Country Study, Federal Research Division, Library of Congress, 1992.
④ van Beurden, J. 2000. Somalia: From Permanent Conflict to More Peacefulness? Searching the Peace in Africa, European Center for Conflict Prevention. European Center for Conflict Prevention [Online]. Available at: www.conflict-prevention.net [accessed: May 7, 2009].

第五章　索马里（1991—1994）：武力失败之时

热点问题，引起了国际社会的关注。虽然人道主义援助人员一直活跃在索马里，他们的工作主要限于发放食物、药物，受到各个武装力量的阻碍。这些武装力量控制着运输渠道，向愿意给他们好处并仍能提供救助的人道主义机构索要金钱或物品。

也是在冲突伊始，饱受动荡之苦的索马里人的命运就颇受关注，成为主要国家国内政治讨论的议题。当时局势十分特殊：国际格局经历快速转型，两极分化不复存在；苏联解体后俄罗斯经历了快速而痛苦的转型；新领导人布特罗斯·布特罗斯-加利（Boutros Boutros Ghali）将要领导联合国，而联合国正在突如其来的变化后疲于维持国际格局。美国也在发生重要的变化：布什任期即将结束，下一任总统——克林顿即将就职。吉尔克斯（Gilkes）认为索马里问题已成为美国国内政治的基石："候选人比尔·克林顿抓住这个问题，作为布什总统外交政策失败的证据……布什做出（干预）决定太晚，没能影响美国选举结果，但却表明了他相信美国可以也应该随心所欲地进行干预。"[1]国际冲突成了国内政治问题，给联合国安理会施加了额外压力。安理会成为美国首次试验海外行动的工具。

冲突一开始，联合国就紧密监控索马里局势。死亡人数达到一定数量时，国际社会无法再坐视不管，于是联合国安理会发布了733号决议，任命穆罕默德·萨努恩（Mohammed Sahnoun）为驻地协调员，负责监督索马里人道主义活动，与交战方协商制定停火协议。这项决议还规定向所有冲突方"全面彻底禁运"武器和军备。[2]后续的联合国维和行动的部署主要是在美国政府的压力下进行的。冷战结束后，美国急于在世界政治舞台扮演更为积极的角色。索马里没有中央政府，政治和军事条件

---

[1] Gilkes, P. 1993. From Peace-Keeping to Peace Enforcement: The Somalia Precedent. Middle East Reporter, Despots and Democrats Political Change in Arabia, 185, 22.

[2] The UN Security Council Resolution #733. 1992, New York. [Online]. Available at: http://www.un.org/documents/sc/res/1992/scres92.htm [accessed: May 7, 2009].

也不断变化,而萨努恩的任务正是在这样极度困难的局势受命下,来推动和平进程。由于在索马里社会中,随着历史发展形成了由长老来解决冲突的方法,所以在行动中需要重视长老这一角色。同时,萨努恩正在与名义上独立的索马里兰进行谈判,希望达成协议,并且在摩加迪沙交战方间进行调解,让他们团结起来,与埃塞俄比亚和解,避免欧加登地区局势进一步复杂化。

在不到6个月的时间里,萨努恩努力和冲突双方、当地民众,特别是长老们建立良好关系。他倡导渐进式的冲突解决方法,支持当地各界不断加大参与,使交战双方重返谈判。由于他的努力,艾迪德和阿里·迈赫迪达成了首项协议,协议于1992年3月3日签署。这份《执行停火协议》包括接受联合国安保部门对人道主义援助的支持,也包括首次"向在摩加迪沙的双方各派出20名军事观察员进行停战监督"。[1]

但是,艾迪德和阿里·迈赫迪之间由来已久的个人恩怨,阻碍了本次以及后续协议的执行,他们将对方的所有进展都看作是对自己的威胁。例如,德莱斯戴尔(Drysdale)认为,对艾迪德来说"迈赫迪同意部署联合国军事观察员……并且……联合国支持迈赫迪在摩加迪沙部署外国军队的单边请求……(意味着)联合国官方支持迈赫迪临时政府,无论这是事实或是臆测,艾迪德和联合国的进一步合作都会(因此)需要更多外交努力"。[2]因为,艾迪德认为打败西亚德·巴雷是自己一个人的功劳,其他任何团体和联合国的合作,无论确有其事或是虚构的,都意味着淡化他作为索马里解放者的角色,而这一角色,艾迪德不会拱手让

---

[1] Somalia—UNOSOM I. Background [Online]. Available at: http://www.un.org/Depts/dpko/dpko/co_mission/unosom1backgr2.html [accessed: May 18, 2009].

[2] Drysdale, J. 1997. Foreign Military Intervention in Somalia: The Root Cause of the Shift from UN Peacekeeping to Peacemaking and Its Consequences, in Learning from Somalia: The Lessons of Armed Humanitarian Intervention, edited by W. Clarke and J. Herbst. Westview Press, 120.

与阿里·迈赫迪或是联合国。

起初，协议总体上得到遵守。然而，导致冲突的原因并没有根本上的改观：缺乏统一的政府，对交战各方缺乏强制性制约。艾迪德和阿里·迈赫迪都不愿做出政治上的妥协，双方也都没有能力将自己的意愿强加于对方。所以，摩加迪沙依然分裂为几个部分，由不同军阀控制，这些军阀来自艾迪德和阿里·迈赫迪下属的各个次部族。签署停火协议之前，来自不同阵营的准军事组织将食物用作武器，以防止援助落入敌人手中为由，频繁地抢夺援助物资，干涉国际援助机构的行动。

联合国方面，调解进程也因内部组织管理配合不当而受阻。萨努恩采用渐进式的方法在索马里的主要利益相关方中建立信任，并逐渐谨慎地适应当地情况，这种方式没有受到联合国总部的青睐。美国政府和其他一些成员国希望在索马里获得成功，主张采取快速有力的干预，以减轻索马里人的痛苦。在这些国家的压力下，安理会将联合国带入了另一个阶段：积极参与和平建设的阶段。用欧奈尔（O'Neill）和里斯（Rees）的话来说，联合国"……既不承担起国家的治理任务，也并非力图找出新索马里政权应采取什么形式"①。索马里人道主义状况的进一步恶化和联合国的官僚制度，导致萨努恩被撤，军事干预登场。

1992年4月，751号决议确定了第一次联合国索马里行动。行动最初有50名停火监督员，他们的职责是"保护联合国在摩加迪沙海港和机场的人员、设备和物资的安全，并护送人道主义援助物资运往城市分发中心和周边地区"。②后来几经延误与波折，阿里·迈赫迪和艾迪德同意在首都部署500名联合国安保人员，作为第一次联合国索马里行动的一部分。其中，巴基斯坦先前已经同意为此派出一大批安保人员。第一

---

① O'Neill, J.T. and Rees, N.2005. United National Peacekeeping in the Post-Cold War Era. New York: Routledge, 124.

② The UN Security Council Resolution #771. 1992, New York. [Online]. Available at: http://www.un.org/documents/sc/res/1992/scres92.htm [accessed: May 7, 2009].

批军事观察员于9月14日抵达摩加迪沙。在之后的775号决议中，布特罗斯·加利提议增加4个联合国安保队伍，共750人，保护"人道主义物资的运输和索马里的所有分发中心"。①第一次联合国索马里行动在索马里调动的人力，顶峰时达到4219人，包括500名摩加迪沙的观察员和719名物流保障员。②然而，联合国的资源仍然不足以覆盖索马里全国，以满足当地受到危机影响的民众的需求。联合国行动之后，美国国家安全委员会（US National Security Council）也于当月进行人道主义干预。在"提供救助行动"（Operation Provide Relief）中400名美国士兵部署于肯尼亚，与联合国监督人员一道，向索马里偏远地区空投援助物资，保护人道主义组织的人员。人道主义援助的问题依然存在：在一个国家若没有中央政府提供基本的安全，支持援助物资的发放，人道主义援助就常常遭到掠夺。掠夺援助物资和资金的有不同武装团体，其中一些团体身份不明。

由于伤亡巨大，许多人流离失所，中央政府失效，联合国工作人员经常受到小规模的攻击，布特罗斯·加利决定重新制定联合国在索马里的策略。794号决议允许使用武力，于是便可以采取"一切必要的方式，在索马里为人道主义援助建立安全的环境"。联合国决心"恢复和平、稳定、法治和社会秩序，在联合国支持下推进政治和解"。③本着这样的宗旨，决议号召成员国为索马里维和部队（Unified Task Force）④提供军队或物资，该部队自成立起便受美国指挥。

---

① The UN Security Council Resolution #775. 1992, New York. [Online]. Available at: http://www.un.org/documents/sc/res/1992/scres92.htm [accessed: May 7, 2009].

② Information of the UN Department of Peacekeeping Operations [Online]. Available at: http://www.un.org/Depts/dpko/dpko/co_mission/unosom1backgr2.html [accessed: May 7, 2009].

③ The UN Security Council Resolution #794. 1992, New York. [Online]. Available at: http://www.un.org/documents/sc/res/1992/scres92.htm [accessed: May 7, 2009].

④ 原文中的"United Task Force"经查证应为"Unified Task Force"。——译者

第五章 索马里（1991—1994）：武力失败之时

索马里维和部队的目标是为人道主义援助创造安全的环境，它事实上是一个临时组织，一个向目标更大的第二次联合国索马里行动过渡的组织。索马里维和部队由3.7万人组成，其中2.8万名士兵来自美国，其余人员来自23个不同的国家。在讲到这一部队的使命时，美国特使罗伯特·奥克利（Robert Oakley）发布了一则消息，释放出在实施和平问题上，联合国会尽可能少地介入："我们并非想占领索马里，也没有逮捕的权力，安理会决议中没有和战争罪有关的内容。"[1]同时他特别强调，索马里维和部队立场中立，并声称其行动强度也较低。然而，美国介入索马里，并不是表面上看来那么无私。

在索马里，美国并没有明显的更大政治或经济利益。索马里也没有加入有助于实现美国在非洲利益的联盟。按照冷战时期盛行的想法，这种联盟可以为美国所用，扩大美国在非洲的影响力。即使乍一看来干预的收益寥寥，但介入索马里冲突，美国仍可在国际声望方面明显获益。除了提高其作为无私的调解者的国际威望，美国还努力进行压力测试，检验若不受与苏联间利益冲突的阻碍，更大规模的海外行动是否可行。因此，索马里行动的结果如何，意味着美国能否在国际社会中担当主要角色。

美国想要做调解者的同时，也想避免大规模军事行动，因为军事行动难免造成人员损失。据一名美国外交官所说，布什总统限制美国任务组的人数，确定具体目标，目标"短期内会实现，一旦实现，联军将撤回，并将职责转交给联合国部队"。[2]同时，有关索马里冲突解决的所有政治和人道主义内容仍保留在第一次联合国索马里行动范围内。像这样的责任分离，同时也有地理的原因：第一次联合国索马里行动主要针对摩加迪沙，而索马里维和部队的任务是保护包括首都在内的主要的人口集中地，从而确保人道主义援助物资高效、良好地运输。从干预的实际

---

[1] Perlez, J. 1992. Witness Report a Somali Massacre before U.S. Arrival. The New York Times, December 29, A1.

[2] Bolton, J. 1994. Wrong Turn in Somalia, Foreign Affairs, 73（1），40.

角度看，在各主要地区的中心，索马里维和部队致力于食品发放，以消除食物掠夺为目标，阻止抢掠行为。而抢掠正是交战方阻碍人道主义组织工作的主要策略。

第一次联合国索马里行动虽然在形式保持着多边性，实际很大程度上是单边的，美国完全控制着联合国联合干预队伍的指挥权。这一事实从一开始就破坏了联合国的中立性，使联合国陷入十分尴尬的境地，交战方分不清联合国是谁、在做什么，把联合国也当成了国内斗争的一方。另外，虽然艾迪德和阿里·迈赫迪接受联合国干预，他们仍对联合国的行动怀有疑虑，认为国外部队出现在索马里领土上会酿成祸患，一旦联合国和交战一方合作或对立，冲突就不可避免。

最初与联合国的对立，在艾迪德看来，始于他眼中的一个负面人物。据欧奈尔和里斯所说，艾迪德认为布特罗斯·加利"有不为人知的目的，就是要使得索马里成为联合国的托管领土，并企图恢复巴雷政权"。[1]因而，艾迪德认为联合国行动是敌对的。虽然这种想法有些牵强，却不妨碍艾迪德指责联合国持续为阿里·迈赫迪提供政治和军事支持。和联合国不同，美国得到了艾迪德更多的认可，这是由于美国的人道主义目标，也是因为，用德莱斯戴尔的话来说，艾迪德相信美国和索马里之前没有殖民关系，所以"不会改变政治权力的平衡而损害他的利益"[2]，也不会挑战他的立场。另外，艾迪德和美国的友好关系，从巴雷执政时就奠定了良好基础，那时艾迪德和阿里·迈赫迪与美国都有良好的合作关系（例如，艾迪德的财政主管兼顾问是美国石油公司Conoco的联络员，也和联合国大使奥克利颇为熟悉）。

这期间，多边行动仍在继续。1992年12月，在索马里维和部队框架下，依照794号决议，美国启动了"恢复希望行动"（Operation Restore

---

[1] O'Neill, J.T. and Rees, N. 2005, 114.

[2] Drysdale, J. 1997, 129.

Hope），目的是支持和保护联合国和其他国际援助机构的人道主义行动。这一目标分为两个阶段——索马里维和部队武装人员没收索马里人民的武器，接下来是达成政治和解，创建第一级地方政府——市政府——和恢复公共服务。同时，联合国、加利和美国官员做出巨大努力，对官员间冲突进行管理。

虽然在行动能力、范围方面有所局限，总体上，第一次联合国索马里行动是一次有效的多边干预。从一开始，联合国任务组公正的作风和较低的介入度，就避免了联合国和交战各方产生冲突：联合国的任务仅限于监督停火协议的落实、提供人道主义援助、发放食物和药品、通过调停会议进行调解，而非强制实施和平。

索马里维和部队后来不再介入国内的权力角逐，较少对交战方进行军事行动，不再参与维和及监督国家建设之外的行动，被认为是中立的，不偏不倚。在首次联合国行动，即第一次联合国索马里行动中，索马里维和部队的风貌和行动都对索马里的安全局势、人道主义援助物资的运输有积极作用。由于联合国的介入，交战方被有效地隔离开，之间也不再有大规模、实质性的武装冲突。另外，通过促进与长老、当地各界的合作，萨努恩努力创造和平，为和解提供了有利条件。不同的社会主体越来越多地参与谈判，包括各种民间社会、索马里传统上形成的社会组织。萨努恩认为这些大众团体是援助行动的基石，对进一步解决冲突会越来越重要。在联合国行动开始之际，以上有利局面的达成，表明政治局势将会改善。

即使在联合国否定萨努恩的做法，强调与交战方领导人进行谈判的情况下，美国参与和领导多边合作，抵制对交战方使用武力，意味着合作将有效进行，问题的解决也有一个良好的开端。国际社会的调解，始于萨努恩，由联合国，特别是在美国的积极参与下，继续执行。总的来说，17个全国和解会议和20个地方级和解会议在索马里召开，目的是让尽可能多的冲突方进行合作。最典型，或许也是最重要的两次全国和解会议分别于1993年1月3日和1993年3月15日在亚的斯亚贝巴召开，会议上，艾迪德和阿里·迈赫迪签署了一项和平协议。这一包括停火和上缴武器的一揽子协议，得到14个索马里军事派别的支持。索马里社会的传统领导者——长老、民间社会、商人、知识分子——在冲突解决过程中却备受冷落。这么做主要是应艾迪德的要求，他始终希望从巴雷的垮台中受益，所以坚持只吸纳那14个军事派别，因为那些派别在20世纪90年代政府更替中支持过艾迪德。签署者由艾迪德的支持者组成，意味着艾迪德最终会控制谈判进程，许多索马里人都感觉，联合国正在将军阀置于索马里政治的中心位置。

第二次亚的斯亚贝巴会议努力邀请更广泛的参与者，纠正上次会议的错误。可是在这次会议中，主要派别就未来国家的管理方面发生了关键分歧。艾迪德主张建立联邦政府，由像他自己那样的各地各部族的军阀掌权，而阿里·迈赫迪作为一个法定的政府领导人，支持建立强大的中央政府。最后，协议要求彻底上缴武器，成立任期两年的国家过渡委员会（TNC）（Transitional National Council），任务是创建中央和地区行政机构。来自索马里兰共和国的索马里民族运动没有签署协议，保持独立，静观局势变化。

联合国鼓励通过政治途径快速解决冲突，对联合国来说，两次会议清晰地表现出政治、安全局势缓慢而稳定地改善，总体上各冲突方都希望相互合作，也与联合国进行合作。所以，联合国决定，时机已成熟，应从维护和平转向建设和平和冲突后的重建。根据联合国安理会建议，联合国决定拓展第一次联合国索马里行动和索马里维和部队的任务范围，增加政治和解和国家重建的内容。

联合国干预（第二次联合国索马里行动）

签署协议之前，联合国执行了814号决议，延长了联合国在索马里行动的时间,更重要的是,决议包括了联合国宪章第七章规定的执行方式。联合国安理会认为,索马里内战对该地区的和平与安全造成了明显的威胁,所以派出联合国代表团进行大规模缴械,最终目标是实现全国和解。特别是,决议授权联合国代表团"帮助索马里人,鼓励索马里社会各界广泛参与,促进政治和解,在全国范围内重新成立国家、地区机构和民间管理部门"。[①]因此,第一次联合国索马里行动和索马里维和部队的维和任务,因第二次联合国索马里行动的和平建设内容而扩大和丰富了。

第二次联合国索马里行动的使命显然十分艰巨:在一个饱受战争之苦的国家,不同部族之间频发大量冲突,联合国工作人员要延续索马里维和部队的使命,恢复和平、法治和社会秩序,还要在索马里实现基本稳定,而目前索马里只有首都较为稳定。另外,第二次联合国索马里行动要协助索马里社会的经济、社会和政治发展,恢复国家安全机构以及重建国家的行政智能。总的来说,第二次联合国索马里行动的目标不仅是和平协议的执行,更重要的是为交战方和民众提供外部安全保障,促使所有交战方达成和解,(重新)建立一个正常运行的国家。

乔纳森·T·豪(Jonathan T. Howe)被任命为文职部门负责人,领导第二次联合国索马里行动,而土耳其的切维克·比尔(Cevik Bir)中将被任命为武装部队指挥官。第二次联合国索马里行动的部队有2.8万人,其中3000人是从事行政的文职军官。第二次联合国索马里行动的人员几乎需要参与全部冲突之后的重建活动,包括将难民遣送回国,重新安置难民和国内流离失所人员,训练文职军官和当地警察,排除杀伤性地雷,重建公共服务,修复国家经济。

在索马里这一特定的多方参与的冲突环境下,第二次联合国索马里

---

① The UN Security Council Resolution #814. 1993, New York [Online]. Available at: http://www.un.org/Docs/scres/1993/scres93.htm [accessed: May 7, 2009]

行动的任务范围和任务性质，很快便给这次行动带来致命的打击。这次行动肩负着多种新任务，其问题在于，联合国希望在战争阶段就进行冲突之后的重建，但事实上，此时国内各方依然各怀心机，胜负不明。受第一次联合国索马里行动缓慢而充满希望的和平建设鼓舞，联合国加快了行动步伐。真正的困难在于，即使勉强保住和平，冲突也远非得到解决。索马里不管在中央还是周边地区都缺乏有效运行的政府，来与联合国一同建设国家，这里甚至没有一个有效的政府，能够成为联合国的主要对话者。索马里不存在有组织的公共服务，也没有服从中央政府命令的有效的军队和警察。

武装团体分裂了索马里，他们各有任务和目的，也占有足够的人力资源和军备，这些不仅用来和其他武装团体战斗，也用来抵抗联合国任何损害他们利益的行动。军阀不喜欢和平，因为他们从战争中获益更多。不仅仅是当地人民受到各个交战团体攻击，联合国和国际人道主义机构的工作人员也受到许多身份不明的"失控"团体侵害。真正的问题在于缺乏一支对联合国来说可以信赖的军队，在执行和平、进行重建中给予支持。用曼克浩斯（Menkhaus）的话来说："……缺乏一个索马里国家当权者或是明确的社会、政治领导，对于合法、有效的当权者的分歧长期阻碍和解。在索马里的和平谈判中，谁有权代表谁说话？"[①]对所有中立的外部参与者，这都是无法解决的难题。

与索马里社会政治、军事分裂相关的一系列问题，使联合国的信息共享难度不断增加、无法控制：联合国和这些团体的沟通渠道难以控制。另外，各派别代表利用和国际机构的关系达到自身目的，联合国很快被这些团体的狭隘利益所牵制。在这个国家中有如此之多的政界人士和参与者，他们都利用联合国为自身利益服务，"和平的建设马上堕落

---

① Menkhaus, K. 1997. International Peacebuilding and the Dynamics of Local and National Reconciliation in Somalia, in Learning from Somalia: The Lessons of Armed Humanitarian Intervention, edited by W. Clarke and J. Herbst. Westview Press, 57.

成唯利是图的家庭作坊,作坊由积极的索马里政客控制。各派别领导很快认识到,(第二次)联合国索马里行动比他们自己更需要索马里的国家和解,于是他们马上利用这一事实。"①当地政治分裂的环境,很大程度上使联合国和平建设的努力更加复杂,进度更加缓慢。由于参与方众多,参与干预的国际社会在行动时必须认清国内局势,最重要的是提高对主要参与者的关注,坚定诚恳地作为外部参与方来争取和平。

这一点在现实中很难实现。就部族竞争固有的问题,曼克浩斯(1997)提出了深刻的见解,他认为巴雷先前努力在索马里建立起了政府组织和机构,联合国想要恢复这些组织、机构的努力"……达到了相反的效果,联合国的和解,常常加剧了冲突,而非缓解冲突……原本不同部族通常能在某地域相对和平地共处。然而,如果要他们组建一个地方政府,而政府中席位固定,这些部族就会陷入强烈的分歧,有时甚至会造成人员伤亡,使当地安全局势迅速恶化"。②索马里社会摆脱了巴雷政府的压迫,迎来的行政机构,虽然有联合国提议的民主形式,却不能被军阀、拥护军阀的平民接受,甚至受到那些不参与斗争的人反对,这些人一直指责联合国强制建立行政处,导致冲突继续扩大。如世界银行报告指出:"当地选出的区域委员会直接威胁到了许多民兵组织领导人和他们部族的利益,这些部族通过战斗控制了河边和城市宝贵的土地,他们认为联合国索马里行动目的在于剥夺他们的权利。冲突无法避免。"③

联合国总部和索马里几个民兵组织派别之间沟通出现问题,给联合国的名望和权威造成首次严重一击。1993年6月5日,24名巴基斯坦维和

---

① Menkhaus, K. 1997, 46.
② Menkhaus, K. 1997, 59.
③ Conflict in Somalia: Drivers and Dynamics. 2005. The World Bank, 11-12 [Online]. Available at: http://siteresources.worldbank.org/INTSOMALIA/Resources/conflictinsomalia.pdf [accessed: May 7, 2009].

人员被伏击牺牲。当时维和人员正在索马里民族联盟（SNA）（Somali National League）的武器库进行例行勘察，武器库位于艾迪德军队控制的广播电台。维和人员并未预料到会发生如此强烈的反击。马上，人们怪罪于艾迪德，艾迪德也立即成为美国和联合国的首要目标。联合国迅速发布了837号决议，敦促逮捕、审判所有联合国部队遇袭的责任人。① 第二次联合国索马里行动肩负着新任务，发动大规模行动追捕艾迪德。美国也肩负着这一任务在"邪灵蛇行动"（Operation Gothic Serpent）中获胜。

1993年7月12日，针对巴基斯坦维和人员被伏击事件，第二次联合国索马里行动摧毁了据说是艾迪德部族占领的建筑，杀死50名左右索马里部族领导人，却未能捕获艾迪德。这一举动进一步激怒了索马里公众，他们认为美军是流氓军队，另有自己的目的。干预的转折点是"摩加迪沙之战"（Battle of Mogadishu）②。1993年10月4日，美军对据说是艾迪德的藏身之处——奥林匹克宾馆（Olympic Hotel）发动袭击。这次袭击当中，超过300名索马里人丧生，大约800人受伤。③美军也遭受人员伤亡：18名士兵牺牲，79人受伤。美国士兵死亡的画面在全世界传播。

由于第二次联合国索马里行动受到反对，特别是联合国部队无法使交战方和平共处，阻碍了干预的进一步发展。美军士兵的死亡在美国国内影响尚未消除，造成公众舆论压力，要求政府从索马里撤军。这次臭名昭著的"黑鹰坠落"（Black Hawk Down）事件之后两天内，克林顿总体下令停止美军对艾迪德除自卫外的一切行动。大使罗伯特·B.奥克

---

① The UN Security Council Resolution #814.1993, New York [Online]. Available at: http://www.un.org/Docs/scres/1993/scres93.htm [accessed: May 7, 2009].
② 原文中是"Battle for Mogadishu"，但经查证应为"Battle of Mogadishu"。——译者
③ Atkinson, R. 1994. The Raid That Went Wrong: How an Elite U.S. Force Failed in Somalia. The Washington Post, January 30, A1. 鲍登（Bowden）给出了另一份伤亡评估—700多人丧生，1000多人受伤。见：Bowden, M. 1999. Black Hawk Down: A Story of Modern War. Atlantic Monthly Press. Berkeley, California, US.

利被任命为索马里特使,安排和平协议的签署和美军1994年3月之前的撤军。1993年10月的悲剧对接下来索马里军事情况的发展起到关键作用:对艾迪德来说,即使获得了一些短暂的好处,这种挑衅会使得他与美国更加敌对,所以他决定暂时停止军事行动,休养生息。10月9日,艾迪德领导的索马里联合大会党宣布单方面终止与第二次联合国索马里行动的战斗。1994年3月24日,艾迪德和迈赫迪签署由联合国斡旋的和平协议,该协议最终落入和之前其他协议一样可悲的下场。

联合国部队离开之后,剩下的联合国代表团行事低调,最后也撤离了索马里。1995年,美国退出第二次联合国索马里行动一年后,原本只留有虚名的联合国干预行动也停止了。这次干预是联合国行动中死亡人数最多的——155人死于战场。①

干预分析

国际社会在索马里的任务过于艰巨,一开始种种困难就令人望而却步。索马里不同反叛团体相互斗争,瓜分国家,平民所受的苦难日益加重,是否能够实现和平仍是未知数,而干预方旨在恢复国家结构,统一所有政治力量,形成一个政府。起先,联合国采取的策略很简单:来到索马里,和交战方谈判,建立和平(至少是暂时的和平),协助武装团体重建国家。

这一策略的难点在于它提出和试图落实的解决方案:在一个分裂的社会建立一个集权制国家。如莱德里奇(Lederach)和斯托尔克(Stork)所说,"中央集权的治理是索马里政权垮台的根本原因……在

---

① Fatalities by Mission and Appointment Time. 2009. The UN Department of Peacekeeping Operations. [Online]. Available at: http://www.un.org/Depts/dpko/fatalities/StatsByMissionAppointmentType per cent203.pdf [accessed: May 7, 2009].

索马里发展起来的反叛力量针对的就是中央集权。"[1]索马里有许多地方自相矛盾——总体上人们的政治愿望是索马里人民团结，国家领土完整——而各种力量发挥适得其反的作用，使索马里政治上分歧众多，给联合国行动带来了根本问题：联合国想要建立的是一个单一制国家。伊萨-索维（Issa-Salwe）认为："索马里历来没有正式的政府，过去长老执掌大权，这种传统的生活方式受到破坏时，索马里人感到不安……"[2]这就意味着索马里传统结构——长老制、部族内部和部族之间的非正式管理——以外的管理模式都将失败。

同时，联合国这一选择并没有错：索马里和制度上由联合国管理的其他国家一样，需要正常的行政、立法、司法部门。因此，不和国际体系接轨的管理形式——索马里社会长期以来形成、认可的非正式公共管理机制——不在第三方的考虑范围内。

对同一干预方开展的两次干预进行比较评估十分有价值，因为干预方特征这一变量保持相同。虽然由同一组织发起，两次联合国索马里行动性质、特征、行动目标、行动方式有明显区别。

第一次联合国索马里行动虽然部署了观察员，但大体上是外部行动。行动的任务较轻，声势较小，仅限于监督和维和行动。行动的目标是"……武装冲突停止之后，经过领土所属国家的同意，在当地部署中立的轻装部队作为干涉力量，以防止武装冲突再次发生，并形成有利于化解潜在分歧的环境"。[3]安理会最初制定了第一次联合国索马里行动的任务，是监督摩加迪沙的停火进程，为联合国以及其他机构的人道主义

---

[1] Lederach, J.P. and Stork, J. 1993. The Intervention in Somalia: What Should Have Happened: An Interview with John Paul Lederach. Middle East Report, Radical Movements: Migrants, Workers and Refugees, 181, 39.

[2] Issa-Salwe, A.M. 1994. The Collapse of the Somali State. Monograph. Published by the Author in association with HAAN Associated. London, 30.

[3] Diehl, P.F. 1993. International Peacekeeping. Johns Hopkins University Press, 13.

工作者提供安全保障，保护他们完成任务，护送、保护分发中心的人道主义物资。这样的任务避免了第一次联合国索马里行动与各交战方以及他们的内部派别直接联系。

决定第一次联合国索马里行动成功的另一个因素是地理范围有限：联合国部队的行动范围几乎仅限于首都摩加迪沙。虽然这一点不利于在索马里的其他地区执行和平、维护和平，也不利于控制索马里领土，但考虑到宣称独立的地区，即索马里兰共和国、邦特兰、吉布提、朱巴兰，对于扩大联合国参与有极为消极的反应，认为联合国过多干涉是对自己国家的侵犯，第一次联合国索马里行动有限的地理范围的确是一个决定成功的因素。然而，行动的资源和任务都不允许它超越本阶段的使命，使命中不包括执行和平，也不包括国家建设。

第一次联合国索马里行动与国家、地区的政治编制并无关联，没有替代地方政府提供服务的职责，监督人员忙于搜集信息，履行和平协定，给当地人民提供援助。对于恢复国家政权，这次行动也未计划提供广泛的行政支持。根本上，在索马里，联合国虽在法律上合法存在，但在其内政中基本缺席。

第一次联合国索马里行动目标有所限制，因而受交战方广泛接受。这次行动无须对交战方强制实施和平，甚至行动中的缴械也是暂时的，并仅限于特定地区。行动人员有限，不会对交战方的地位和利益构成威胁。交战方虽然纷纷指责联合国扶持自己的竞争者，但都不畏惧联合国的制裁。第一次联合国索马里行动由于掌握资源有限，无法有效地强制实现和平或是惩罚违逆者。不偏不倚这一特征使得第一次联合国代表团成为值得信赖的调解方，但同时意味着联合国代表团无法有效执行已达成的和平协定。

第一次联合国索马里行动为外部干预，因而得以保持中立，少受冲突方的干扰，实现目标。行动的目标是维和和监督，不将任何外部解决方式强加于交战方，未要求恢复法律和秩序，用沃尔特（Walter）的话来说，也不会像和平协定的"外部担保人"一样行动。行动的目标切合实际，帮助了萨努恩在第一次干预中成功地调解了冲突。萨努恩更倾向于自下而上的方法，不喜欢大规模军事干预，他成功地和当地的族长、长老、团体领导、妇女组织、商人、专业人员、知识分子建立起对话和良好的合作关系。①谈判过程中，他没有偏袒任何一方，力求召集所有团体——既有军事团体也有社会团体。在第一次联合国干预下，通过对话、谈判、和解渐进而谨慎地获取和平，获得了巨大的成功。初步的成功并不意味着冲突已经结束，艾迪德和阿里·迈赫迪也未打算交出武器，让国内生活回归正常，而仅仅意味着这两个关键的交战方已经接受联合国为中立的中间人，参与其中，或者至少对联合国不怀敌意。

一些学者认为，作为外部力量进行干预，是第一次联合国索马里行动的一个不足。其中一名学者说："第一次联合国索马里行动的总体缺陷在于，联合国没有解决根本问题，即国家政权的倒台，而像对待主权政府一样对待各个派别。"②然而，若在谈判过程中不邀请军阀参与，会将真正的冲突方边缘化。若一开始就建立起一个主权政府，联合国谈判的对象就只能是松散的、名义上的政府和其他社会团体，它们都没有实权。若在调解过程中忽视主要的参与者，必然铸成大错，最佳的结局也不过是达成毫无意义的和平协定。

良好的时机是这次行动成功的另一个因素。第一次联合国索马里行动在交战停止之后进行。虽然交战双方仍存有大量武器，零星的交火不停，《亚的斯亚贝巴协议》（Addis Ababa Agreement）签署后，未发生大规模流血冲突。协议由艾迪德和阿里·迈赫迪签署，是部署第一次联合国索马里行动的开端。协议虽然未指明建设和平的机制，但谨慎、明了地为联合国未来的行动提供了机遇：干预的宗旨不是停止交火，而是

---

① Lederach, J.P. and Stork, J. 1993, 39.
② O'Neill, J.T. and Rees, N. 2005, 112.

作为一支中立、公正的队伍,隔离交战方,推动建设和平的进程。武装冲突的消除,为联合国行动提供了安全的环境;而较低的伤亡人数,使得成员国继续留在联盟当中。这些确保了联合国能完成使命。联合国代表团的伤亡人数大力支持这一论断:截止到向第二次联合国索马里行动过渡之际,第一次联合国索马里行动中仅有6人死于与战争相关因素。[1]

从第一次联合国索马里行动过渡到第二次联合国索马里行动,意味着联合国干预不断深入内部,干预使命不断拓展,新包含了国家建设和冲突后的安置,在国内引发冲突的活跃发展。国家重建,通常要求公众广泛参与,而公众正是重建社会的基石。建设和平的重点通常落在社会的各个阶层,他们应该在政府中有广泛的代表,在各个行政、司法机构和自身身份的重建中享有权力。[2]这就是联合国促进索马里传统社会团体之间谈判的初衷。国家重建获得快速发展,而冲突远未化解,第二次联合国索马里行动失败了。

索马里动荡的政治环境,特别是巴基斯坦籍维和人员的牺牲,迫使联合国动用军事力量。联合国有两个选择:撤离以避免更多的伤亡,或是约束敌对力量。联合国选择了后者,首次参与到冲突中。第二次联合国索马里行动之所以失败,是因为强制各交战派别和平共处时行动迟疑:虽然各种力量相互交织,但损害整体行动的是联合国内部组织出现的问题和对美国这个成员国(虽然理论上十分强大)过度的依赖。

第二次联合国索马里行动倾力追捕艾迪德,使得这次行动有失公允,因为在种族战争中,对一方的支持就是对其竞争者的反对,而反之亦然。吉尔克斯说,第二次联合国索马里行动"反对艾迪德的行动成为了对达鲁德部族的支持,而达鲁德族是哈维耶争夺摩加迪沙控制权的主

---

[1] Somalia—UNOSOM I. Facts and Figures. [Online]. Available at: http://www.un.org/Depts/dpko/dpko/co_mission/unosom1facts.html [accessed: May 7, 2009].

[2] Lijphart, A. 2004. Constitutional Design for Divided Societies, Journal of Democracy, 15 (2), 96-109讨论了种分裂的社会中冲突的解决方式。

要对手"①。毋庸置疑，联合国由于对艾迪德的大范围搜捕，成为索马里内部事务的重要参与者："在索马里人眼中，对一个部族部队的领导人采取行动，并不意味着惩罚一个犯错的个人，而是与整个部族敌对。"② 非洲人权报告（African Rights Report）也表示，在索马里人眼中，联合国由于公开反对艾迪德，与其他的交战方已难以分离：某种意义上，联合国成了第三股力量。"索马里人将联合国索马里行动视为一个单独的派别，而海军上将豪是另一个军阀。"③因而，联合国就不再是促成冲突化解的干预方，事实上就是冲突的第三方。

在这样冲突迭起的情况下，即便是和交战方本身毫无关系的联合国内部管理不当问题，在索马里人看来也带有险恶的意图。例如，1992年7月联合国粮食计划署的一架俄罗斯飞机坠毁，据报道这架飞机违反联合国安理会733号决议，向阿里·迈赫迪运送军火，而联合国调查飞机失事原因不力，加之未有效地对阿里·迈赫迪施加额外制裁，导致了艾迪德与联合国对立，对许多索马里人来说意味着联合国暗中支持阿里·迈赫迪。④

联合国虽然明智地选择了强有力的应对方式，执行过程依然不尽如人意。联合国没有意识到，艾迪德和阿里·迈赫迪一样受到本部族成员的大力支持，一旦攻击他们，必受其族人严厉的报复。为承受这样的众怒和反抗，联合国作为一个已有所偏袒的干预者，需要大量资源，更需要决心和意志力。联合国将矛头指向艾迪德，此时就毁掉了自己的中立性和公正性，却未能将自己的偏私执行到底。

曼克浩斯给出了一个极好的例子，说明联合国违背了自己的公正原则却未高效地执行其决定，也说明联合国建设和平的失败。他说："对

---

① Gilkes, P. 1993, 23.
② Gilkes, P. 1993, 56.
③ Somalia. Human Rights Abuses by the UN Forces. 1993. African Rights Report. London, 33-34.
④ O'Neill, J.T. and Rees, N. 2005, 111.

于执行和平，联合国必须公正——即联合国必须对所有相关方实行一定的游戏规则……只要执行和平过程中对违反安全规定者施以相同处罚，联合国就能秉持公正。但是一旦对一次严重的违反行为（1993年6月艾迪德攻击联合国索马里行动的部队）采取强制措施，在国家的和解当中，联合国就无法同时作为中立的调节方参与。"[①]联合国必须放弃其中一个角色，并全心全意担任另一个角色。联合国寻遍每个角落，下定决心要制服艾迪德，因而阿里·迈赫迪成了这次冲突的唯一赢家、未来索马里的国家元首。然而，这样做却不符合联合国的总体思想：联合国是一个和平机构，不参与成员国内政。若阿里·迈赫迪要获胜，他本该自己争取，联合国不应给予支持。

第二次联合国索马里行动为了获得长久的和平，放弃了中立性和公正性，虽然其意志坚定，却最终未能获得和平。任何想要改变战争局势的行动都不是中立的，在这样的困局当中，联合国成功的唯一方法就是积极采取和平措施，而它却未能做到。联合国力争对各交战方公平地采取行动，在此案例中指针对艾迪德采取的行动，这些行动却不够"严厉"。所以，第二次联合国索马里行动无奈地选择了第三条路——联合国自己成为了一个冲突的参与方。

导致第二次联合国索马里行动失败的另一个重要的因素，是其组成结构。虽然从结构和参与行动的成员国来看，联合国代表团确实是多边组织，但它本质上还是单边的，因为在经济和军事上给予最多支持的国家是美国。对单一的（强大）联盟国过度依赖，使得第二次联合国索马里行动的组织结构脆弱：无论出于策略或是资源的考虑，联合国都服从一个国家的指挥。

一开始，在索马里的干预行动就成了美国内政的一部分。美国有自己干预的理由——在冷战后不断变化的全球政治格局中提高自己的地位，

[①] Menkhaus, K. 1997, 59.

加强自己对行动成败的预见力。冲突成为美国国内政党竞争的一部分，不仅反映在索马里的行动中，也反映在整个干预的未来效果上。美国国内，受到美国政府（从共和党到民主党）的变化影响，索马里的行动一开始就不断被政治化。在政府的变化中，共和党的弱点不断被强调，而未来政府的优点也不断被提及。

对布什总统来说，第一次海湾战争的惨败后，为赢得总统大选，他强烈渴望恢复自己在外交领域的形象。败选于克林顿后，乔普拉（Chopra）等说，布什"不再受国内因素制约"，想要做"最后一件好事"。[①] 对新总统克林顿来说，情况相同。克林顿批评布什的外交政策失败，自己想表现得更好。马德琳·奥尔布赖特（Madeline Albright）表达了克林顿的决心，美国的常驻联合国代表也申明"通过814号决议，我们投入空前的努力，最低目标是恢复整个国家"。[②] 新政府着眼过高，希望在外交政策上早日取得显著的胜利，并摆脱布什政府的失败，特别是在索马里的失败。

干预中各国由自己的利益考量和动机驱使，但只要严格遵照自己的使命，保证所有成员行动透明，原则上并不毁坏第三方联盟的公正，不影响其成功。事实上，干预联盟的成员国毫不追求自身利益、无私地参与行动的情况几乎不存在。即使没有明显的好处，各国仍然可以通过多边联盟获益，虽然益处并不十分明显，如提高国际威望，扩大国内支持，测试、推广国产武器用于未来的贸易等。

第二次联合国索马里行动的主要问题，并不是美国在干预中擅自作出决策、部署作战而让其他成员国听从它的安排，而是联合国行动过度依赖于美国的行动能力。美国退出的时候，第二次联合国索马里行动无法独立完成干预目标。没有了美国之前提供的军事和经济资源，保证

---

① Chopra, J., Eknes, A. and Nordboe, T. 1995. Fighting for Hope in Somalia. Oslo: Norsk Utenrikspolitisk Institutt, 38.
② Bolton, J. 1994, 62.

交战方服从联合国的意愿，联合国以实现和平、实施国家建设为目标的行动就变得单薄无力。从资源分配的角度，即使在美国参与的情况下，在冲突频发的环境中行动，第二次联合索马里行动也苦于物资和技术不足。除了美国的军队，其余大多数维和人员装备不足。虽然这是一次多边行动，但欧奈尔和里斯说："第二次联合国索马里行动的队伍来自各个国家，其中许多国家缺乏装备或不愿提供装备。"[①]各国的军备不同，使得联盟军在战斗中困难重重——例如，巴基斯坦最先进的交通工具M42A2坦克，是1957年的型号，早已过时，十分不可靠，在气候恶劣的索马里尤其如此。由于美军负责了联合国第二次索马里行动的许多任务，这种结构上的不一致受到忽视，直到美国政府撤军之时才显示出重要性。

美国离开索马里时，受到的重挫并非来自庞大的伤亡率，而是来自对其威望的重重一击和国内的政治竞争，竞争的诱因是政党对立和公民在CNN鼓动下为美国士兵之死批评克林顿。第二次联合国索马里行动无法用有限的资源执行和平，因而引发了对干预使命、战场上的战略目标的重新思考，最后，联合国代表团完全撤离索马里，标志着行动失败。

结论

第一次联合国索马里行动成功的原因和第二次联合国索马里行动失败的原因可以分为两部分——冲突的环境所固有的因素和干预方带来的因素。《干预和国家主权国际委员会报告》对于这种双重起因的观点有很好的描述："索马里是个很好的例子，起初的行动（第一次联合国索马里行动）力求消除不安全因素和饥荒，却没有得到足够支持，解决长期问题。后续的联合国行动（第二次联合国索马里行动）包含野心勃勃的

[①] O'Neill, J.T. and Rees, N. 2005, 132.

安全和政治任务，却缺乏相应的资源，无法实现。"①在冲突层面上，联合国主要的困境是要为冲突方提供解决途径，并且需要所有交战方执行该途径。出于这种看法和想法，联合国建立起了索马里传统治理结构之外的一种模式。治理规则统一的中央集权国家，对一个典型的索马里人来说十分陌生，因为索马里人一贯只忠于自己的部族或次部族。

联合国在索马里的行动另一个重要的负面因素就是，联合国急于在冲突仍然活跃的国家建立一个单一的政府。冲突必然导致索马里军事派别在政治和军事上选择的缩小，所以联合国需要避免直接的军事冲突，并使干预保持在冲突环境之外，这样联合国的工作人员安全就能得到保障，在监督交战方行动方面就总体上成功。然而，一旦联合国决定执行和平，同时建立国家，政治的不稳定、国内混乱、缺乏合法政府、多方参与、国内权力分配、部族为基础的社会特征、无法执行任何决定等因素会使得联合国指令中的目标难以实现，甚至无法实现。

主观上，第二次联合国索马里行动虽然干预形式上是多边的，实际却是单边的。虽然干预联盟中有其他国家，而实权则掌握在美国手中。美国负责众多行动，这些行动为总体的行动成功奠定了基础。美国作为一个参与方，在外部力量攻击其工作人员时表现脆弱，对国内政治压力和舆论压力的抵抗力也不强。人们高度看好美国的成功，也下了过大的赌注，而美国在一次行动中失败就导致了美军撤退，留下联合国独自应对当地局势。没有了美国支持，其他成员国无法"独自"应对。

---

① The Responsibility To Protect. Report of the International Commission on Intervention and State Sovereignty. 2001. The International Development Research Centre, 60 [Online]. Available at: http://www.iciss.ca/pdf/Commission-Report.pdf [accessed: June 1, 2009].

第六章

卢旺达（1990—1996）：大屠杀中的胜利

卢旺达冲突是继土耳其的亚美尼亚大屠杀（1915）、犹太人大屠杀后，20世纪第三次大规模的种族清洗。卢旺达内战造成约5万胡图族人、50万至85万图西族人丧生，200万人因此成为难民或在国内流离失所。[①]造成这次血腥的种族冲突的原因可以追溯到殖民时期，占领卢旺达的殖民势力不断地在卢旺达国内进行人为的"族裔化"。然而，冲突的爆发和恶化很大程度上都受到了外界因素的影响，例如地区和世界不断变化的地缘政治环境；卢旺达与先前给予其支持的法语国家之间的关系；国际社会对这场骇人听闻的平民屠杀置之不理，未能进行有效干预，也给卢旺达致命一击。

国际社会对卢旺达人道主义灾难态度如此冷漠的原因之一，可能是冲突发生的时间。这场冲突之前，非洲爆发了另一场由身份认同而引发的战争（identity war），发生于索马里，而国际社会未能阻止索马里的

---

① 这些数据有多种来源，包括Prunier, G. 1995. The Rwanda Crisis: History of a Genocide, 1959-1994. London: Hurst and C0.; Human Rights Watch. 1999. Live None to Tell the Story: Genocide in Rwanda [Online]. Available at: http://www.hrw.org/legacy/reports/1999/rwanda/[accessed: May 7, 2009]; Sellstom, T. and Wohlgemuth, L. 1997. The International Response to Conflict and Genocide: Lessons from Rwanda Experience. Study 1, Historical Perspective: Some Explanatory Factors. Uppsala, Sweden: The Nordic Africa Institute, 1.

流血事件。多边主义在索马里倾注过度的力量而遭遇失败,导致其在卢旺达采取行动时谨小慎微,并最终导致了平民伤亡人数增加。也许仍愿意为了自身利益,干预卢旺达国内两股势力斗争的大国只有法国,因为法国希望通过干预恢复自己在大湖区的影响力。

在长达6年的胡图—图西斗争中,有两方(法国和联合国)各进行了两次干预,即在卢旺达总共有4次干预。虽然冲突并没有因此而结束,但是联合国卢旺达援助团和法国的干预不应被视为是失败的。第三方努力实现了其最初的干预目标,而执行和平并不在其目标之列。为了找出干预行动成功的原因,不仅要考虑每次干预的实施环境特征,还要看冲突当地的背景环境。

冲突的背景

卢旺达是殖民时期"少数民族统治"的代表国家。占少数的图西族人(总人口的14%)掌握着国家财富和大量行政岗位,而占人口绝大多数(85%)的胡图族人和人口极少的特瓦人(总人口的1%)则在政治、经济和文化上被边缘化。[1]国内社会环境对整个民族的命运造成了悲剧性的影响,这一点可以在卢旺达的殖民史中找到答案。

胡图族与图西族的对抗建立在"为了阶级利益而形成的毫无廉耻的种族观"[2]之上,不过是欧洲殖民势力创造出来的,目的是将他们眼中的民族国家模型移植到卢旺达。德国和比利时先后统治了卢旺达,在殖民时期它们需要依靠卢旺达国内的势力,与它们共同管理地方事务。比利时从德国手中"继承"了卢旺达后选择图西族,因为比利时人认为,

---

[1] Klinghoffer, A.J.1998. The International Dimensions of Genocide in Rwanda. New York: New York University Press, 9.

[2] Pottier,J.2002. Re-Imaging Rwanda: Conflict, Survival and Disinformation in the Lute Twentith Century. London: Cambridge University Press,9.

根据"含米特假设",图西族与欧洲人更相似。[①]桑德斯(Sanders)认为,图西族是高加索族群的一支优等民族,是走散了的含米特部族。[②]他们从埃塞俄比亚迁移到非洲其他地区,将文明传遍整个非洲大陆。

比利时人区分卢旺达民族采用粗略的族群划分法,此方法基于家庭财产、生物表征(身高和体型)和生物遗传因子鉴定(对乳糖吸收的特点)[③]。这样的人为的巴特式"多民族分层法"[④],根据和欧洲人外貌的相似度、家庭拥有牛的数量,将人口分为图西族和胡图族:家中有10头或以上牛,且长相更接近欧洲人的是图西族,其父系后裔也属于图西族,而家中牛群数量少、非洲人长相的被称为胡图族[⑤]。由此卢旺达形成了独一无二的民族与文化环境,整个国家的人口代表了一个"被剥夺了其他所有特点的政治团体"[⑥]。而索马里人,通过频繁通婚,或是私下的安排,可以非常容易地更换族群。现实的情况是,虽然所有索马里人说着"相同的语言……(居住)在相同的山上,文化也几乎相同",这其中仍然有一种"社会认同的纯正性……而在卢旺达,只有胡图族或者图

---

① 这一种族主义理论之后被胡图族用以排挤图西族,将图西族描述为"外国人"。"含米特假设"最臭名昭著的例子,就是雷欧·穆格塞拉(Leon Mugesera)于1992年11月22发表的著名演讲。他说,图西族"属于埃塞俄比亚,我们要帮他们找到一条捷径去往埃塞俄比亚,只要把他们扔进尼亚巴隆哥河(尼罗河的源头之一)"(quoted in Melvern, L. 2000. A People Betrayed. The Role of the West in Rwanda's Genocide. London: Zed Books, 47).

② Sanders, E.R. 1969. The Hamitic Hypothesis: Its Origin and Functions in Time Perspective. Journal of African History, 10 (4), 521–522.

③ Franche, D. 1996. There's Only One Ethnic Group in Rwanda: Rwandan. Le Monde Diplomatique/Guardian Weekly, November 24, 14 and Hiernaux, J. 1974. The People of Afica. New York: Charles Scribber's Sons, 60.

④ Barth, F. 1969. Ethnic Groups and Boundaries: the Social Organization of Culture Difference. Bergen/Oslo: Universitetsforlaget, 9-38.

⑤ Shoumatoff, A. 1992. Rwanda's Aristocratic Guerrillas. New York Times Magazine, December 13, 44.

⑥ Franche, D, 1996, 14.

西族，没有杂交，胡西族是不存在的"。①

尽管如此，由于暴力的模式十分特殊，直指国内的一个有着相应认同的特殊群体，所以卢旺达的内战是一场认同冲突。图西与胡图的差别在卢旺达社会中根深蒂固。卢旺达殖民历史结束之后，人口较少的图西族人掌握了政权，因此享有比胡图族人更优越的地位。图西族人受教育程度更高，在城市工作的机会更多，同时经济状况也更好，掌握着政府要职。由于卢旺达独一无二的社会环境，以及与前殖民国家的关系，非洲的非殖民化过程对卢旺达造成了几点重要的影响。

卢旺达甚至在取得国家独立之前，就出现了和乍得、索马里类似的以身份认同为基础的政党。这些政党的成员多来自于他们自己的选区。正是群体之间的政治对抗导致了1959年底图西与胡图的第一次冲突。冲突的导火索，是当时有流言称胡图人民解放党（Parmehutu Party）（Party for Emanciptaion of Hutu People）的领导人被卢旺达全国统一联盟（UNAR）（National Rwandese Union）②中的图西族极端分子杀害。随后，在比利时上校盖伊·罗吉埃（Guy Logiest）的煽动和组织下，所谓的"社会革命"爆发了，最终导致2万图西人丧生，共计15万人逃往邻国乌干达、布隆迪、刚果、坦桑尼亚。③格雷戈瓦·卡伊班达（Gregoire Kayibanda）获得绝大多数胡图解放党人（78%）的支持，成立了新政府。此后，伴随着流亡邻国的图西族人不断的还击，针对图西族人的种族冲突和屠杀事件几乎年年发生。

1962年7月1日，卢旺达独立，国家在原来的等级行政体制基础上增

---

① Mamdani, M. 2001. When Victims Become Killers: Colonialism, Nativism, and the Genocide in Rwanda. Princeton University Press, 53.

② The Rwanda Crisis: History of a Genocide, 1959-1994. London: Hurst and Co., 48.

③ For detailed accounts of the "Social Revolution" see Mamdani, M. 2001, 103–132; African Rights Report. 1994. Rwanda: Who is Killing, Who is Dying, What is to be Done. London, p.71; Melady, T.P. 1974. Burundi: The Tragic Years. Maryknoll, N.Y.: Orbis, 47; and Segal, A. 1964. Rwanda: The Underlying Causes, Africa Report, 9(4),6.

加了以胡图民族主义为基础的一党专政制度。这种制度下的总统,用普鲁涅尔(Prunier)(1995)的话来说就是采用"……(和原来国王)一样的领导方式……他故作高高在上,充满权威,神秘莫测……"[①]独裁也是大多数后帝制时代国家的特点,少将朱韦纳尔·哈比亚利马纳(Juvénal Habyarimana)就是如此。他在1973年通过一场不流血政变,推翻了卡伊班达政权,并创立了自己的政党——卢旺达全国发展革命运动(MRND)(Movement Républican Nation pour le Développement)。

图西族继续遭受新政府压迫:他们不得参加公共生活的几乎所有方面,包括接受教育、公职,参加军队和前往教堂,却未遭受太多肉体伤害。民众对政府的失望情绪与日俱增,怀有这种情绪的不仅是身在卢旺达的图西族和温和派的胡图族人,最为不满的当属1959年逃往邻国的图西族难民及其后代,他们主要集中于乌干达。这部分图西族人在1986年约韦里·穆塞韦尼(Yoweri Museveni)夺取乌干达政权时发挥了重要作用。乌干达政府非常欢迎他们,很多来自卢旺达的图西族人也因此在穆塞韦尼政府中被委以重任。这些图西族难民在1979年成立了"爱阵"(RPF),即卢旺达爱国阵线(Rwanda Patriotic Front),成为日后对抗哈比亚利马纳政权的关键力量。

法国干预

1990年10月1日,4000名"爱阵"反叛分子从乌干达的根据地出发入侵卢旺达。叛乱背后的政治原因,是哈比亚利马纳政府民主改革的失败以及对图西人广泛的歧视。总统穆塞韦尼虽然意识到这场叛乱,意识到武装人员跨越乌干达边境的行动,意识到图西族在刚果的势力日益壮

[①] Prunier, G. 1995. The Rwanda Crisis: History of a Genocide, 1959-1994. London: Hurst and Co., 48.

大，仍断然否认了卢旺达政府对他支持叛军的指控，宣布封锁与卢旺达的边境，同时承诺逮捕任何穿过边境企图重返乌干达境内的人员。然而以上措施并未实施，大批图西族人从北部进入乌干达境内。

为了阻止"爱阵"的进攻，哈比亚利马纳向法国寻求帮助。至于为什么是法国，原因仍然有待商榷。也许是出于两方面的考虑：一是尽管哈比亚利马纳手下的卢旺达武装部队军事实力占上风，他想要确保安全，同时用法国这样实力强大后盾来威慑反叛分子。另外，哈比亚利马纳也担心这些反叛力量可能会随着其国内支持者的加入不断壮大。二是对地缘政治的考虑，布隆迪和乌干达有可能卷入这场冲突，使之扩大成国际冲突，这显然是哈比亚利马纳不希望的结果。通过邀请法国进行干预，哈比亚利马纳向邻国传递了十分明确的信息，即希望邻国不要插手此次冲突，也不要支持图西族叛乱分子。

法国考虑到卢旺达将来的政治形式牵扯到自身利益，立即对哈比亚利马纳的邀请做了回应，派出军队。法国愿意代表卢旺达政府出兵干预有以下几个原因：第一，尽管卢旺达已不再是法国的殖民地，但法国和讲法语的非洲国家很可能在未来有紧密联系，倘若如此，法国就能控制非洲的很大一部分。这就是殖民留下的遗产。正如普鲁涅尔（1995）指出的那样，法国一直将非洲看作"自家的后院"，同时觉得自己在非洲事务中犹如"一只老母鸡，身后跟着一窝听话的小黑鸡"[①]，这些小黑鸡需要照顾。法国一直支持那些和它拥有共同的历史、经济、政治、文化和殖民历史的国家。法语作为非洲大陆的通用语（lingua franca）也增强了法国的这种态度，在法国和其前殖民地团结起来应对共同的"威胁"中起到决定性作用。这种"威胁"即盎格鲁—撒克逊的语言和政治影响。

现实政治（Realpolitik）是法国为卢旺达提供帮助的第二个重要因

---

① Prunier, G. 1995, 103.

素。克林霍夫（Klinghoffer）(1998)和普鲁涅尔（1995）都指出历史上法国人一直在与盎格鲁—撒克逊的影响做斗争，从与英国的百年战争开始，到拿破仑时期，再到美国人占领加拿大，①以及二战之后的余波、戴高乐的"宏伟政治"，还有"英国佬"的影响。主要是法绍达综合征（Fashoda syndrome）②驱使着法国关注非洲。③乌干达由于官方语言是英语，且图西族人口众多，尤其总统还是穆塞韦尼，所以在长期以来法语占主导地位的大陆上，被视为"盎格鲁—撒克逊化"进程的前沿阵地。乌干达的很多高级领导人，包括后来的总统保罗·卡加梅（Paul Kagame），都曾经在英国或美国接受过军事训练，这被视为"盎格鲁—撒克逊化"更进一步的发展。

法国愿意帮助卢旺达应对危机的另一解释，是法兰西民族从18世纪法国大革命继承了传统，以及1959年卢旺达"社会革命"与法国大革命相似。二者的相似之处在于两国都有被压迫的阶级，法国有雅各宾派的起义，卢旺达有胡图人反抗保皇主义者和图西人的暴政④。普鲁涅尔（1995）指出"在卢旺达，法国军队就像1792年反抗普鲁士和'侨民'（这里指流亡在乌干达的图西族难民，即'爱阵'成员）一样"。⑤由此法国的道义责任延伸到了国外：出于他们的革命传统，法国认为自己应当帮助哈比亚利马纳政府。

法国干预还有强烈的个人因素包含其中。卢旺达爱国战线袭击的当天，哈比亚利马纳就电话联系了法国总统弗朗索瓦·密特朗（François

---

① Here: the "Yankees".
② 1898年，马尔尚（Marchand）上尉率领的法军与基奇纳（Kitchener）勋爵率领的英军在法绍达（Fashoda）的一个小村庄附近发生冲突，险些引发又一场欧洲战争（见：Bates, B. 1984. Encounter in the Nile: The Fashoda Incident on 1898. London: Oxford University Press）。
③ Prunier, G. 1995, 102-112 and Klinghoffer, A.J. 1998, 14.
④ Lemarchand, R. 1970. Rwanda and Burundi. New York: Preager.
⑤ Prunier, G. 1995, 112.

Mitterrand），弗朗索瓦·密特朗承诺给予支持。这一承诺在不到三天的时间里就兑现了。当时，总统之子让·克里斯朵夫（Jean-Christophe）在总统府监督非洲事务，他是哈比亚利马纳的好朋友。卡克文泽尔（Kakwenzire）和卡姆卡玛（Kamukama）（1999）说，小密特朗在卢旺达有一片种植园，并且与卢旺达胡图政府有军火交易。[1]两国政府间的私人关系促成了法国迅速出兵卢旺达，也促成这两位领导人极力保护他们的共同利益。哈比亚利马纳清楚，法国会为了维护在非洲的势力而支持他的政权。

卢旺达爱国战线首次袭击后的3天内，150名法国士兵从中非共和国前往卢旺达。150这个数目似乎微不足道，但是法国出兵代表了对卢旺达政府的支持。比利时和刚果也支持了干预行动，但都迅速撤兵了，因为前者受到国内政治压力，而后者的干预缺乏成效。为了赢得法国更大的支持，引诱法军与叛乱者正面交锋，哈比亚利马纳伪造了一场图西族对卢旺达首都基加利的进攻，将局势变得更加戏剧化。此举使他从法国大使那里获得了预期的信任和支持。然而法国在卢旺达表现得相当低调，他们的干预行动在地理上仅限于首都。在首都，他们"负责保卫机场警卫和物流……看管政府的直升机，在必要的时候使用这些飞机，安排火炮定位同时弹药供给，保证无线电通讯"[2]。这些行动并不足以将叛乱扼杀在萌芽阶段。很快，法国军事小分队的人数增加到600人，在抵抗卢旺达爱国战线的进攻中发挥重要作用，却未完全摧毁它的作战能力。

由于法国的干预，"爱阵"的行动于1990年11月告终，"爱阵"被迫撤退到乌干达的山区，哈比亚利马纳的政权保住了。法国的目标从来不是压迫或完全清除图西族，又或者是战后建立种族主义的准军事部

---

[1] Kakwenzire, J. and Kamukama, D. 2000. The Development and Consolidation of Extremist Forces in Rwanda 1990-1994, in The Path of a Genocide: The Rwanda Crisis from Uganda to Zaire, edited by A. Howard and S. Astri. Transaction Publishing, 83.

[2] Prunier, G. 1995, 110-111.

队,所以法国的干预更为合乎道德。相反,在"爱阵"退回他们位于乌干达的据点之后,法国顾问曾经敦促哈比亚利马纳为国内稳定创造良好的政治环境,建议他实行分权制度,推行行政改革,允许所有公民参与卢旺达的政治。

法国军事行动之后与哈比亚利马纳进行了政治和外交对话,国际社会也不断施压,卢旺达由此开始了以民主为目标的改革,试图缓和国内的民族矛盾。1991年中期,哈比亚利马纳通过了新宪法。新宪法提出了多党制的展望,设立了总理办公室,总统任期不得超过连续两届,每届5年,同时采用立法、司法和行政三权分立的制度。这一举措立即得到了国际社会的支持。世界银行为卢旺达提供8000万美元的贷款,"帮助解决长期以来的经济问题,平息由于'爱阵'入侵而导致的紧张的政治局势"。而法国赠予卢旺达1360万美元用于购买必需的进口商品。①

但是图西族继续受到压迫,使得改革在很大程度上止于形式,收效甚微。从"爱阵"进攻一开始,哈比亚利马纳就试图把这一攻击展现为以恢复图西族执政为目的的内部斗争。这进一步刺激了政府里的胡图族人,"爱阵"失败后,接踵而至的是对图西族人和思想开明的胡图族人更大规模的歧视。他们在国内随处逮捕图西族商人、老师、神职人员,指控这些人和"爱阵"为伍。为了提高压迫反对势力的效率,哈比亚利马纳建立了训练有素的武装力量"敢死队",即所谓的"联攻派民兵(Interahamwe)"和"唯一目标派民兵(Impuzamugambi)"。这些人被灌输了对图西族的民族仇恨,②也正是他们进行了后来大部分的杀戮。

---

① Rwanda Chronology, University of Southern California, School of International Relations [Online]. Available at: http://www.usc.edu/dept/LAS/ir/cews/database/Rwanda/rwanda.doc [accessed: May 7, 2009].

② Robbins R.H.(1999, 2002). Global Problems and the Culture of Capitalism. Allyn and Bacon, 271-272.

联合国干预（联合国卢旺达援助团第一期干预行动）

卢旺达政府与"爱阵"的谈判于1993年2月开始至8月结束，历时7个月。双方最后于1993年8月4号签订了《阿鲁沙和平协定》（Arusha Agreement），协定内容主要包括四个方面，是双方在不同时期达成的共识：停火（1992年7月），分享权力（1992年10月以及1993年1月），难民回国（1993年6月）和军队整编（1993年8月）。协议是为了阻止图西族与胡图族的冲突，后来却成为卢旺达新冲突的开端，也是进一步干预的主要法律依据。一些非洲国家担心该地区的安全局势，试图直接参与到干预进程中。尼日利亚、塞内加尔、马里和坦桑尼亚成立了"中立军事观察小组"。该小组由于行动能力、资金和人员有限，未取得任何成效。

卢旺达国内政治形势不稳定，而胡图族内意见不一，导致《阿鲁沙协定》在国内的实施受到阻碍。一方面，是温和派的胡图族人，他们支持进一步谈判；另一方面，是胡图族内极端种族主义激进分子。阻碍《阿鲁沙协定》实施的胡图族人希望在新过渡政府的各个部门中享有更大的权力，尤其是军事方面的权力。此外还有哈比亚利马纳的法国游说团，用法国合作部长马歇尔·迪巴吉（Marcel Debarge）的话来说，他们提倡与哈比亚利马纳创建一条"统一战线"[①]，共同对抗图西族。

为了促进协议的准备和实施，卢旺达和乌干达于1993年2月向联合国提出申请，请求在两国共有的150公里的边境线上部署联合国中立军事观察团（NMOG）（Neutral Military Observer Group），防止该地区被用于军事用途，尤其是军火交易。为了遵守《阿鲁沙协定》的相关规定，1993年6月22日，联合国第846号决议决定成立乌干达—卢旺达观察团（UNOMUR），总部设在乌干达西部城市卡巴莱。该观察团第一阶段包

---

① Prunier, G. 1995, 178.

括81名观察员,他们来自孟加拉、博茨瓦纳、巴西、匈牙利、荷兰、塞内加尔、斯洛文尼亚共和国和津巴布韦。①

一个月以后,这支代表团更名为联合国卢旺达援助团(联卢援助团,后来被称为联卢援助团第一期),并得到指令"创建并维持一个有利环境以保证过渡政府的成立以及随后的运行"。②联卢援助团第一期干预的主要职责是确保基加利的安全,监督完成《阿鲁沙协定》的规定,向联合国报告未遵守协定的情况,促进难民和国内流离失所者的遣返工作。援助团还负责协调其他联合国机构的人道主义救援。参与第一期干预的援助团成员包括来自孟加拉、加纳和比利时的2539名军事人员,其中有前乌干达—卢旺达观察团和联合国中立军事观察团(NMOG)的成员。

联卢援助团第一期部署两个月后,联合国秘书长布特罗斯·加利强调了该团的成功,称其"是该地区稳定的因素之一,在信心建立机制中发挥着重要作用"。③联卢援助团第一期尽管取得了进展,但却不能有效地使交战双方停火。④而停火并不在这次行动的使命当中。行动的使命远比停火简单,包括监测和报告协定的执行情况。从道义角度看,普鲁涅尔(1995)认为联卢援助团第一阶段有限的军事实力"毫无作用,因为行动的使命阻止他们进行干预"。⑤虽然人们注意到联卢援助团的存在,但是他们的存在反而加深了人们的绝望。联卢援助团第一阶段不是为了

---

① The UN Security Council Resolution #846. 1993, New York [Online]. Available at: http://www.un.org/Docs/scres/1993/scres93.htm [accessed: May 7, 2009].

② The UN Security Council Resolution #872. 1992, New York [Online]. Available at: http://www.un.org/Docs/scres/1993/scres93.htm [accessed: May 7, 2009].

③ UNAMIR official website [Online]. Available at: http://www.un.org/Depts/dpko/dpko/co_mission/unamirFT.htm [accessed: May 7, 2009].

④ Kuperman, A.J. 2001. The Limits of Humanitarian Intervention. Genocide in Rwanda. Washington, D.C.: The Bookings Institution Press, 40.

⑤ Prunier, G. 1995, 261.

维护和平,它的行动目标仅限于"执行《阿鲁沙和平协定》,包括建立过渡政府"。①在这样的使命下,任何与交战双方的直接冲突都被排除在外,也不能在双方之间建立缓冲区来阻止暴力事件的发生。虽然此次行动被限制在一定范围内,但是如果以完成行动计划而不是结束战争为标准的话,联卢援助团第一阶段依然十分成功。在如执行《阿鲁沙协定》的过程中,参与各方积极合作。正如联卢援助团报告中所陈述,尽管有时候在军队构成等方面出现争议,但是卢旺达政府和"爱阵"两方的代表都"向对方和联合国表达了友好与合作的态度"。②

就在《阿鲁沙协定》开始高调执行后不久,国内爆发多起悲剧事件,严重影响了和谈结果的实施,威胁到协议的实施,点燃了双方的冲突。首先是卢旺达出现强大的游说团,极力反对《阿鲁沙协定》,排斥图西族人。掌权的胡图政府内部严重分歧,温和派支持和平协定,而"鹰派"渴望清除图西族。精英们意见分歧,不仅反映在协商过程中,也反映在协定执行中。过渡政府和过渡国民大会没有建立起来,主要原因是政府内现存的各派别对过渡政府的组成意见不同:到底给图西族多少个席位仍悬而未决。

接下来毫无关联的两起事件对卢旺达国内冲突的再次出现有着严重影响。第一起是布隆迪的胡图族总统梅尔基奥尔·恩达达耶(Melchior Ndadaye)于1993年10月被图西族极端分子和胡图族反对派杀害。刺杀引发了布隆迪的国内冲突,导致5万人死亡,约30万胡图人逃亡至卢旺达③,另外约15万图西族人在布隆迪国内流离失所。刺杀行动及其引发的冲突大大加深了卢旺达国内的反图西情绪和对图西族的仇恨。

---

① Klinghoffer, A.J. 1998, 47.

② UNAMIR official website [Online]. Available at: http://ww.un.org/Depts/dpko/dpko/co_mission/unamirFT.htm [accessed: May 7, 2009].

③ Commission Internationale d'Etiquête sur les Violations des Droit de l'Homme au Burundi depuis le 21 Octobre 1993. 1994. Rapport final, Brussels.

第六章　卢旺达（1990—1996）：大屠杀中的胜利

另一不幸的转折事件是1994年4月6日，哈比亚利马纳会见乌干达总统穆塞韦尼后，返回的路上遇刺。与他共同乘坐法国"猎鹰"飞机的还有布隆迪新当选的胡图族总统西普里安·恩塔里亚米拉（Cyprien Ntaryamira）。这次空难究竟是何人所为，人们众说纷纭，[1]最有可能的一种观点是胡图族好战分子因为反对《阿鲁沙协定》的实施，害怕哈比亚利马纳成为胡图族的叛徒而进行了暗杀。哈比亚利马纳之死引发了"卢旺达大屠杀"。联攻派民兵立即发动了大规模种族清洗，针对的是图西族人以及不支持激进民族主义立场的胡图族人。卢旺达总理阿加特·乌维柳吉伊马纳（Agathe Uwilingiyimana）连同10名比利时蓝盔部队成员也在大屠杀中遇害。这一事件迫使比利时政府重新考虑其在多国干预中的角色，最后由于强大的国内压力不得不从联卢援助团第一期行动中退出。

随着比利时的撤退，联合国安理会担心其部队会成为民族间暴力行动的目标，并没有增加在卢旺达的行动，加大军力来执行和平，而是决定进一步将联卢援助团第一期行动的人数减少270人。[2]从这一举动可以看出国际社会缺少拯救卢旺达民众的意愿，也向联攻派民兵发出了清晰的信号，即他们可以随意铲除图西族。留下的观察员的任务是充当中间人，"在双方试图达成停火协议时（充当中间人），在切实可行的范围内协助恢复人道主义救援，检测卢旺达的状况"。[3]预计世界上几个主要国家都不会做出更多军事投入，壮大联合国的力量，因此联合国也无法完善此次行动的使命，以阻止对平民的屠杀。几个财政和军事上的大

---

[1] 普鲁涅尔针对谁是杀害哈比亚利马纳的凶手展开了大量思考："爱阵"、胡图族极端分子、雇佣杀手（见：Prunier, G. 1995, 213-229）。

[2] The UN Security Council Resolution #912. 1994, New York. [Online]. Available at: http://www.un.org/Docs/scres/1994/scres94.htm [accessed: May 7, 2009].

[3] UNAMIR official website [Online]. Available at: http://ww.un.org/Depts/dpko/dpko/co_mission/unamirFT.htm accessed: May 7, 2009].

国都有自己的问题：俄罗斯正忙于在车臣的战争，而美国，用克林霍弗（1998）的话来说，"不愿意冒险将自己的维和人员派到不会停火的冲突中去"，①尤其是经历了在索马里的惨痛教训之后。

联合国监测显示，卢旺达政府军和来自乌干达的"爱阵"仍然经常在基加利发生武装冲突，且两者被指控有进一步屠杀平民的计划。尽管如此，1994年3月17日，加利（Ghali）还是通过了联合国第918号决议，其中包括关键的两点：增加5500名观察员到有限的联合国军力当中，更重要的是，将保护平民列入行动使命之内。②虽然新决议允许联合国军队在自卫的情况下开火，但行动使命中依然看不到缔造和平的因素。联合国干预的主要任务还是确保《阿鲁沙协定》的执行。

联合国向卢旺达增派军事人员的同时，正好遇上"爱阵"大举前进。到1994年4月中旬"爱阵"已经接近基加利。这时候"爱阵"的构成已有了明显的变化：尽管叛军中身居要职的"乌干达核心"还在，此时它招募人员的要求已经不那么严格了，招收了躲避"胡图力量"（Hutu Power）迫害的新来的逃亡者。第二，"爱阵"现在也接收从邻国布隆迪逃亡而来的图西人。1993年10月，图西族伞兵在布隆迪发动军事政变失败，一些图西族人因恐惧遭到迫害而逃离了布隆迪。这些图西人也对布隆迪的胡图族怀有深深的怨恨，他们憎恨的对象甚至是包括卢旺达的胡图人在内的所有胡图族人。现在除了将战争看成是政治而非种族引起的灾祸的人，"爱阵"还有一大批新加入的图西人，他们对胡图人怒不可遏，极力想报复那些杀害他们亲人的人。

"爱阵"的壮大对占领区的人口带来的影响，总体上是负面的。很显然，虽然胡图人没有都参与对图西人的大屠杀中，也被卢旺达爱国军"解放"了。这里非常有必要区分两个团体：一边是正在进军的图西

---

① Klinghoffer, A.J. 1998, 51.
② The UN Security Council Resolution #918. 1994, New York. [Online]. Available at: http://www.un.org/Docs/scres/1994/scres94.htm [accessed: May 7, 2009].

族,另一边是胡图掌权政治家、受其派遣的联攻派民兵以及普通的胡图人。随着"爱阵"的壮大,普通的胡图人就有可能成为受害者。

法国干预

过渡政府尽管想要阻止这场针对图西人的屠杀,却没有起到丝毫作用。局势相当紧张,"爱阵"接连占领各地区。眼见"爱阵"迅速挺进,联合国需要防止另一场种族清洗,这次种族清洗的对象是胡图族。为此,联合国需要考虑安理会冗长的决策过程,快速派兵至卢旺达。安理会成员中,法国乐于派兵前往卢旺达进行保护、维和活动,旨在扭转自1990年参与干预留下的不佳形象。该地区急需"缓冲地带"以有效地拯救人们的生命。鉴于法国在该地区长久以来的利益,并且有了一次在卢旺达干预的经验,法国便自愿为撤退的"爱阵"士兵和"胡图力量"平民提供庇护。

法国自1990年10-11月首次参与卢旺达事务后,没有积极地参与卢旺达冲突的解决。一方面,法国十分乐于维持对卢旺达事务的参与,至少在文化层面上,重建在讲法语的非洲地区的权威。"爱阵"进军之时,法国一方面想扭转其胡图族支持者的形象,另一方面又要防止"爱阵"对胡图族实施暴行。为了维护其和平缔造者形象,法国不能与叛军发生直接冲突,因为叛军很可能会成为卢旺达未来的国家领导者。因此,法国并不打算组织大规模的军事活动与图西人对立。另外,武装冲突会给法国军队带来伤亡,可能削弱法国在该地区的影响力,无论是在法国国内还是在卢旺达,都有损其超级大国形象。

这些考虑因素使得法国政府深陷泥潭:一方面担心一旦与"爱阵"交战,会带来不良后果,另一方面又出于道德考虑,不希望恢复"胡图力量"。按照克林霍夫的说法,法国除了缔造和平之外,感兴趣的是进行一次短期的人道主义干预,以消除之前在哈比亚利马纳一事上的惨败造成的国内外对法国的不利舆论。^①在这种情况下,法国所要做的就是谨慎地来一次挽回颜面的实力炫耀,把失败的责任转嫁于联合国。首相巴拉迪尔(Balladur)甚至将此次干预描述成"旨在终止屠杀的道德行为",并且声称"不涉及法国战略利益"。[②]根本上,法国是为了保护自己,免遭在派系流血冲突中不挺身而出,保护好曾经的殖民地的指控。然而,法国的此次干预也许是出于一种道义责任——也许不是从人道主义本身以及屠杀造成的图西受害者角度出发,但至少是从"胡图力量"的角度出发,法国曾在哈比亚利马纳时代支持"胡图力量"。

6月,密特朗总统正式请求联合国安理会的指令,很快,联合国就依据《联合国宪章》第七章的规定,下达了联合国第929号决议。根据指令,法国在执行任务中必须坚持人道主义的本质;法国必须确保安全,保护难民和危难中的平民,更确切地说,法国在缔造和平过程中,可以与交战方发生武装冲突。[③]法国部队允许在卢旺达最多停驻两个月,直至联合国卢旺达援助团第二阶段(UNAMIR II)部署完成。联合国指定以上任务,并限制法国行动时间,是出于两种担忧:联合国指定的干预可能会遭受人员伤亡,尤其在时间延长的情况下;最坏的可能就是,军事行动可能失败,这样联合国作为一个全球组织,其声誉将毁于一旦。

法国"绿松石行动"派遣部队规模巨大:有来自法国和一些非洲国家(塞内加尔、毛里塔尼亚、埃及、几内亚比绍、乍得和尼日尔)的大约2550名士兵,还有100辆装甲车,一批海洋迫击炮,10架直升机,12架战斗轰炸机。无论是热烈欢迎大规模部队到来的胡图人,还是日益壮大的图西人,对他们来说,"绿松石行动"都是一场真正的军事实力

---

① Klingoffer, A. J. 1998,82

② Klingoffer, A. J. 1998,84

③ The UN Security Council Resolution #929.1994, New York. [Online]. Available at: http://www.un.org/Docs/scres/1994/scres94.htm [accessed: May 7, 2009]

展现。鉴于这些具有威慑力的军力在胡图人与图西人之间形成缓冲,也出于担心遭受损失,"爱阵"决定见好就收,不挑衅法国。"爱阵"通过惩罚种族灭绝罪犯人,急于在国内外树立良好形象,避免"图西复仇者"的形象,而是卢旺达真正的"民主创造者"和人权保护者。这使得"绿松石行动"在实行中成为不流血运动,避免了人员伤亡。因此,没有准备好与无敌法国军队作战的"爱阵",被"绿松石行动"阻止了前进的步伐。法国的干预为前任政府的士兵、因卢旺达爱国阵线进军而逃亡的平民提供了庇护,甚至帮助他们离开卢旺达。[①]所有这一切卢旺达爱国战线都看在眼里,却无能为力,只能接受法国的参与。然而,尽管法国参与其中,反叛者的军队最终占领了基加利,结束了卢旺达大屠杀。

联合国干预(联合国卢旺达援助团第二阶段)

法国军队成功分开敌对双方后,被逐步发展起来的联合国卢旺达援助团第二阶段的派遣队代替。这次新联合国行动的主要任务是"确保卢旺达西北部和西南部的安全与稳定;稳定、监督卢旺达各区域的局势,鼓励流离失所的人民重返故乡;维护卢旺达境内人道主义援助的安全,并为之提供支持;通过调停斡旋,促成卢旺达全国的和解"。[②]联合国卢旺达援助团第二阶段的另一项任务是在人权领域,监测地区警察、宪兵、民间团体的活动,同时还要保护在阿鲁沙的国际法庭工作人员。该国际法庭于1994年11月根据联合国955号协议内容而建立。援助团有专门

---

① 许多学者表示,法军的干涉不仅对联攻派民兵、政府有利,而对胡图族平民和所有说法语的人们都有利。见:Omar, R. And de Waal, A. 1995 Rwanda: Death, Despair and Defiance. London: African Rights. 1145-1146 and Destexhe, A. 1995 Rwanda and Genocide in the Twentieth Century. New York: New York University Press, 54.

② UNAMIR official website [Online]. Available at: http://www.un.org/Depts/dpko/dpko/co_mission/.htm [accessed: May 7, 2009]

的训练单位——联合国民警部队（CIVPOL），用来训练卢旺达警察。联合国援助团第二阶段的另一个重要内容是国家重建项目；在此框架下，联合国开始运营一家无线电台，通过三种语言的播放，呼吁国家和解。

联合国卢旺达援助团第二阶段除了卢旺达本国，也活跃于其邻国，主要是刚果，那里聚集着两边的难民。联合国卢旺达援助团第二阶段的维和人员保护难民营，防止胡图叛军闯入这片营地和其他地区。为了更有效地保护难民，保证卢旺达不受胡图反叛者从外部发动的攻击，联合国采取了一项独特的措施：延缓对卢旺达的武器禁运，但对其他国家禁运仍有效。因此，就减少了"难民作为军事行动的一部分回国的可能性"。①

其中一个联合国卢旺达援助团第二阶段干预成功的例子就是吉孔戈罗地区（Gikongoro region）的基贝霍（Kibeho）难民营。卢旺达政府害怕难民营窝藏前联攻派民兵，对新政府造成安全威胁，因此关闭了7所难民营，仅存1所。基贝霍大约有8万名国内流离失所者未被难民营收容，他们在山上待了5天，没有食物，空间拥挤，卫生条件极差。在这种情况下，联合国援助团立刻转送流离失所者，组织伤员收集工作，并提供医疗急救。联合国救助团第二阶段还将伤病人员撤离转移至附近布塔雷市的医疗机构进行治疗。联合国援助团第二阶段框架下，另一成功的人道主义援助是联合国世界粮食计划署向4.2万人发放粮食。其他的援助活动包括联合国难民事务专员进行的医院与健康中心的重建活动，世界卫生组织与联合国人口基金会组织的卫生培训计划，联合国儿童基金会执行的供水工程以及联合国儿童基金会对2000名举目无亲的未成年人的帮助。②

联合国成立了由113人组成的、涉及11个派出机构的卢旺达人权实地

---

① Klinghoffer, A. J. 1998, 69.

② UNAMIR official website [Online]. Available at: http://www.un.org/Depts/dpko/dpko/co_mission/unamirFT.htm [accessed: may 7, 2009]

行动团（HRFOR）(Human Rights Field Operation in Rwanda)，旨在通过采取重建人民信心的举措实现国内和解的目的。卢旺达人权实地行动团对大屠杀以及其他严重违反人权的行为进行调查；建立人权领域的综合派出机构，监测当时的人权状况；开展促进人权的运动，比如重建卢旺达人权教育司法机构。该组织的另一项重要任务是，在遣送难民回国和重新安置国内流离失所者时做到保护人权。卢旺达人权实地行动团还对国家监狱的情况进行监控，并且帮助卢旺达重组国家和地方级的司法系统。

经过6个月的部署，联合国卢旺达援助团第二阶段的活动达到顶峰，当时的维和人员和军事观察员达到5740人。同时，联合国开始逐渐减少对卢旺达事务的参与，但是仍参与当地的一些活动，如"帮助进行人道主义援助的分派工作；帮助难民回国，重新融入该地生活；提供工程、后勤、医疗和扫雷方面的援助和经验……"[①]联合国卢旺达援助团第二阶段逐渐减小行动规模，并随后进行人员撤退有两个原因，首先，冲突结束后卢旺达实现了整体上的政治稳定。而"爱阵"则迅速开始建立联合政府。胡图族分配到很多政府行政职位，作为民族间团结和原谅的表现，但实权还是落在"爱阵"手中。卢旺达逐渐走上了正常国家的道路，而且还中止了武器禁运。联合国决定该国应该依靠自己的军事实力了。

另一个使得联合国退出干预的原因是联合国内部长期的财政问题。同时，世界其他地区冲突此起彼伏，需要联合国立即采取措施。卢旺达新政府倒是希望脱离联合国的干预。卢旺达领导人曾就1994年4月联合国援助团的撤军表示反对，并谴责国际社会一步步纵容胡图人针对图西人的敌对行为。现在，冲突结束了，卢旺达政府不再需要联合国。卢旺达

---

① UNAMIR official website [Online]. Available at: http://www.un.org/Depts/dpko/dpko/co_mission/unamirFT.htm [accessed: may 7, 2009]

政府深恶痛绝地说，联合国没有设法阻止大屠杀。新政府还抗议联合国人道主义援助偏袒胡图难民的"不公正"行为，因为在新政府看来，这些难民是大屠杀的元凶，援助应该用来支持国家发展。

卢旺达政府对联合国的愤怒不满最重要原因在于联合国授权法国干预。在"爱阵"看来，法国的干预偏袒胡图犯罪分子并庇护他们逃离新政府。"爱阵"注意到法国对胡图人的庇护。阵线军事领袖与卡加梅（Kagame）评价联合国总体行动与法国干预时说道："他们沐浴着阳光，烧着燃料，什么也没做，就得到了创造和平环境的功劳。我们不接受这种事，我们很高兴他们走了。"①

联合国于1996年4月19日结束对卢旺达的干预。联合撤军时，新政府同意在卢旺达建立联合国办事处，协调人道主义援助，监控侵犯人权现象以及进行进一步的建设和平活动。

对干预的分析

自20世纪90年代初，在卢旺达境内一共有四次干预行为。法国与联合国先后分别进行了两次干预。虽然干预仅有的目标都是结束冲突，但是双方干预的原因不同。法国的第一次干预，是作为一个国家单独的行动，旨在结束"爱阵"攻击，并解救哈比亚利马纳政权。后来的"绿松石行动"，尽管没有得到安理会的一致通过，但是代表国际社会的授权行动。此次干预的目标是防止随着"爱阵"的进军，会引发进一步的人道主义灾难，图西人会对所有逃亡中的胡图人进行疯狂复仇。

从总体上说，两次法国干预的直接后果与他们的最初目标相吻合。法国在1990年的干预，并没有计划完全消灭"爱阵"反对派。不到5年的

---

① Interview with Paul Kagame in The Newsweek, International edition, 1996. April 1, CXXVII/12:54.

时间里(按照干预的和平中心论方法),"爱阵"又卷土重来袭击胡图政府。明显的证据是,"爱阵"组织甚至在被迫退回乌干达后还仍未停止对卢旺达领土的小范围攻击。法国并没有计划发动大规模军事行动来彻底消灭"爱阵"。法国的干预并没有深入到该冲突中,目标也十分有限。法国军队从未与"爱阵"进行面对面的交战,而是为卢旺达军队提供其他重要支持:提供训练有素的卢旺达武装部队高级军官,保护哈比亚利马纳的人身安全,为卢旺达武装部队提供科技设备与技术支持。法国所派的士兵数目也是一项证据:在1990年的第一次干预中,法国首先派出了150人,随后又增加到600人,以很少的兵力取得了对"爱阵"的胜利。法国士兵数量最多时也仅占4000"爱阵"士兵的15%。

而且,要想完全摧毁"爱阵",法国需要派兵至"爱阵"的主要根据地——乌干达。这会使第三个国家卷入这场国与国之间的战争,将使法国的干预不仅变得更为复杂,而且需要付出更多的时间和成本,还会降低成功率。法国想到了这种状况,不想过多地陷入卢旺达国内的境况,也不想作为外部力量保证该地区的和平。除了纯军事方面的行动,为深入干预,还需法国提供大量经济支持,使干预得以继续。同时,法国军队在卢旺达的长期驻扎以及在别国可能采取的军事行动会使这次干预在国际上得到越来越多的关注,也会使得法国士兵成为媒体的焦点。最后,延长干预会无可避免地增加国内反对意见,对舆论有消极影响,为法国实现干预目标施加更多的压力。

法国派兵不多,但训练有素,装备精良,给图西反叛者造成巨大的威胁,为政府军队打败图西反叛者做出了重要贡献。法国是个大国,至少在非洲国家看来如此,这进一步加强了法国干预的影响力。与交战双方相比,法国拥有最新的军事技术,军队的训练与装备方面更加完善,军队拥有的战略思维是刚组建的图西军队所没有的。同时,法国能够快速调动资源,部署军事人员。

避免与反对势力的直接冲突也是"绿松石行动"成功的原因之一。

公开交火会对第三方干预整体上产生不利影响。国内反对派会质问此次国家行动所消耗的人力、财力，国际社会也会质疑是否有必要直接参与冲突。步步为营的"爱阵"谴责法国支持联攻派民兵，并且声称在法国控制的领地上图西人被杀的情况没有停止，即使这样，"爱阵"也没有公开挑衅法国军队。尽管因1990年被卢旺达武装部队与法国军队的联军打败而愤恨，尽管因为法国替哈比亚利马纳政府与"胡图力量"游说而深感不满，"爱阵"并没有直接挑战法国的干预。同时"爱阵"想要塑造强大的军队形象，是出于政治目的而非民族的考量。军队中的几个重要任务是胡图人（比如第一个战后总统巴斯德·比齐蒙古①），反叛军队的部分士兵也有逃离迫害的温和派胡图人。"爱阵"希望告诉国际社会，他们解决冲突的措施是公平的、经过权衡的，他们无意消灭胡图人，而是要让那些直接参与大屠杀的人下台。

第一次法国干预的另一个成功原因在于法国作为一个独立行为体，把握住了干预的时机：法国在战争伊始便开始干预。法国军队在冲突当地的迅速部署阻止了敌对势力前进。"爱阵"本就组织欠妥、行动时忙乱无序，因此其行动缺乏成效。"爱阵"并不具备必要的军事资源，以有效打击卢旺达武装部队，而法国在冲突一开始就进行的干预对冲突的发展影响深远。

实际上，趁早干预对象国也促使了法国干预的成功。从战术上讲，当一个军事团体占据了某块领土时，这块领土就成为支撑继续进攻的经济要塞。该军队会利用所占有土地上的现有资源——食物、牛、燃料等，以维持军事行动。军队还会通过亲戚关系或感情共鸣等，在刚刚攻下的地盘招募士兵。在法国的干预中，"爱阵"没有机会攻占大面积的领土，所以他们的军队战斗力被削弱了。因此，这种时机的观点可以升华为：一旦冲突进入相持阶段，早早进入战场能减少双方的人员伤亡。

---

① Pasteyr Bizimungu

最后一个促使法国单边干预成功的因素是法国支持的对象。法国向冲突中较强的一方提供援助。当时的卢旺达政府比"爱阵"军队实力强很多,法国对其提供帮助,很大程度上决定了第一次法国干预的胜利。在卢旺达胡图人占人口大多数,政府也大部分由胡图人组成,并且军事实力强于"爱阵"。同时,卢旺达武装部队拥有足够的资源来压制"爱阵"军队,法国军队的加入不仅提高了军队的斗志而且还传达了这样一个潜在的信息:假设政府军被"爱阵"打败,考虑到法国的实力,考虑到法国会为了维护其国际声望,法国会毫不犹豫地向反叛军开战。

军事和科学技术优势也是"绿松石行动"成功的一个因素。相较于卢旺达爱国阵线,"绿松石行动"有明显的行动上和军事上的优势。如果没有法国的干预,以及随后联合国卢旺达援助团,鉴于"爱阵"内部人员的变化、大屠杀受害者的痛苦记忆、人们纷纷逃往布隆迪,局势也许会变得更加严峻。因此,法国军队保护了当地120万人民。用普鲁涅尔的话说,那些难民"如果担心现状将要改变,会随时逃向其他地方"。[①]

如果从时间长短的角度分析,正如第一次单边干预,"绿松石行动"的成功也部分归因于干预及时。正当"爱阵"实力增强、占领一个又一个城市时,法国开始干预。当时的局势可能上升为一场图西人组织的大屠杀。一旦发生大屠杀,要想终止双方冲突便难上加难。而正是法国的尽早干预,挽救了成千上万人的性命,也告诉图西人,避免直接冲突。

从提供支持的方向看,"绿松石行动"本质上是一项国际社会授权的中立的干预任务。法国第二次干预的成功很大程度上取决于它是联合国授权的任务,使这次干预具有道德伦理层面的倾向。这使得法国在干预行动中有了中立的观点,尽管"爱阵"认为法国并不中立。然而,"爱阵"知道"绿松石行动"是联合国干预的一部分,在他们看来,如

---

① Prunier, G. 1995, 299

果法国与"爱阵"为敌，公开支持胡图族进行大规模军事活动，安理会其他成员国一定会立即阻止。考虑到负面的国际舆论蔓延，"大屠杀"一词频繁出现，如果法国与"爱阵"交战，联合国此次授权行动将会陷入危机，法国也会被视为敌对的干预者。

干预被纳入联合国的庇护之下，使图西人意识到，与法国爆发战争，就是反对联合国。这一点将有利于干预。联合国清楚地意识到图西人对法军的不满情绪，因此，为了防止进一步流血冲突，联合国授权法国行动，也让其他成员国参与干预，以此向图西族人保证整个干预过程的中立性，至少表面上是如此。

还有两次是有联合国的干预，两次干预目标不同。联合国干预的成功，与其他在国际组织框架下的多国联合行动一样，是根据相应的使命来判断的。第一次多边干预，即联合国卢旺达援助团第一阶段，这只是一个观察员团，没有授权直接干预战争，不管是帮助冲突中的一方，还是作为缓冲力量分离斗争的双方。第二次是联合国卢旺达援助团第二阶段，干预增加了缔造和平、国家和解、国家重建方面的目标。联合国没有阻止大屠杀的发生，因为联合国既没有干预的所需资源，成员国也没有一心一意投入干预。和所有因没有能力阻止冲突而受到指责的监测行动一样，人们不应指责联合国未能执行和平，因为其使命中不包括执行和平。

联合国的干预之所以成功，其中最重要的一点，与法国的第二次干预一样，就是它持有的中立立场。联合国对奖励或惩处冲突中的任何一方都不感兴趣，它的干预仅限于维和行动与人道主义援助。中立的干预易于让"胡图力量"与"爱阵"接受，他们无法指责联合国偏袒自己的对手。在这个意义上说，联合国中立的制度安排也促进了法国"绿松石行动"的胜利。"爱阵"并不欢迎法国在卢旺达的干预，但将法国的干预视为必须容忍的联合国行动之一。理所当然，他们认为法国会帮助胡图当权者逃离。然而，当法国的干预受到联合国这个中立、公正的国际机构授权时，图西人不得不信任法国，相信法国的干预不会违背授权行动，不会像1990年法国的第一次干预一样与他们交战。

另一个促使联合国干预成功的因素是联合国采取尽可能少的行动，实现了干预的外化。最初，联合国卢旺达援助团第一阶段的使命只限于监测《阿鲁沙协议》的执行。随后，联合国援助团得到命令，禁止直接介入战争，但维和人员受攻击时可以开火。很明显，缺少人力、财力的援助团没有办法阻止卢旺达的冲突，甚至不能有效地分开交战双方。联合国卢旺达援助团第一阶段的干预目标不是结束敌对状态，按照古勒维奇（Gourevitch）的说法，这一事实在1994年4月21日罗密欧·达莱尔（Remeo Dallaire）的国际电报中有所体现："……5000名装备精锐的士兵放开手脚与"胡图力量"打上一仗，就会很快结束大屠杀的惨剧。没有军事分析员……质疑他的判断，并且很多分析员认定他的判断正确。"[1]然而就在同一天，联合国卢旺达援助团第一阶段的人员减少了90%，达莱尔没有5000名士兵，只剩下270名士兵。这些都说明联合国在行动中遵循的是一种外化的办事方法：联合国在卢旺达境内出现，但从实际干预冲突的角度说，其行动较不易被人察觉。

联合国的这种行为，乍一看不合乎道德，但清楚地表明，即使联合国及其秘书长与安理会，作为参与决策各国的代表机构，确实致力于结束发生在卢的屠杀行为，但他们没有在联合国法律框架下明确行动要结束大屠杀。第二，联合国确实按照所授权行动，仅对当地局势进行监测。如果安理会同意扩大对联合国卢旺达援助团第一阶段的授权，命令其直接与"胡图力量"作战，结束对图西人的屠杀，而援助团没有完成这项使命，那么联合国的干预才算失败。

这一切并没有发生，联合国派遣分队再次遭到削减，行动范围缩小

---

[1] Gourevitch, P. 2000. We Wish To Inform You That Tomorrow We Will Be Killed With Our Families. Picador: Macmillan Publishers Ltd., 153.

了，达莱尔收到清晰的指令，要避免卷入战争。暂且将道德判断放在一边，援助团不能因没有给卢旺达带去和平而遭受谴责，因为这不是联合国的目标。达莱尔自己也信服这样的推理。在加拿大一电视节目中，他坦白道："真正的问题是，国际社会究竟要联合国做什么？……联合国没有武器设备……我们不想与卢旺达武装部队、联攻派民兵武装较量。"①

公正地讲，联合国干预卢旺达冲突的道德问题一直备受国际社会、大众媒体、政策制定者以及非政府组织的关注。达莱尔的问题换言之，就是为什么联合国没有有效地进行干预，阻止双方的厮杀？联合国进行大范围军事干预原则上要根据《联合国宪章》以及大量的维护和平、保护人的生命与尊严的惯例，尤其是1948年通过的《灭绝种族罪公约》。此公约明确规定了怎样的人权侵犯行为算是种族灭绝，该公约还明确了什么条件下要求用武力执行和平。如果卢旺达的局势违反了相关的惯例而被认定是大屠杀，那么联合国的干预任务应当有唯一的目标，那就是结束卢旺达的大屠杀。那时，联合国不仅要口头帮助相关的国家以及这些国家的人民，公开讨论大屠杀的问题，而且要公开其议题和授权，明确申明行动的任务是结束杀戮，为此可果断使用武力对抗犯罪者。

在干预中，经济因素与政治意愿阻止了大规模执行和平行动的授权。美国是联合国干预卢旺达关键的经济支持者。卢旺达冲突爆发正好赶上了联合国与美国在索马里干预失败，鉴于在索马里的行动并不成功，美国很犹豫是否将卢旺达事件定义为大屠杀，因为这将需要相应的投入。在这一点上，古勒维奇清楚地表述了美国的角色："如果运用这个词，就有所承担的义务……如果定义为大屠杀，根据1948年的公约，缔约方须采取行动。而美国不想采取行动，所以美国假装这不是一场大屠杀。"②刚刚从索马里干预失败中摆脱出来的美国，还没有为另一次人

---

① Gourevitch, P. 2000, 170
② Gourevitch, P. 2000, 153

道主义干预做好准备。而这次干预涉及大量暴力行动，需要美国士兵到前线作战。国际社会整体的情况与美国相似，也不想把卢旺达事件定义为大屠杀，也就不用进行干预，阻止屠杀行为。

在卢旺达，对于受害者与联合国来说，一切都出问题了：联合国这一全球跨政府的国际组织，理应作为维护和平与安全的基本支撑力量，竟然为了不援用《联合国宪章》和联合国公约的机制，不将事件定义为大屠杀，从而让那些想要置身事外的成员国节省军事、经济和人力资源。因此，联合国既没有意愿也没有资源以根据公约的规定阻止卢旺达的杀戮。

最后，干预的特定时机也是联合国行动成功的一个因素，尽管干预的时机与单边行动不同。不同于法国的第一次干预与"绿松石行动"，它们的成功大部分归功于干预冲突的时间较早，联合国实现干预的目标则是因为干预得晚。导致这种差别的原因有很多。分开敌对方双所需的法律框架，比如《阿鲁沙协议》，规定了要减少战斗，避免联合国人员直接参与针对冲突中任何一方的军事活动。联合国卢旺达援助团第一阶段没有执行和平的任务，按照卡芒与哈维（Harvey）（2001）的说法，只是为协约提供"组织合法性的认定"。[①]

联合国军队没有直接参与军事行动，更注重缔造和平，而不是执行和平。执行和平行动中一旦有维和人员牺牲，将会对联合国这个机构产生严重影响。联合国在双方敌对状态结束后进行干预，就避免了联合国额外的人员伤亡，并且使安理会内部的决策思想一致。比利时军队的惨遭杀戮，随后比利时就撤出联盟。从这一悲剧就能看出，如果进行干预的成员国士兵遭受攻击，多边干预将变得十分脆弱。所以，有一点很重要：联合国与其他任何国际组织一样，十分注重自身的国际威望。对

---

① Carment, D. and Harvey, F. 2001. Using Force to Prevent Ethnic Violence: An Evaluation of Theory and Evidence, Westport, Connecticut, London: Preager Studies on Ethnic and National Identities in Politics, Praeger 129

于联合国在卢旺达的行动，特别是行动中的军事实力，联合国的声望体现在两点：以最小的人员伤亡，实现干预的授权目标。换句话说，为了干预成功，联合国必须现实一点，甚至保守一点，为行动制定可行的目标。联合国卢旺达援助团第二阶段的缔造和平行动在冲突结束时已经开始，当时卢旺达的其他地区没有出现大规模的军事活动。

结论

卢旺达冲突作为典型的代表案例，体现了学者对成功干预持有的不同看法。比如：法国1990年的干预在里甘的数据库被归为"不成功的"第三方干预，而COW 3数据库甚至不收录卢旺达冲突的外部干预。冲突的结束、敌对状态的消失，即实际上的和平，通常被认为是第三方干预成功的体现，而实际上，这并不符合卢旺达的当时情况。

在思考干预卢旺达的成功与失败时，不可不提对比分析中的重要方法论部分，即观察的独立性。法国与联合国各进行了两次干预，而前两次干预的成功没有对第二次的干预产生影响。如果有，那么第一次干预支持冲突的一方，本应不利于第二次干预的成功，因为冲突的另一方在随后的冲突中明显占有优势。比如，法国在第一次干预中支持"胡图力量"，这就给第二次干预增加了难度。就是说，"爱阵"对法国的第二次干预不怀好感。然而，他们的行为并没有对第二次干预的效果产生不利影响：在两次干预中，法国都实现了干预目标。联合国卢旺达援助团的两次干预也如此：图西族指责联合国在冲突开始时对胡图人的暴行坐视不管，这本该损害联合国随后缔造和平的任务，因为图西族对联合国缺乏信任。

同样促进干预成功的因素是干预方行动的外化。第三方没有深陷冲突，也没有致力于这样做。多边干预也因其行动中立而成功：联合国卢旺达援助团与法国"绿松石行动"避免与战争双方公开对战，尽管"绿松石行动"很可能卷入交战中。虽然法国在第一次干预中明显偏袒并支持执政政府（这也是法国干预成功的另一个因素），他们的第二次行动还是得到联合国的庇护，从而减少了现有或潜在的偏见，在没有伤亡的情况下就分离了交战双方。作为区域超级大国，法国对卢旺达这个国家和胡图这个民族做出了承诺。然而，因法国是联合国这个国际组织的一部分，该承诺得以中立化。另外，该承诺也受到联合国授权的限制。

单边干预与多边干预的成功原因中，不同的是干预时机：前两次冲突因干预较早而成功，后两次干预发生在敌对状态结束后。与单个的国家干预相比，战争导致的人员伤亡对国际组织的影响更为不利，所以除了减少此类伤亡之外，时机对不同的干预方有不同的作用。对于单边干预方来说，在短时间内完成物资调配要比国际组织容易得多，因为国际组织要通过内部各部门，还需要成员国的贡献。就拿"绿松石行动"来说，联合国授权法国，命其迅速干预并防止进一步的敌对行为。这一任务联合国就无法如此高效地完成。

尽管法国与联合国都没有结束冲突，但是他们仍然完成了任务，按照古勒维奇（2000）的说法，他们的"首要任务不是保护当地人民，而是执行指令"。[1]法国与联合国的干预都不能算是失败。总之，卢旺达事件表明，单边干预要想成功，需要在（地区）超级大国的指挥下，快速而强劲地部署军队，同时也要在冲突伊始通过展开快速的小规模部署，来帮助对象国政府军队。而多边干预想要成功，必须严格履行中立的、非战斗性的授权任务。

---

[1]　Gourevitch, P.2000, 289

第七章

成功的干预：时间、地点和方式

第三方在干预过程中所面对的一系列挑战和机遇，促进或是阻碍着干预目标的达成，这些机遇和挑战可以被分为独立但相互关联的三个层面：系统层面（国际层面）、内部次级系统层面（对象国国内环境）和外部次级系统层面（干预方国内环境）。第一个层面上，在为冲突所累的国家中，其冲突发展被由不同国家组成的国际组织所密切关注，同样密切关注这一情况的还有与可能出现的冲突前景利害攸关的特定国家。根据不同情况，干预方可能希望共同干预，也可能代表其所属的更大范围的组织授权一个或多个国家进行干预。就干预方来讲，其行动也会被其他关心对象国事态发展的一些国家所密切监视。这就给干预方带来了更多的压力，因为不同的利益相关国家之间，需要就冲突和干预相关事宜进行讨论，国际社会对特定的第三方活动也需要做出统一反应。

在第二个层面上，发挥作用的是对象国国内的政治环境。行政区划以及不同的政治和族群背景，也会进一步阻碍或是促进干预方的行动，具体要看干预国支持的是哪一方。交战方愿意与外部行为体合作，还是对任何外来干预都持反感态度，不同的情况会将干预引向不同的发展方向。仇恨程度的不同，冲突时间表的不同，具体的军事权力安排，甚至是地理条件不同——这些都会影响第三方的成功几率。如果当地有宝贵的资源，会在很大程度上促使内战各方发起冲突并将冲突继续，也会是外部行为体进行干预的强大动机。族际关系的历史也是解释冲突起源、行动进程、干预起因以及干预成败可能性的一个重要方面。

第三，谁是第三方，其构成成分是什么，干预的形式，他们与对象国的交战各方关系如何，他们的实力与采取的手段以及在国际舞台上持什么立场——所有这些都影响着第三方成功达成干预目标的能力。第三方的国内政治环境对干预目标的成功实施有着重要影响。与反对党的权力斗争，能够在更大范围内影响舆论的其他利益集团和否决者，都有可能会严重破坏政府在国外的行动。干预国的国内政治很大程度上影响着本国是否可以参与联合干预，并在本国实施干预时表现为不容当局忽视的种种势力。由于惧怕负面影响和国内对其干预行动的反对，政府可能会采取更为隐蔽和不透明的行动，而这又会进一步影响最终结果。

本书从案例研究中得出了关于第三方行动有效性问题的结论，分为以下两部分。首先，各种胜负因素所致的综合结果，被分为单边干预和多边干预两种情况来单独说明。所得出的研究结果被进一步分类，以区分哪些变量有助于单边行为体达成目标，哪些妨碍其干预成功。对多边干预也做出了同样的分类。最后，两种干预形式共同的成功标准则以一种类似于态势分析（SWOT）的分析模式进行归纳，来强调第三方在干预过程中可能会面临的优势、劣势、机会和威胁，并且回答最初在认识论上的问题——是什么让有些干预比其他干预更成功。

单边干预的成功因素

干预是要付出高昂代价的，如果说第三方进行干预纯粹是为了拯救深受冲突之苦的人民，未免太过天真。若是认为干预方只关注怎样为他们所支持的一方提供帮助，也一样没有根据。在单边干预，或许只是单边干预中，每个国家的收益和所需费用问题至关重要。除了干预所带来的相当大的国内外政治风险，第三方还面临着经济上的支出，这一费用在干预的讨论阶段甚至都还没想好，并需要有足够的财力来开展同样也具有经济价值的经济和（或）军事行动。

单边干预的性质决定，这些国家跟多边干预国家相比有几个好处。与在国际组织的统领下行动的第三方不同，单个国家基于自己的喜好来做决定，而这些决定，他们可能都不愿跟别国进行讨论，更别说征得他们同意了。因此，相比多边组织，单个国家能在短时间内做出决定并开始干预，在行动上或是战术上做出决定时占有优势，因为他们不必经过复杂而缓慢的国际组织的一致同意，行动前不必得到国际授权。单个国家的军事行动通常也不会受到国际上的密切监控，没有来自别国的军队会监视他们的行动。这就给了单边行为体转移部队和装备的自由，因为他们不必经过多边组织的行动标准化过程，而且能够利用手头的资金更快因而也更有效地达成其干预目标。

不过，单边干预也有其自身的缺点。其中最大的问题在于其成分的单一性，这就意味其在行动上存在偏见。即使单个的行为体做出努力，尽量让其所干预国家的人民和国际社会感觉他们是中立和（或）不偏不倚的，也很少会有人相信。通常情况下，战争双方要么谴责干预方支持他们的敌人，要么责怪他们对自己的敌人惩罚得还不够。行动上的偏见和对干预方的信任因素密切相关，而这种信任的基础，在于干预方提供或是强加的干预结果的制度合法性。多边的第三方能够在公共机构背景下将其所提供的方案合法化，而单边的第三方则不同，他们凭感觉和自己的意志来提出干预方案。这样的信任基础就导致当地人民对其方案接受度比较低：不管单边第三方采取什么行动，其所不支持的一方都会将其视为非法侵略者。

以上单边干预总体上的利弊因素中，有些能够增加其成功的潜能，有些则对其行动的执行不利。在对乍得、格鲁吉亚、索马里和卢旺达冲突的案例研究过程中，总结出了一些有助于提高第三方目标达成能力的因素，这些因素分为以下几大类：支持冲突中较强的一方（不一定就是对象国政府），敌对方所没有的行动优势，干预的时间点（冲突伊始便开始干预）以及行动外化和制度化。

支持较强一方

对所有成功干预所做的统计分析表明，第三方支持冲突方中的哪一方，具有重要意义，即使是就最接近回归模型中那些重要变量的值来说，也是如此。回归分析过程中将第三方支持分为单边和多变两类，并非有意为之——其目的是为了确定所有成功干预中该变量的总体数值。然而，如果单独去看，支持特定交战方就帮助实施干预议程所起的作用来说，单边和多边干预会产生不同的结果。

大多数情况下，相对于反对方，对象国政府在冲突中似乎都是一个更强大的政治行为体，一般认为政府占有较多的政治、军事和行政资源，比国内任何其他少数族群都更能影响冲突环境。政府还被认为享有更多的公众支持，在持久的军事抗争中，在人力资源和经济资源方面拥有比较优势。一般认为，多数族群政府的军事能力要比少数族群强大，有助于其更有效地作战，并以更低的代价战胜敌人。

与此同时，我们也不能说政府就一定是多数族群一方，也就是冲突中较强的一方，但在有些情况下政府还不及反对派强大。这是因为，就像1959年前的卢旺达，其政府由少数族群掌控，而这些少数族群虽然通常在制定决策的政治职位中占较大比例，却不一定在相对军事实力方面胜过反对派。这样的政府似乎比较脆弱，很容易在战争中输给多数族群的反对一方。即使政府的确代表多数族群，他们仍然可能因另外一个原因输给其少数族群对手。阿雷奎恩-托夫特（Areguin-Toft）（2001）认为，如果少数族群向政府发起不对称战争，进行消耗对方军事力量为目的的游击抵抗，有可能战胜多数族群政府。[①]虽然交战双方在军事能力上的差别没有改变——数月的冲突之后，强大的一方仍然强大——这种作战方式却能使少数族群处在一个相对于多数族群的有利局面。

上述例子意味着，如果对象国政府在交战各方中并非最强大的一方，那么第三方支持政府也不一定能够获胜。因此，在回归模型中，虽然支持变量被放在接近重要变量的位置，却没有将其作为重要变量：支持的方向很重要——但问题并不在于是否支持政府，而在于是否支持强大的一方，这里强大的一方也有可能是反对方。

单边干预者通过自主决定向冲突场景投入资源，能够迅速在战场部署兵力。虽然第三方的支持增加了较强一方的实力，使其有能力应付更长时间的战争，事实上却缩短了冲突时间，因为在第三方的支持下，较强一方能够更快赢得胜利。外来帮助，无论是军事上的还是经济上的，都会让较强一方更为强大，从而降低其伤亡人数，使其取得更具决定性也更具持久性的胜利。提供给较强一方的帮助，无论是经济上的、军事上的抑或是二者兼而有之，都有助于保持其军事上的优势，增强其部队的士气。

反之，若是第三方将自身的利益、实力以及人力、军事和技术资源用于支持较弱一方，就会增加较弱一方的战斗力，并最终帮助其大大延长抵抗较强一方的时间。于是，由于第三方对较弱一方的帮助，战争被拉长，最后给卷入战争的各方都造成更大的损失，造成更大的经济灾难和更多的人员伤亡。

如果干预方支持较强一方，在其他条件不变的情况下，较强一方越早获胜，就越有机会挽救生命和减少双方的经济损失。如果没有这样一

---

① Areguin-Toft, I. 2001. How the Weak Win the Wars: A Theory of Asymmetric Conflict. International Security, 26(1), 93–128

个第三方的介入，或者第三方支持的是较弱一方，结果很可能就是战争被延长。这种方法忽略了获胜的道德问题：如果一方得胜的结果，是将其对手彻底从本国种族地图中清除，不管是否由第三方支持的介入，对于这种胜利，都是很难做出价值判断的。不过，对于少数族群在外来行为体帮助下取得的胜利，也是同样的道理：同等的战时法（jus in bello）规则在此同样适用。理想的战后图景是通过对获胜方实施分权机制来确保人权得到保护（正如法国在乍得进行干预的情况），这样一来，第三方实际上就能防止冲突卷土重来。

跟上述论点相一致的是，在乍得和卢旺达进行的单边干预显示出一个统一模式，即只要第三方支持较强一方就会取得胜利。例如，当利比亚支持比叛党实力更强的乍得民族团结政府时，就最终达到了干预目标。然而，当它转头帮助乍得民族统一阵线时，因为后者实力不及前者，就没能实现其吞并奥祖地带的目标。法国干预情况类似：法国从不支持反对派，总是站在实力强大的一方，也就是临时政府一方（尽管临时政府有可能就是之前的反对派）。

在卢旺达，法国成功帮助哈比亚利马纳政府缓和了来自"爱阵"的攻击，之后又在交战双方之间设立一个缓冲区。第一次干预中，法国支持比图西反对派实力强大的临时政府，而在第二次干预时，法国却避免与这次作为较强一方的"爱阵"为敌。"爱阵"部队的军事力量足以给法国部队带来重创，这一点不容法国忽视。这一因素给法国以及授权其进行干预的联合国形象带来了负面影响。因此，需要时，"爱阵"相对于持逃避态度的"胡图力量"所具有的优势会让法国免于跟图西人直接发生军事冲突。这一策略让法国有机会成功保护胡图人免遭不断逼近的图西人进攻，这也正是干预最初的目标。

在以上方面跟干预失败问题非常接近的是俄罗斯在阿布哈兹所扮演的角色。俄罗斯部队向阿布哈兹叛军提供消极支持，而后者相对于格鲁吉亚多数派在军事上处于劣势。俄罗斯没有缓和紧张的局势，进而为各方的长久利益积极寻求快速解决冲突的方案,相反,它支持了实力较弱的阵营。俄罗斯的军事投入使敌对双方的军事力量趋于相等,格鲁吉亚无法将阿布哈兹吞并,阿布哈兹也无法自由发展成为一个独立国家。在这一案例中,因为支持较弱一方,冲突一直到2008年才最终解决;俄罗斯也被格鲁吉亚指控为侵略者,在国际上处境困难;阿布哈兹及邻近的格鲁吉亚地区的经济发展也很大程度上受到损害。

然而,俄罗斯在南奥塞梯进行的第二次干预却是一个反例,不支持站在较强一方会给达成干预目标带来积极影响这一论断。在本案例中,单边干预国支持反对派,而跟训练有素、装备精良的格鲁吉亚部队相比,反对派实力不足。还有一个次要问题是,俄罗斯实际上在阿布哈兹并没有真正的军事干预,当格鲁吉亚军队在南奥塞梯受到攻击时,其军队得势占领了整个阿布哈兹地区。俄罗斯代表弱方干预获得成功这件事,接下来会通过包括超级大国和决定性干预策略在内的其他因素来解释。

干预的制度化

从广义上讲,干预的制度化是指对第三方在对象国领土上的存在及其对交战各方所提供方案的合法化。干预的制度化过程中的第一件事,就是要具备一些法律文件,这些法律文件用来使第三方的军队部署及其行动框架合法化。这种合法化可由对象国政府以与干预国签署的双边协议的方式,和(或)通过国际社会(通常由对象国提出请求)做出相关决议,通过干预命令来授权干预及其相应的干预行动。这种情况下,制度化意味着干预获得了额外的法律价值,对其所支持的一方、反对的一方以及干预国国家内部都是如此。如此一来,干预的事实就因为附加在干预行为之上法律文件而得以强化。

作为干预的法律形式,第三方跟其所支持的一方签署协议会给自己带来一些好处，这些好处表现在以下三个层面：对象国冲突环境层面（在政治上对干预的接受过程和当地政治环境对冲突的准备），第三方自己本国的环境（合法化并支持干预的一个类似过程），整个国际系统（其他国家对干预的审议和赞同）。

在对象国层面，根据与第三方之间协议的不同性质，当事国可以从不同方面来构建和规范与第三方的关系。当事国可以在一定程度上严格界定干预的性质，不管干预是军事方面的、经济方面的还是混合型的，还可以定义干预的成分（单边还是多边），参与的军事单位（其结构、成分和数量），以及其他很多方面。通过法律框架，对象国政府还可以控制干预时机并限制第三国军队在其领土上的行动。制度化干预的框架清楚地指出干预者的退出策略：干预何时开始，更重要的是，干预会持续多长时间。而且，制度化的干预给寻求外来帮助的当事国政府带来很高的公众支持度：通过公开透明地界定干预条件，当事国可以减少本国人民对第三方的负面感情（如果有的话）。公众支持对于第三方军队在对象国自由且畅通无阻地行动是至关重要的，如果公众充满敌意，行动就会受阻。制度化框架有助于对象国政府清楚且公开地向本国选民和干预国传达其意图，这样一来，干预人员在本国内部便较少遭到反对。最后，一纸文件也很好地给对象国挽回了颜面，因为根据文件所述，另外一个国家在当事国疆域内驻军是出于该国合法的求助意愿。

通过签署双边协议来将干预制度化之后，第三方便有了一种某个特定阵营支持者的姿态。干预方与对象国之间签署的协议属于国际法范畴，使干预享有更高的制度化程度，是跟反对派所签协议不能比的。在前一种情况下，对于其所干预国家的人民来说，第三方就不太像一个非法入侵者和侵略者，对于其本国以及国际社会来讲，也是如此。若协议是跟反对阵营签署的，第三方介入的合法性只对签署协议的双方有效。在国际上不被承认的反对派相比当事国政府，其合法性通常较低，因此，其所签署的协议合法度也比较低。

就第三方因制度化所获得的好处而言，一旦干预被制度化，干预国政府便很容易从国内立法机构就其在国外的活动获得合法清关。这不仅意味着获准向对象国派出军队以及技术支持，还意味着授权大量的经济资源以支持在对象国的上述支持。干预行为通常会给干预国的预算带来很多压力，这些压力最终都要由纳税人买单，在成本收益问题上受到本国选民和反对党的质疑。制度化的干预有助于干预国领导向国内选民解释其对外的政治责任，获准干预以及划拨预算的过程跟非制度化的外来行动相比，也就变得简单、快速而高效了。

就国际社会而言，其他国家通常会认可制度化的干预，而不是其伙伴在私下里采取的行动。对象国地区其他国家，以及其他政治上的利益相关方——国际组织和非政府组织——会非常关注第三方行动，并希望其受制于外来监管。监管范围涉及所谓的侵犯人权现象以及平民伤亡，这些会被政治化并用于帮助其他行为体。如果对象国与外来行为体之间签有协议，明确了干预框架，在遭受国际社会反对时，两国领导就可以借助特定法律文件来说明干预的底线，并根据在多数国家适用的国际法律标准、规则以及惯例将其合法化。

非制度化干预的缺点很多。首先，这种干预无法公开集结有效资源；没有正面的舆论环境；无法避免的负面媒体报道，因而只能采取秘密的地面行动，导致在紧急情况下无法获取后备支持，非制度化的第三方驻军对冲突所有方面都有害无利。对于对象国来说，这意味着对第三方行动缺少监控。对干预方来说，非制度化驻军则意味着需要组织秘密军事行动，而这种行动方式又因缺乏透明度、资源匮乏以及低效的分配而效率低下。而对于国际社会来说，伴随非制度化而来的则是贯彻"战时法"这一通行法律标准时的监管无力，以及无法捍卫当地人民的权利和尊严。

利比亚和法国在乍得和卢旺达进行的干预，只要与对象国签署过书面协议，使得干预国在其领土驻军合法化，干预都取得了成功。例如，根据与法属赤道非洲国家（AEF countries）之间签署的军事协议，法国有义务在这些国家内忧外患时支持其国家主权并维持当地的秩序。除此之外，法国和乍得各届政府之间还签署了很多双边合作协议，授权法国代表本国政权进行干预。从制度化的角度来说，在乍得当地大部分人看来，驻扎在乍得境内的法国军队是合法的，于是法国的分遣部队就成了乍得国家安全框架不可分割的一部分了。

利比亚也与乍得当局签署了法律协议，借助制度化的干预达成了其干预目标。因为乍得民族团结政府是国际上认可的乍得政府，尽管其存在时间很短，却是建立在拉各斯会议形成的国际分权机制之上，这样利比亚就比较容易强化其在乍得驻军的合法性。在利比亚占领区，利比亚受到了当地政府和民间的大力支持。制度化在其国内尤其是国际上也给利比亚提供了有利条件，涉及利比亚在乍得的人道主义和解放主题干预时，卡扎菲总是会提及其与乍得民族团结政府所签署的条约，申明只要乍得政府提出，利比亚会立即从乍得撤军（利比亚确实做到了）。

同样的经验法则也适用于法国在卢旺达的干预。第一次干预是应哈比亚利马纳的官方请求，第二次干预则是由联合国授权。这些官方文件给干预提供了一个法律框架，并以制度化的方式描述了其军队的结构、干预者的成分、干预地点，还有最为重要的干预时间——何时进驻以及何时离开。

最后，干预的合法性即使从对象国内的反对阵营及其利益的角度来看，也是有益的，因为反对阵营也构成冲突解决机制的一部分，甚至有时会成为国际或是双边协议的签署方。不过这在很大程度上取决于干预方是否能够有效证明其与不合法一方所签协议的正当性。这意味着与非政府行为体——分离地区或政治上的反对阵营——签署协议也需要一种"国际合法性标志"。因此，支持基于这种协议的第三方行动的国家越多，第三方行动便越制度化。

行动优势(坚定的干预战略)

大多数情况下,单边干预都是自身利益和目标驱动,很少能够做到纯粹的中立和不带偏见。因此,对干预者来说,胜利很大程度上取决于其有效影响对象国国内力量平衡的能力,及其动用自己的强大的军事力量打击敌人以取得预期结果的意愿。对于接受外来支持一方来说,国外的军事介入意味着更低的投入,更少的人员伤亡、设备损失和经济上的花费。而对第三方所反对的一方来说,第三方的行动优势以及坚定的干预战略则意味着自己将要承受更加惨重的损失。不管实际介入的程度如何(一个单边干预国并不一定代表交战一方跟另一方展开事实上的直接对抗),该干预国必须具备足够的军事力量来代表一方进行干预,并且拥有强烈的意愿来实施干预。

一个族群受到更强外来行为体支持的事实,及其所带来的切实利益,都会对该方的总体表现带来积极影响。该方士兵看到其第三方保护国占绝对优势,会更有信心取胜。强大干预国在本国驻军,提升了本国士气,使其相信自己将会轻松获胜。

在乍得和卢旺达的冲突中,单边干预中军事行动的成功,都直接取决于干预方能够坚决地迅速行动,以及拥有足以改变交战双方的输赢格局的军事力量。单边干预的主要区别特征之一,就在于其更可能与所支持一方的敌人展开军事对抗行动。在所有成功的案例中,单边干预者都表现出了军事和战略优势,这些优势可能体现在人数上,也可能体现在技术和所拥有的武器上。

在1990年法国对卢旺达的干预中,法国部队在阻断卢旺达爱国阵线的早期袭击过程中发挥了决定性作用。600名法国士兵与图西人展开战斗,动用其军事和人力资源(高科技装备、直升机和计算机监控),成功击退了叛军,在一段时间内保全了胡图政权及总统。关于干预者行动优势对干预成功的重要性,还有其他的例子,比如法国和利比亚在乍得的行动。2000名法国海军在冲突伊始便支持总统托姆巴巴耶，抗击乍得民族解放阵线；1978年春，法国又代表另一位总统马卢姆驱散乍得民族解放阵线的军队；利比亚成功击败乍得的政治派别——在上述所有案例中，第三方都拥有达成目标的足够资源，以及有效地对敌方实施预期方案的政治和战略意愿。

为了显示他们的行动优势，并由此诱使对手撤退，第三方还可以"显摆"一下自己的实力，这一招有时会非常有效。如此"显摆"的一个很好的例子就是"绿松石行动"：强大的法国军事机器对于无甚装备的卢旺达爱国阵线来说，是无法招架的。卢旺达爱国阵线眼见法国具有绝对优势，便决定避免公开的军事交锋，这样一来，胡图人得以逃到难民营，而干预也获得了成功。

法国在乍得进行干预时也用了"显摆"这一策略。法国认为，武器装备精良的对手在对象国驻军，这本身就足以吓退对手，于是便多次使用这一战术。驻军行为向交战双方传递一个信号，就是一旦与法国为敌，就意味着会受到惩罚，而对受到法国支持一方来说，则意味着会受到保护。"显摆"武力也会影响到其他有可能参与干预的行为体的决定，"曼塔行动"和"雀鹰行动"的情况就是如此。前者始于将近4000人的法国驻外军团部队，颇具威慑力，在乍得国内，尤其是恩贾梅纳形成了一种军事氛围——这种氛围使得逼近的利比亚军队不敢直接挑战法国，因为后者具有不可抗衡的军事力量和行动优势。相比而言，"雀鹰行动"人数较少，只有上述法国分遣队的一半，不过仍足以阻止利比亚的进一步行动。

与行动和战术优势所不同，俄军在1990年代阿布哈兹冲突中的摇摆不定，既没有可靠的武力威胁，也没有坚决使用武力的政治意愿，是俄罗斯没能达成其含糊目标的一个重要原因。目标不清导致在冲突中介入无力。俄罗斯自身当时正经历苏联解体后的政治变动，保持苏联式的帝国模式还是建立更民主的制度①，成了主要问题。俄罗斯军队更是因为苏联解体而损失惨重，俄军好像突然间变得短兵少将，御敌无力。国内政治气候如此，俄罗斯对其本国疆域之外的企图，比如眼下的阿布哈兹，也就犹豫不决。俄罗斯想要利用格鲁吉亚的内部动荡谋利，这一点很清楚，但究竟谋取什么利益，其实并不清楚。俄罗斯努力想在高加索地区拥有发言权，因为该地区关乎其许多重要国家利益，如黑海交通要道、海滨度假胜地以及南部边防，但是又长期缺乏在冲突双方中实施其自身方案的政治意愿。

若想提高效率，俄罗斯本该更为明确其在格鲁吉亚想要达成何种干预目标，这样才能有效分配资源以完成各项干预任务。但是相反，因为意图不清，俄罗斯在阿布哈兹表现出的是一个低介入姿态：避免跟格鲁吉亚军方产生直接军事冲突；仅给阿布哈兹提供弹药和部分军备，并且，同时给格方也提供上述支持；间或帮助训练阿布哈兹军队；不定期派遣几架军用飞机；避免使用重型大炮，保持俄格边界的阿布哈兹部分开放，以备雇佣兵和志愿者涌入。而2008年的干预则完全不同，这次俄罗斯表现出了压倒性的政治意愿和无可企及的军事优势，在不到两整天的时间里即大败格军。俄罗斯第58军加上来自南奥塞梯直接冲突区域之外的远程大炮和空袭部队，足以迫使格鲁吉亚停火，然后向俄罗斯强大的军事力量投降，被迫接受其给出的战败条件。

---

① Interesting insights concerning Russian failures in peacekeeping operations were given by Andrei Kozirev, the former foreign minister of Russia: "… we [Russia] also have drawbacks from lack of experience and out of former Soviet customs. Even more so, we have to act … under the condition of rapid transformation of the Soviet Army into the Russian one, and diplomacy learns new unknown methods of work in new directions." Cited in Mayorov, B. M. 2007. Mirotvorci: iz OPita Rossiiskoi Diplomatii v Posrednichestve[Mayorov, B. M. 2007. Peacekeepers. From the mediation experience of the Russian diplomacy]. M.: Moskva: Mejdunarodnie Otnosheniya, 64

尽早干预

干预的时机对第三方达成干预目标的能力有着举足轻重的影响。一切干预成功的要点,都在于决定在冲突伊始就及早进驻目标国,还是等冲突发展到一定阶段才开始干预,这两种方式究竟哪一种更加有效。时间因素对单边和多变干预来说同样重要,不过其意义却正好相反。

里甘研究的结论是,如果第三方在战争结束和(或)停火协议签署之后开始干预,干预成功的可能性会更高[①],而现在这一结论可以有所扩展和补充。当前的研究发现表明,想要干预成功,单边外来行为体应该在冲突一开始就进入对象国,而不是在冲突期间甚至是冲突事实上已经结束的时候。为了提高成功的几率,单边干预国应迅速行动,不给其所支持一方的敌人造势的机会。一旦冲突延长,所有方面都会遭受更大损失,而接受第三方支持的一方则很可能输给对手。不管第三方支持哪一方或者是否中立,这一论断都是适用的。

在支持多数派的情况下,如果一开始支持的就是多数派,对叛军的打击力度就会更大,会将其击垮。从成本—收益的角度来说,多数派会减少人员伤亡,更加迅速地成功镇压叛乱。有了及时的外来援助,多数派能够更加有效地取得决定性胜利,防止少数派逃离,然后不断从境外组织进攻。尽早干预还可以防止少数派巩固对其占领领土的控制。少数派也无法在战斗中利用当地资源,从当地征集士兵(例如,利用石油或其他资源购买军备、食物)以补给力量,从而延长冲突。第三方支持从一开始就使得政府能够更好更有效地阻断对手寻求任何外来帮助的机会。

第三方支持少数派时,情况类似:干预方在早期介入,能防止多

[①] Regan, P. M. 1998. Choosing to Intervene: Outside Intervention in Internal Conflicts, The Journal of Politics, 60(3), 754-779.

数派迅速获胜。多数方则不会有机会从一开始就阻止反叛。而且，少数方的抵抗也使其有机会更好地利用其所占领土内的资源。除了减少双方因战争延长而引发的伤亡（不仅对其所支持的少数派来说如此，多数派也一样，因为后者看到干预方支持对手，会更有可能借助谈判来解决问题），第三方还会在对象国建立新的权力平衡。这样一来，反对派得以存续，也便能够创造条件进行三方谈判，达成比冲突延长更有利的结果。

单边干预成功的案例中均表现出早期干预和干预成功密切相关。在卢旺达和乍得，法国和利比亚军队在冲突伊始就介入，干预就更为成功。例如，法国在卢旺达两次抗击卢旺达爱国阵线的军事行动中——第一次是支持哈比亚利马纳，第二次是防止逼近的图西军队对胡图人可能的种族清洗——这些在战争之初就开始了。在第一次行动中，法国阻止了叛军利用战争之初的斩获以及土地和人力资源来支持他们下一步的行动，而在第二次干预行动中避免了针对胡图人的大规模惩罚行动。利比亚的干预行动也是如此，这次干预从一开始就很成功，让政府军队无法摧毁乍得民族解放阵线在1983至1987年间的多次进攻。

俄罗斯在阿布哈兹的干预好像不太符合尽早干预的有限性说法。虽然俄罗斯早在冲突之前的苏联时期就曾在阿布哈兹驻军，而且做到了在冲突一开始便介入，还是未能成功达成干预目标。问题并不在于其早期介入并干预失败，而是在于其没有得到足以制胜的决定性力量的支持。俄罗斯的介入仅限于小规模的秘密行动，这些行动非常无力，不管何时开始都不会达成目标。然而，俄罗斯驻军本身及其对阿布哈兹的支持还是一定程度上避免了格鲁吉亚彻底击溃叛军。

但是，俄罗斯在格鲁吉亚的第二次干预却完全支持尽早干预的观点。格鲁吉亚抵达南奥塞梯仅两天时间俄罗斯就开始从北边干预。格鲁吉亚正规军无力对抗，也无法利用众多位于南奥塞梯的格鲁吉亚村庄的人力、经济和通讯资源，支持其继续进军，也无法帮助撤离当地的格鲁吉亚人。俄罗斯第58军的迅速部署，加之对格鲁吉亚军事基础设施的彻底摧毁，给他们带来了预期结果：格鲁吉亚不敌俄罗斯军队的进攻，逃离之前的占领区。俄罗斯的尽早干预还挽救了很多生命，其中包括其维和部队，也包括格鲁吉亚和奥塞梯那些原本会因战争而丧命的平民。

干预的外部化

另一个对第三方行动胜利起至关重要作用的因素，就是干预方相对于对象国实际的以及观念中的相对位置，及其对对象国内政的干涉程度。从外部和内部进行干预各自的优缺点取决于干预力量的成分，也就是单边还是多边干预，从以下几个角度来考虑：地点（干预方驻扎地）、焦点（干预议程）、干预所用资源（人力和经济的）、承诺度（干预者的内外部责任）。简单来说，为了有效达成目标，一个单边行为体不仅需要从一开始就积极介入对象国内战，还需要尽量减少在该国的驻军时间。①

听上去似乎自相矛盾，但事实上干预国越少介入对象国内政，就越容易执行其干预日程。道理如下：长期在他国驻军对第三方来说意味着巨大的财力投入。在冲突区大量派军以及提供军事及其他援助对任何国家，哪怕是强大的国家来说代价也是很高的。数月的占领不仅需要占领者在人力和经济方面很高的投入，还需定期补给这些资源。干预国每在冲突国多待一个月，所需费用从成本收益角度来看都会相对更高一些。此外，还需考虑到因深度介入冲突，大范围插手执法、维持秩序、公共管理以及财政而带来的新增花费、可能的士兵伤亡人数。

第三方参与冲突越多，在军事上就越是可能遭受更多的人员损失。

---

① 以下文献讨论了干预国的退出策略：Edelestein, D.M. 2004. Occupational Hazards: Why Military Occupations Succeed or Fail, International Secuity, 29(1), 49-91

战场上的伤亡并不都来自于跟对手的直接对抗，也产生自冯·克劳塞维茨（Von Clausewitz）（1873）[1]所谓的"摩擦"或"战争迷雾"，也就是偶然或意外。干预者干预越多，越有可能与敌方产生系统的和零星的冲突，因而也就更容易带来意外和不明所以的"迷雾"。部队的人员损失和装备方面的高额费用都将给国内政治带来不良影响。每一起在外发生的不管多小的不幸事件，每一名士兵的阵亡，都会被国内反对党紧紧抓住并放大，供国内大众消费，以给政治对手施压，为自己谋利。国内的权力斗争会挑战干预国政府的"政治持久性"，最终甚至导致其放弃干预日程，不能达成干预目标和干预的总体失败。

如果干预国置身冲突国之外，且紧挨战争地区，情况就完全不同了，这样就避免了其部队跟敌方产生军事冲突的危险。第三方可以根据需要进出目标国，降低战争相关的费用及人员伤亡。干预的外部化还可以减轻第三方外部承诺的问题。就第三方承诺及其给对象国带来的希望来说，第三方承诺具有面向本国国民和冲突双方的双重性特征。一般来说，说服本国选民支持在经济和人力方面都代价高昂的干预活动，是很困难的，通常在民主国家，政府在国外的行为都会受到公众舆论的监督。媒体也会根据目标国家实际的时态发展，通过以不同方式报道干预来施加重要影响。胜利会被描绘成大获全胜，而任何损失、战争失利和士兵伤亡也都分别会被报道为损失惨重。这样看来，干预外部化有助于减小损失，也更容易获得干预国国内民众的支持。

就对目标国政府的承诺来讲，外部化降低了其不切实际的过高期望值（正面和负面的）及其对干预的希望。不管干预国支持哪一方，代表多数一方的政府或反对党，都会被敌人视为来自国内的一个行为体。因此，干预国的内部化通过政治、经济和军事行为扩大第三方承诺，这是

---

[1] Von Clausewitz, C. 1873. On War. The complete transition by Colonel J.J. Graham. N. Trübner, London, 1873 [Online]. Available at: http://www.clausewitz.com/CWZHOME/VomKriege2/ONWARTOC2. HTML [accessed: May 7, 2009]

干预国支持的一方所期望的，也是其反对的一方所担忧的。

不论是否愿意，一旦第三方军队在冲突区出现，便有责任支持其中的一方。这会导致接受帮助的一方和其反对的一方都会认为，第三方不仅会在军事上打击其反对方，还会在对象国内部拥有发言权，扮演一个角色和最终占据重要的地位。一个内部化的干预者会被对象国人民视为其国内政治风景的一个组成部分，也就是其政治游戏的又一个玩家，这些在估算战争形势时都要考虑在内。第三方为了得到并保持公众支持，会对其所支持的一方承担更多的责任，有可能会超出其最初的任务和目标。这种捆绑在内部化干预责任之上的责任，会使干预者陷入一个承诺陷阱，迫使其承担计划之外的任务。这种扩展的承诺对于起初纯军事的干预来说，是很难实现的。即使第三方在驻军时不想承担高风险，其对对象国内政参与度越高，与各方交涉越多，不仅是政府，也包括各反对派，出现其所未能预见以及不必要的承诺的可能性就越大。

有助于外部化干预成功的其他因素还在于有限的干预日程和地理范围。一旦采取外部化的干预模式，干预者就会根据他们计划达成的有限目标来使其花费最小化。需要考虑的一个重要问题是，干预者的目标涉及情况各异的任务，这些任务有可能指向不同的目标、范围、人员配给、经济花费有时甚至涉及不同的支持对象。外部化干预背后的原则是，长期在对象国驻军会导致干预目标和日程模糊不清。随着时间的推移，第三方可能会渐渐忘记其最初的目标以及在目前的行动中的体现。例如，一次干预可能最初只有有限的干预日程（保护人道主义人员，或者监督和平协议的执行）和地理范围（在特定的重要位置部署军队），并且能够成功完成这些日程。渐渐的，干预便超出了原来的地区和范围，演变成多方位的军事行动，增加了原本没有的干预目标。这有可能把第三方置于不熟悉的地理地形，以及从未知气候状况到不同的人口等意想不到的突发情况，这些都有可能对干预者不利。

干预日程的扩展并不意味着干预失败。只有在以下情况下才会损害第三方的利益，那就是扩大干预的同时，没有从政治、军事和经济意愿上全心全意地增加足已达到干预目标的投入。如果干预方听从所支持一方无休止的要求，或迫于形势，追加资金投入，清理国内行为体，重组干预，就会不可避免地落入陷阱，最终，宁愿打道回府也不愿继续恋战。

而如果干预者从一开始就带着有限目标，并且有能力实现这些目标，而且不会因形势所迫和外来压力而改变和扩大目标，则情况就很不一样。第三方通过完成有限的干预日程保持干预的外部化，由此向其所支持一方发出自己不打算充当内部行为体的信号。这样，其所支持一方会感到必须更多依靠自己的力量，在行动上也会更加努力，就不会将冲突的命运转交给第三方负责。

乍得和卢旺达的单边干预表现出一个非常一致的模式，那就是干预外部化时就会成功：以对象国外部为基地，按照"我来了—我看见了—我征服了"的方式向冲突中某方提供支持。相反，当他们超出最初的目标开始进行更多的干预活动时，就达成内部化干预目标方面总体上不是很成功。例如，法国于1990年10月在卢旺达的第一次干预中，其有限的干预目标使其免于介入该国长期的国内安全局势，保持了外部化。法国军队仅负责缓冲来自卢旺达爱国阵线的攻击，在卢旺达之外的乌干达彻底击败图西族，达到了防止图西族卷土重来再次攻击胡图族的目的。当然，他们没想过要维系胡图力量，作为该国的外部保护国来永久保护哈比亚利马纳政权。在成功迫使图西族放弃原来想推翻胡图政府的计划之后，法国便撤出了。对图西族的军事行动成功之后，法国军队很快就离开了卢旺达，没有承担其内部警察和外部安保提供者的角色。

"绿松石行动"是法国另一次有限范围的干预，这次行动也因其有限范围而于1994年成功实现了有限的干预目标——在敌对双方之间创建一个缓冲区。法国的"人道主义"行动给胡图族制造了一个"避风港"，防止了伺机报复的图西族对逃命中的胡图人进行大规模的"复仇"。联合国授权下的法国派遣队并未打算击溃或击败卢旺达爱国阵线的进攻，而最终恢复胡图政权。这次有限干预成功的一个证明就是，为时两个月的法国行动之后，先前不愿接受法国驻军的卢旺达爱国阵线继续进攻，很快占领了基加利，并最终在未造成大规模人员伤亡和很大程度上违反人权的基础上占领了全国，而这正是"绿松石行动"的目标。这次干预还在法国于1990年代支持胡图政权时声望尽毁之后，提升了其维和者的正面形象。

以上这种短期穿梭的干预模式在乍得的干预中也取得了良好的效果。法国在那里所有的干预都基于该国领土之外，并且没有持续很长时间。法国驻军也仅限于被视为其大本营的恩贾梅纳。法国军队从未越过占领区北上，那将会使其置身于一个同情利比亚的穆斯林敌对区，只能靠空袭突围。尽管在离开之后，法国仍坚持在乍得国内进行行政改革，以通过吸纳反对党成员的方式来改进其国内的政治气候，但是作为干预者，法国从未在这些改革中扮演过行为体的角色。法国给自己的定位是，仅提供建议，不承诺用自己的资源和军事力量帮助实现这些建议。法国也不曾做出扩大其干预日程的设想，来进一步监督实施有效的分权机制，在乍得进行国家建设。某种意义上，法国根本不想充当外部安全担保人的角色——这种殖民者角色恰恰是其想要丢弃的。

法国在乍得的第二次干预，也是一次有限目标和范围的外部化干预。法国军队轰炸了叛军，使其无法占领北部地区，拯救了马卢姆政权之后宣告撤退，没有再采取以摧毁乍得民族解放阵线为最终目的的任何其他行动。1983年的"曼塔行动"让另一位干预者利比亚没能成功占领恩贾梅纳。利比亚不愿与法国军队公开正面对抗，很快便离开了冲突现场。最后，1986年的"雀鹰行动"仅仅是为了显示威风，再一次向利比亚发出信号，让其离开乍得。在以上所有行动中，法国都采用了外部化行动模式，抱有有限的行动目标，使得乍得和本国国内都将其视为外部行为体。

而乍得的另一位干预者利比亚，则只有在其放弃在乍得长期、多方位驻军，并在行动和军事上保持低调以后，才获得了干预成功。在与乍得民族团结政府签署的合作协议基础上，利比亚派兵进驻，任务是不让前政府，也就是目前的反对党北方武装部队占领恩贾梅纳。结果，利比亚人成功帮助乍得民族团结联盟打败了北方武装部队。然而，当利比亚签署另一个协议——与乍得合并——并增派人员时，很快局面就很清楚了，利比亚无法维系这一巨大目标。从乍得占领一片土地比较容易，但是吞并整个国家的确是一个无法实现的艰巨任务。

从退出策略的角度来说，干预的内部化还让第三方很难撤退。一旦目标达成、目的达到，干预国就该离开冲突现场了。第三方介入对象国内政越多，就越不容易撤离。干预国会因给对象国人民提供服务而陷身于地方政治和公共管理，这有可能是很难完成的任务。俄罗斯在阿布哈兹的干预就是这种情况，这次干预中，俄罗斯给那些亲俄的阿布哈兹人提供公民身份并发放护照，其军官则给阿布哈兹政府充当军师。俄罗斯跟这个国际上不承认的阿布哈兹之间有无数牵连。在不能将其驻军合法化的情况下，俄罗斯在该地区停留时间越长，就越难脱身。这里有一点很重要，就是所谓的"脱身"并不一定指第三方离开冲突环境——而是指干预的结束和目标的达成。干预者要脱身并一定需要在形式上离开对象国，事实上，干预国仍可以不同的方式继续留在该国。对俄罗斯来说，脱身则意味着阿布哈兹在法律上得到承认，其在该国的利益也被合法化。而俄罗斯十多年以来都不曾有政治意愿来实现这一点，给所有相关方都带来了很大的损失。没有一个清晰的冲突解决方案，导致为冲突所累的地区无法从战争中完全恢复（根据俄方描述）；严重影响这一地区的公开和大规模投资；使阿布哈兹人民在经济上一直处于崩溃的边缘；俄罗斯被视为侵略者，损害了其国际形象；对格鲁吉亚来说，则因这一热点问题没能解决而让国内和平一直备受困扰。

多边干预：成功的因素

干预中出现多个行为体，对干预的成功具有正反两方面的影响。一方面，联盟中的行为体越多，他们的行动就越合法（至少从成员国的立场来看是这样）；加入联盟的国家数量越多，就表示对干预行动普遍"认同"的程度更高。多边干预通过共同的目标来团结数个行为体，这些行为体的行动有可能会超越他们的自身利益。所有的成功和失败都会共同分担。同时，与单边行为体不同，有多个行为体时，我们通常会看到，在批准兵力部署的过程中，存在缓慢的内部官僚主义决策过程；行为体之间存在内部竞争，因为他们对干预有不同的期望，对某个特定的矛盾有自己的看法，而这些看法又不可能必然一致；军事投入的素质和水平也不成比例；有时某些行为体会"说了就跑"，他们宣誓要参加干预，但是后来却不提供协助；还有更多其他的情况。

这些在案例分析中被识别出来的因素，有助于多边干预的行动取得成功，总体而言，这证实并进一步扩展了最初的设想，该设想建立在多边干涉具有更高效率的假说之上：他们制度化的合法性，他们行动的中立（公正），在多国联盟的成员之间组合上的对等，以及干预的特定时机（在敌对状态实际结束之后进入冲突区域）。

干预的制度化

就单一的第三方而言，干预的制度化对多边干预的成功具有重要的意义。干预方不一定就是中立的，他们可能支持冲突的某一方，追求他们自己的目标，进行形式上的监控，或者对民众提供人道主义的救援。在所有这些行动中，要想取得成功，第三方应当被交战双方所接受，或者至少不被他们强烈反对。在这里干预的制度化是关键：不仅能够将决定强加给交战各方，而且，更重要的是，能够使交战双方容易接受。在单边干预中，干预的制度化是一种罕见的现象，并且基本上取决于是否由对象国政府发出邀请而进入冲突区域。当单一的外部行为体支持反对党时，事实上不存在干预的制度化，除非反对党代表的是被驱逐在外的前政府，这种情况下，干预的合法性就要视情况而定（比如利比亚支持乍得民族团结政府的例子）。反之，当干预是在国际性组织，或者是在非组织性的多边联盟名义下进行时，更容易被制度化和合法化。

总而言之，当对象国政府同意时，所有的干预都具有更大的合法性。干预国进入冲突现场，可能是因为对象国需要其作为外援来保障签署停火协议时的和平与安全，如果已有的法律文件明确要求干预，以帮助授权和使干预合法化，干预国的进驻甚至可以发生在宣告停火之前。但是，仅仅靠一个制度性的框架来发动一次干预，不足以保证第三方的行动最终能够成功。干预方受对象国政府所邀请这一事实，从对干预的信任以及对干预行动既定结果的期待两方面来看，并不表明他们的行动在所有的冲突方眼中都是合法的。而且，对对象国政府而言是合法的和好的行动，可能（并且会）对反对方而言是非法的和坏的。

单边干预的合法性取决于单个干预方在国际上的形象和"分量"，而多边干预的合法性则基于更大范围内国际上意见的一致。在联合国诞生之际，芬威克（Fenwick）（1945）曾经强调过多边干预制度化的重要性："对单一国家而言是独裁的行动，在所有国家都包含在内时，则不过是执行国际间更高一级的公正，以此来维持法律和秩序，并且保证不同的成员国遵守他们作为国际社会成员而应尽的义务。"[①]这就意味着越多的行为体加入干预联盟，或者至少，当联盟是某个国际组织授权的时候，干预方的行动就会越合法。

不过，由国际组织进行干预时的合法性，与那些由具有相似意向的

[①] Fenwick, C. G. 1945. Intervention: Individual and Collective. The American Journal of International Law, 39(4), 663.

国家组成的联盟发动干预时的合法性是有所不同的。当干预的发动者是国际组织，比如联合国、北大西洋公约组织（NATO）、欧洲安全与合作委员会（OSCE）和非洲统一组织（OAU），而不仅仅是一群没有组织背景的国家时，干预在向反对方提供和实施措施方面，具有更高程度的国际独断性。经过他们的授权，多边干预保证能在冲突中获得特定成果，或者，就像哈策尔（1999)指出的那样："对冲突各方的每个安全威胁都能提供惯例的保障……"[①]单边干预在被多边组织授权时，这一点同样成立，"绿松石行动"就是一个例子。另一方面，在非组织性的联盟中，独断性的制度化则完全取决于组织中的国家数量。

国际组织发动的干预，能够保证其成员确认种族冲突达到法定的结束状态：或者分裂导致一个新的独立国家的诞生，如科索沃，或者与任何可能的国内势力重新组合。联合国维和行动为这样组织性干预就是很好的例子。詹内（Jenne）（2003)指出，"联合国维和行动并不是以冲突结果为目的"[②]，而是代表了所有联合国成员的利益，并且无一特殊。这个关于共享利益的理论得到迪尔等（1996）的赞同。迪尔等认为，"联合国干预的结果比任何其他干预都具有更大的合法性。这个世界性的组织支持一个行动的事实，会向冲突的领导者们施加压力，去停止敌对，并且不会在将来的某个时候重新开火。"[③]

从合法性方面来看，多边干预成功的一个重要因素，不仅在于其能够一致"保佑"一种特定的结果，并在冲突的最终结果上盖上批准的印章，而且，更重要的是，能够有效地将一种解决方案强加给冲突方。第

---

① Hartzell, C.A. 1999. Explaining the Stability of Negotiated Settlements to Intrastate Wars. The Journal of Conflict Resolution, 43(1), 4.

② Jenne, E.K. 2003. Sri Lanka: a Fragmented State, in State Failure and State Weakness in a Time of Horror, edited by R.I. Rotbert. Washington, D.C.: Brooking Institution Press, 234.

③ Diehl, P.F., Reifschneider, J. and Hensel, P.R. 1996. UN Intervention and Recurrent Conflict, International Organization, 50（4), 687-688.

三方行动的制度化将在很大程度上直接取决于如何强势地提供和（或）实施解决方案。假如抱着犹豫不决的态度去强加新的解决方案，比如制服交战方的反抗，那么提出这些解决方案的势力将被认为是不那么合法的。强加的意愿和军事行动的能力越强，作为干预结果而提出的解决方案就越能够被交战方看成是合法的，他们便越不大会去反对。简单地说，多边干预的行动越肯定，国际社会的决定越被压倒性的军事力量所支持，解决方案就越会被冲突方看成是合法的。解决方案可能存在偏倚，但是在这种情形下，这种偏倚通过制度化被合法化了。

与有效破坏公正的事件类似，多边第三方的制度化可能因为一个强大的成员国或一群成员国在干预联盟中占据主导而陷入危机。假如某一强势成员将其自己的看法强加在联盟的其他成员身上，其所做决定和提出并强行实施的解决方案就会缺乏多边的制度化。在这种"伪"多边干预中，偏倚将不会全部被合法化，因此披上了单边制度化的面纱。这样的干预，即使由国际组织承担，也不再被冲突方认为是真正的多边，他们会不太信任并且很有可能会出现背叛。在冲突方眼中，这样的多边干预会看起来更像单边干预，因此"相对于有组织性的行动而言，其公正程度更低，而且会很容易导致行动失去法律效力"。[1]

以上"伪"多边主义是独联体干预阿布哈兹失败的原因。虽然独联体维和部队的出现和行动都由独联体总部各种决议制定，但是独联体干预的合法性从一开始就很受影响，因为这个多边干预事实上是俄罗斯单边干预的延续，被格鲁吉亚方面认为带有很大偏离。维和部队带有俄罗斯意向，因而缺乏信任，这种信任的缺失被转嫁到独联体维和部队的维和功能上。这里有趣的是米伦巴赫（Mullenbach）（2005）的论点，他指出，"一旦一个主要的势力采取武装干涉去支持或反对对象国政府，它就可能反对任何其他的第三方再在对象国部署维和任务。在这种形势

---

[1] Fenwick, C.G. 1945,695.

下,这个主要势力的首要目的是协助冲突中的一方去武力征服另一方,而第三方的维和任务势必会妨碍那个目标的达成。"①

由他的论点可以推知,俄罗斯作为一个主要势力,会反对在格鲁吉亚进行任何进一步的外国干预。另一个办法是,为挽回脸面而同意结成一个多边干预,而在这个干预中它是主力,而且最好是多边干预联盟唯一的执行者,然后努力使其行动在组织性的框架中制度化。俄罗斯事实上就是这么做的。作为参与维和部队的唯一行为体,俄罗斯通过对冲突方干预结果单边制度化而达到了单边干预的合法化,但是冲突方之一——格鲁吉亚——一直对此持反对态度。

相反的,从制度化的观点来看,联合国卢旺达援助部队(UNAMIR)(UN Assisance Mission in Rwanda)在卢旺达的干预和第一次联合国索马里行动在索马里的干预都是成功的。这两个干预组织都是被对象国政府邀请,或者得到了冲突方的同意才开始部署他们的人员。他们被授权去执行冲突方同意的行动,因此避免了不受欢迎的接待,并使那些被认为是可以接受的行动,或至少不是对他们有害的行动合法化。

当联合国决定扩大其干预权力,并允许其以强制和平的方式使用武力时,第二次联合国索马里行动失败了。这是在暴力加剧,特别是巴基斯坦维和人员死亡的形势下发生的。很明显,这些里程碑很快被冲突各方公开抗议,因为艾迪德和阿里·迈赫迪都不赞同联合国的行动,因为这些行动对他们来说明显是毁灭性的惩罚行动。也许联合国之前制度化的方案曾经得到过冲突方的认可,而现在联合国的方案则没能被接受,也未能完成其新授权的目标。这很大程度上归咎于美国对第二次联合国索马里行动的严重影响。美国追求的目标,是提升其和平使者的形象和

---

① Mullenbach, M.J. 2005. Deciding to Keep Peace: An Analysis of International Influences on the Establishment of Third-Party Peacekeeping Missions. International Studies Quarterly, 49, 537.

在国际上的地位。联合国安全理事会惯常的体制框架被激烈的美国游说团体所动摇，后者倡导更果断的行动和更有野心的目标。联合国索马里行动的权力被这些任务扩大，但是，主要的执行者——美国——未能有效地将这些制度化的方案实施给冲突方，最终导致了联合国的单边合法性。

中立与公正

中立与公正的概念在第三方干预的背景下具有不同的含义。根据《剑桥高级学习者词典》（Cambridge Advanced Learner's Dictionary），"中立"表示"没有任何可能鼓励或帮助冲突或战争中的任何一方的言行"，而"公正"表示"不支持冲突中的任何一方"，换言之，偏好没有特定而明确的受益方的行动。广而言之，中立暗指不牵涉到反对任何冲突方的行动中。中立的干预方仅仅观察当地的形势而避免主动参与到冲突中去。公正的言下之意则指更"密切地"与冲突方交涉，并且表示会采取行动去反对违反停火协议或违背多边联盟成立的原则的那一方。要点是，公正的干预方采取的行动不倾向于特定的组织，也不对他们的敌对方有偏倚。他们惩罚背叛者，不是因为他们认为这些背叛者本质上邪恶，而是因为他们的所作所为是坏的。因此，如果另一方也有同样不能接受的行为，他们就会倒戈相向。

不同于统计学分析上关于支持变量的合成价值在所有干预成功中的发现，中立和公正在多边干预中发挥的作用是十分明显的。它们在取得成功方面的首要作用是获得冲突方的赞同和信任，这可以是正面的，负面的，和中立的。正面的信任是指（冲突方）接受通过和第三方提供的方案相配合而取得的好处，比如经济援助，军事禁运，和加强对被反对方控制的地域内群众的安全保护。负面的信任表示（冲突方）对背叛方案时会有的惩罚具有令人相信的畏惧。最后，中立的信任意味着既缺乏对惩罚的畏惧，也缺乏对好处的接受。在任何一种情况下，信任的程度直接和第三方的组成相关：干预越多边化，来自冲突方的信任程度就越高。因此冲突方会更乐意接受他们相信会保证实施双方都能接受的方案的那个组织，或者一个对他们国内的事件不会太多干涉的组织。

和单边干预方相比，中立和公正的第三方在制定他们的目标和采取行动时都显得更透明。不仅联盟国能够通过在冲突地区的联合指挥部来控制军队发展的过程，冲突方自己也可以监控事态的实际发展，并核查干预各行为体的行动是否有倾向于敌对方的变节。多边干预的透明性有助于干预方在冲突方那里建立信任，给出了配合所提方案时将会得到承诺的好处，以及违反决议时将会受到的预定惩罚。

因为多边干预方是由一个以上国家组成，他们分步骤去实现的那些目标是所有参与行为体都大致赞同，并由联盟成员国政府授权的。尽管这些国家都倾向于选择意愿相似的国家作为他们联盟的成员，这些国家在国际政治和法律事件上持有类似的价值观和看法，他们仍然具有自己的国家或边界利益。联盟的成员国或者直接支持无冲突帮派，或者因共同的血脉传承或其他原因向一个特定的种族组织提供援助。通过毫无例外地服务于所有联盟成员国的利益，多边干预将参与行为体的自我利益中立化，并向冲突方提出已达成共识的冲突解决方案。联盟也因此成为参与行为体利益的"熔炉"，产生通过联盟内协商而达成的共同成果以及所有成员国追求的共同目标。

在联盟建成的过程中，要产生一个能够令交战双方同样满意的方案是十分困难的。要在冲突中拟定一个有效可行的方案，意味着要有效地实施该方案，即使方案只是关于监控停火协议。即使在实施更大范围国家共同体最为中立的决议时，多边干预行为体有时也难免做出不利于某些冲突方的行动。第三方做出的不利于某一特定组织的任何一个行动，都会被该组织认为是敌意的，并且会因为不同种族间冲突具有零和性质，这一点又会被看成是对（该组织的）敌对方的支持。问题的真正所在，是怎样采取一种方式，对任何派系都毫无偏倚地去实施方案，从而做到不管这些方案会为他们带来怎样的后果,所有参与行为体都能够接受。这里,相对单边干预而言,多边干预制度化的本质,比如他们的组织性的设置,是决定冲突方接受干预方决议的一个重要影响因素。

单边干预行为体带着自身的兴趣和强烈愿望,从他们自己的观点出发,也许会偏爱某些特定的结果,而多边干预的实质,用迪尔等(1996)的话来说,"使之能够制定出一个同时满足冲突方和国际社会利益的解决方案。"[1]多边干预的一个重要方面,是它会带来的不是某一方的想法,而是还有"……其他行为体的利益和看法(比如同一区域内的重要势力或其他国家)……"[2]因此减少了单个行为体对冲突解决的影响。在这个意义上,公正表示在提供好处和实施惩罚上不会偏向于任何一方。在多边干预中,单个国家的偏倚会被其他国家的偏倚所平衡,从而最终成为所有国家的偏倚。

在多边干预中,如果联盟的决定是由某一强大的联盟国操纵以单边干预的形式做出的,中立和公正可能会被有意地破坏。这也许就是解释了为什么这个变量在统计分析中被证明是无关紧要的。回归分析中所用的多边干预国的类型,包括他们所有的组成方式:具备联盟内的组织性设置,是"真的"还是"假的"多边干预,或被一个实力强大的行为体操纵。在决策过程中,任何国家存在不成比例的"话语分量"现象,都会单独地或共同地损害多边主义,从而危害干预的整体性。如果一个或多个成员国因为他们自身的利益而做出倾斜,通过增加自己对冲突方所持偏见的分量来伪造多边主义,中立和公正则又会从外部受到损害。

但是,如果能够坚决遵守既定日程,也就是说具有正当的政治愿望,有效的操作能力和军事资源,即使是最偏袒和不公正的多边干预也可以取得成功。不能有效地向冲突方实施偏倚性的方案,表示多边干预

---

[1] Diehl, P.F., Reifschneider, J. and Hensel, P.R. 1996, 687-688.
[2] Diehl, P.F., Reifschneider, J. and Hensel, P.R. 1996, 687-688.

方没有能力达成他们的目标。这会破坏冲突方正面、负面以及中立的信任,因为他们会认为干预方缺乏能力去保护他们、惩罚他们的敌人和在他们违反协议时对他们进行惩处。偏倚性第三方的问题是,冲突方可能会错误地理解他们的行动,因而不能区别真的偏见和感受性的偏见。就像在一个安全困境中,当正面的军事冲突迫在眉睫,任何行动,即使目的是帮助民众中最困乏的人们,也会被那些受过过度伤害或从多边行动中得到较少利益的团体看成是敌意的和偏颇的。"帮助他们"变成"反对我们",反之亦然。

多边干预方的教训是,要么尽量避免使用武力去维持他们公正的形象,要么"全心全意地"使用这样的武力,那样就会有效地击溃反对者。本书研究的多边干预大体上表明在冲突的环境中,当努力在行动中保持中立时,获得成功的几率更高。在毫不妥协地维持其公正性的情况下,联合国在卢旺达和索马里的干预是成功的。联合国卢旺达援助团和第一次联合国索马里行动奉命在执行维和任务时不与冲突方直接动武。二者都不准参与到冲突方的斗争中,他们的参与被最小化到形势监控和提供人道主义救援。这些任务从一开始就避免了对特定组织有任何偏倚的行动。例如,联合国卢旺达援助团的行动目标非常有限:监控和记录违反《阿鲁沙协议》的事实,并将其知会给联合国总部与冲突方自身。蓝色的头盔们没有接到指令去保护胡图族和图西族。他们也没有打算做出努力来建设和平,或在一个被冲突撕裂的国家重建公共行政和秩序。这样的尝试需要更大的求和努力,对此国际社会既没有足够的经济和军事力量可供调派,也没有政治愿望去这么做。

同样的,第一次联合国索马里行动的指令要求不干预索马里冲突中各方之间的战争。联合国的使命是监控停火协议,保护联合国派遣人员和其他人道主义组织的成员。联合国维和人员不允许对冲突方施加任何决定。这样带着有限目的和资源的"和平的"干预,使得冲突各方相信即使联合国不站在他们这一边,也肯定不会对付他们。这些考量在冲突方眼中建立了没有惩罚、中立的信任，使得萨努恩开始与艾迪德和阿里·迈赫迪谈判。当指令中被加入更多的任务以期强制和平和建设和平时，就需要相应的资源及其决绝的使用，第二次联合国索马里行动宣告失败。扩大的指令要求维和者们使用"强制措施在整个索马里为人道主义支援建立一个安全的环境"。[①]很快，干预方开始大规模地袭击艾迪德，增加了干预方自身的伤亡，也间接地对普通民众造成伤亡，这就将联合国定位在不仅是带有自身日程的行为体，而且是迈赫迪的支持者的位置上。他们紧接着又未能抓获艾迪德，瞬间便将三种形式的信任都被归零：艾迪德不再害怕所谓的预期惩罚，而迈赫迪也不再相信联合国具有和艾迪德对抗的能力。最终，第二次联合国索马里行动败于缺乏有效的实力和政治愿望去执行指令中的行动，没能通过解除冲突方的武装，有时甚至是仅仅派遣部队来有效地实施和平。联合国的公正性毫无成效。

独联体干预在阿布哈兹的失败，显示的则是公正如何被单个行为体所破坏。从独联体部署军队开始，格鲁吉亚就认为他们是偏向于阿布哈兹的。格鲁吉亚人认为俄罗斯，这个据称是多边维和力量中唯一的国家，是一个不公正的干预方。每当俄罗斯反对改变独联体维和部队成分和反对引进其他独联体成员国的军事人员时，他们的这种看法就更强烈。对格鲁吉亚人来说，俄罗斯以前曾支持过阿布哈兹，现在作为一个鼓动者、保证方和独联体干预中和平协议唯一的保持者，不可能具有一个中立的行为体该有的信誉。俄罗斯作为独联体维和力量中唯一的成员，其单边偏倚性就被转化成为多边性的组织框架。该行为违背了多边干预中透明性的概念：因为不信任俄罗斯，格鲁吉亚人也不信任独联体这个整体。格鲁吉亚人不接受多边干预提出的方案是公正的和值得信任的（比如俄罗斯方面建议废除阿布哈兹的经济制裁和开始这个地区的经

---

① UNESOM II Official Website [Online]. Available at: http://www.un.org/Depts/dpko/dpko/co_mission/unosom2mandate.html [accessed: May 7, 2009]

济复兴），①反而以多边干预的任何方案都是非法的而予以拒绝。俄罗斯作为一个曾经的单边干预方，加入现在的多边干预中，甚至是"国家团体"中唯一的代表者这一事实，增加了其行动中易察觉的偏倚性，进而成为限制独联体干预获得整体成功的一个重要因素。

多边干预组成成分的对等

联盟成员国之间的力量对等，是与多边干预成功的可能性增加和干预的公正与制度化直接相关的一个因素，也就是说，在这样一个多边联盟组成中，各成员国在国际领域具有同等地位，在他们之间没有超级强国或地区性强势力量。这乍听起来可能违反直觉：通常的逻辑是，多边干预行为体的军事力量合起来越强，他们就能越有效地向冲突方施加不同的方案。但是，深入到组合的特性时，联盟国之间力量指数的不均衡就与干预的失败有关联了。既然多边干预代表的是一个以上国家的联合行动，那么就有必要了解他们内部的权力斗争在总体成功中扮演什么角色。

成分对等很重要这一观点由两个方面支持：干预的持久性和交战派别的信任。第一个方面要求第三方有能力共同执行任务，追求共同的目标，维持联盟完整和在目标达成之时撤离冲突区域。第二个方面关系到冲突方正面接受干预方提出的方案。

一般而言，多边干预的组成可以分两种：一种在联盟成员国之间存在相对的力量对等，成员国具有差不多同等的地位，并且对他们共同的干预实力有差不多对等的军事和经济投入；另一种则力量悬殊，联盟成员国具有不同的经济和军事发展水平，在干预中的参与程度也不同。成员国在国际领域的发展水平和实力与特定案例没有绝对意义上的关

---

① Rossiiskii Posol Sovetuet Gruzii Podderjat Reshenie RF po Abkhazii [The Russian ambassador advises Georgia to support the decision of the Russian Federation on Abkhazia]

系，因为即使是最发达和有实力的国家也可能只是有限地参与到多边干预中来。而从另一方面来说，不那么发达的国家却可以投入可观的军事和经济力量来使他们的干预获得成功。就完成既定目标和任务以及干预的总体持久性而言，一个联盟成分越单一（比如联盟成员国之间更对等），国家的联盟就越不会动摇或不稳定，那么就越可能在其行动中取得成功。

反之，如果多边干预在达成其行动目标时依仗单个的，甚至是最有实力的国家，就表示联盟的行动过度依赖该国。过度依赖一个成员国，会导致多边干预联盟在很大程度上受那个特定国家的外部压力和国内骚乱影响。一旦这个实力强大的行为体决定退出冲突地区，大家都会跟随，剩下来的联盟成员将不再有能力承担干预的重担。既然联盟的持久性，可以通过其抵抗压力（来自联盟内部和外部）的能力来衡量，当然除此之外还有其他的衡量因素，如果主导行为体因为一些原因退出联盟，那就意味着干预本身的结束。

考虑到冲突方对干预的信任这一因素，联盟中较强的行为体确实在第三方的决策过程中起着更具决定性的作用。较强行为体能够为干预调拨更多的经济资源，可以提供更多更好的训练有素的人员和军事装备用于干预行动，于是自然会要求在成员国间拥有更多的"话语权"。一个国家带来的力量越大，它在联盟中的地位就越高，它就越能影响那些会被其他成员国追随的决定。一个行为体具有更高的决策实力，相对其他联盟成员国而言在经济和军事上占有绝对优势，那么因其更多的投入，该行为体就会竭力在联盟决定的最终裁决上起领导作用，并因此向自己的偏好倾斜。这时候多边联盟的公正就受到内部破坏。

在一个力量不对等的联盟中，一个实力强大的国家在利益分配上的偏见性看法——在冲突中谁赢谁输——就会凌驾于其他成员国的看法之上。与其说会产生一个共同努力之下的结果，倒不如说"熔炉"不复存在，联盟内部谈判的结果直接就反映了该实力国家的"口味"，从而使多边干预的成果具有单边干预的实质。第三方的方案更多地反映了主导行为体的观点和愿望，而不是其他成员国的看法。本应该均衡联盟合伙人各自的偏见，来形成一个大家共同的偏见，结果这样的多边干预却被一个主导行为体倾斜的偏见所影响。这种单边实质会"篡改"干预的多边形式。这个联盟会因此致力于达成一种特定的冲突结局，该结局反映的是实力国的偏好，因为该实力国可能更赞成冲突方中的一方。"假的"多边干预将不再被冲突方认为是公正的，他们对多边干预就会给予更少的正面、负面，或中立的信任。

当成员国之间大致对等时，冲突方会更信任他们的行动，因为他们知道没有一个国家在用单边干预的方式影响联盟的决定。"真正的"多边干预中成员国的实力地位是相当的，对形成并提供或强加给冲突方的方案的性质意见更为一致，在各种偶然事件的压力下也会更持久。一旦一个成员国退出联盟，其他的成员国仍有能力肩负使命，因为没有过度依赖于某单一行为体来为干预使命的总体成功负责。

多边干预由国际性组织如联合国或大西洋公约组织支持进行时，冲突方对等奖惩的可靠性由该组织的组织形象以及各联盟成员国来担保。从这个角度看，即使一个有实力的行为体的出现削弱了多边主义的理念，也向冲突方表明这次干预是"假"多边的，严格的组织框架仍然能够均衡其成员间行动的不对等。但是，也有这样的情况，组织性的设置被忽视，单一强大的行为体降低了该组织在冲突方眼中的信任度，使其认为干预在本质上是偏倚的。

多边干预由那些没有组织背景且意图相近的国家进行时，成分对等的问题变得更加重要。这种联盟的参与者精心策划干预，具有主动性并鼓励其他国家加入。在干预中处于中心地位的"发起方"因此将会在联盟中拥有更多的"话语权"：他们是联合行动背后的推动力，是干预的发动机，会挑选大致符合他们愿景的伙伴。那些不一定赞同实力国这种单边愿景的国家要么接受，要么离开联盟。相应地，这样的干预方从冲突方得到的信任度也很低。

回到干预成功的统计学分析上,我们会看到,一个超级强国的出现与干预成功在总体上的高概率呈正相关:单边干预是48.62%,多边干预是87.70%。但是,一个主导行为体的出现对单边干预成功的影响要更明显。在多边行动中,一个超强因子只有3%的影响,可将干预成功率从84.37%提高到87.70%,这完全算不上显著。

在索马里、卢旺达和阿布哈兹,成分对等对多边干预绩效的影响是十分明显的。影响非常明显的是联合国在索马里的干预,从中可以看出,过度依赖联盟中的单个行为体反而达不到预期的成功。从一开始,联合国索马里行动就十分依赖美国在联合特种部队中的存在。那时候,第一次联合国索马里行动的活动仅限于监控和平协议的实施,也没有授权蓝盔部队在冲突方中强制实施和平。联合特种部队是联合国干预的操作羽翼,由24个国家组成,其中包括非常发达的国家,如加拿大、英国、法国、德国、比利时、新西兰、瑞典、土耳其以及阿拉伯联合酋长国。这其中成分的不对等十分显著——在联合特种部队总共3.7万人中,美国贡献了2.8万名士兵,占75%。[1]

联合特种部队于1993年3月将任务转交给第二次联合国索马里行动,美国也由此成为多边干预中的主要行为体,不但承担领导责任,而且负责提供大部分的干预资源。美国和其他成员国在投入上差距明显,其他成员国的人员不足和装备缺乏现象非常严重。美国带着自己对干预的看法、目标和日程,为多边干预创建了一系列的任务和行动,结果证明是不可能达成的。1993年10月3日至4日的事件,标志着美国开始结束在索马里干预。美国未能抓获艾迪德,加之18个美国士兵的伤亡以及军事装备的损坏,严重打击了克林顿政府想在国际上建立主导地位的远大目

---

[1] UNOSOM I Official Webpage [Online]. Available at: http://www.un.org/Depts/DPKO/Missions/unosomi.html [accessed: May 8, 2009]

标，这一事件也被其国内的反对力量所利用。

美国刚一决定退出，其余成员国便发现他们自己可以在现有的干预模式下继续行动。缺少了美国对联盟力量的大量投入，第二次联合国索马里行动未能实现其雄心勃勃、大规模多方位的使命——实施和平与冲突解决。在事件之后的三个月内，联合国干预事实上回到了第一次联合国索马里行动已经成功达成的任务上。联合国作为一个有实力的惩罚者的信誉已经不复存在，国内各派别对联合国做事程序所具有的信任也被破坏了。

联合国在卢旺达的干预，从包括成分对等的各方面来说都各不相同。联合国卢旺达援助团总共有5,442名军事人员、国际观察员、警察和当地平民，这些人员来自21个国家，其中的发达国家有加拿大、比利时，以及军事力量发达的俄罗斯。投入在大部分成员国之间分摊，这种方式使得所有的参与行为体平等地肩负起使命。比如，加拿大投入了376名士兵，埃塞俄比亚805名，加纳829名，印度326名，马拉维170名，马里200名，尼日利亚338名，赞比亚455名。[①] 即使比利时在其10位维和人员被暗杀后退出联盟，也没有危害到整体的任务。虽然比利时的退出将联合国卢旺达援助团的总人数降低了30%，也没有危害到干预的成功，因为与在索马里的情况有所不同，剩下的人力和装备足够完成有限的任务。

独联体干预也与本书中研究的多边干预不同，因为它完全由一个国家承担。俄罗斯在独联体成员国首脑峰会上提供了人员、装备和政治支持。格鲁吉亚方面对独联体维和部队的信任度是零：他们不但记得俄罗斯在积极对抗阶段的行动，而且怀疑任何在维和部队控制领域中发生的进程。维和任务相对简单，因为维和部队已经将各方分开；但是，建立和平的努力被不可逆转地破坏掉了，因为单个有实力的国家与冲突方之一有着负面的交往历史。在缺乏公正监督时，格鲁吉亚人不信任维和部

---

① UNOSOM I Official Webpage [Online]. Available at: http://www.un.org/Depts/DPKO/Missions/unamir_b.html [accessed: May 8, 2009]

队能够送回该地区的亲属难民。俄罗斯，作为"假的"多边干预中唯一的行为体，有能力在其管辖的领土内执行其意愿，而国际社会虽批准了干预，却没有适当地对其进行约束。

后期干预

多边干预成功中的最后一个因素是进入冲突地区的时间性。与单边干预不同，多边干预成功的一个关键因素是较晚进入冲突区，这时候还没有出现伤亡或伤亡尚不显著，尚无或很少对抗活动，理想的情况是，已经签署了停火协议。支持后期干预变量的主要考虑，是干预方成分的多边性和联盟的内部设置。

鉴于联盟的建立需要一个漫长的过程，通常只有在冲突的伤亡已经达到一定严重程度时，多边干预才开始。国际组织领导下的多边联盟受内部的规则和制度化的程序束缚，需要更长的审议时间。当决议过程发生在更大的组织背景内时，尤其如此，比如联合国安理会，其中具有否决权的成员国可以通过一票否决使决议过程更加缓慢。非组织性的干预也需要时间谈判，说服国家加入联盟以及安排集合军队和装备。

在敌意正盛时进行干预会给干预方带来更高的伤亡风险。当一个国家参与到一个干预联盟中时，撇开它重要的国家利益不谈，必须在国际领域建立起第三方的形象——一个和平使者和一股强大的惩罚力量——同时对国内而言也是一个有实力的国家。干预的决议通常需要联盟成员国在其国内经过精心的利弊计算之后才能达成。除了很高的伤亡代价之外，从头干预通常还需要动用一个国家更多的国内经济资源。在多边干预中，决议过程的长度因联盟成员国的数量而递增。多边干预，因此，倾向于比单边更加"笨拙"，这一点不仅体现在干预前的决议过程上，还体现在操作的实施上。一个可能的快速行动方法，是将组织的任命状发给一个乐意单独干预的国家，然后等待组织的佑护。

当多边干预行为体决定在敌意结束之后进行干预时，会有更高的几率建立干预联盟，因为干预需要的资源和可能的伤亡都会比在敌意开始或中间阶段时进行干预要低得多。此外，当看到有限的投入不会受到威胁时，这些国家会更乐意加入联盟并为其进行投入——人员、装备、空运补给线以及补给。这样有助于联盟的建立，也将成为他们最终成功的一个有利因素。

后期干预还有另一个理论依据。经过一段时间的激烈战争后，未能取得决定性胜利的一方，会更倾向于借助第三方来帮助他们达成协议。之所以这样，一部分原因在于国内的压力，人们害怕伤亡和破坏率继续增加。而且，冲突方可能需要休战，也会更乐意接受外来帮助，正如多伊尔和桑班尼斯（2000）指出的那样，"各方都厌倦了战争，而且战前任何关于军事胜利可能性的不确定性和该方相对的决心都不复存在。战事的延长为各方提供了通过反思和平的益处和控制与战争相关的敌意来学习的机会。"[1] 各方在与他们的敌对方对话，或重新部署一场进攻的同时，可能更乐意去接受第三方干预来挽回面子。

政策制定者和学者对多边联盟后期干预的实用性都很感兴趣。迪尔等（1996）从统计学角度研究第三方行动，并总体上对其成功持悲观态度，但是也指出，在敌意结束之后的多边干预行动"倾向于冻结现状，并抑制改变，同时消除冲突方身上的压力，从而做出让步和解决冲突"。[2] 里甘（2002）也总结道，干预成功的几率随着伤亡数量的增加而下降。[3] 联盟所受的伤亡越少，它的成员国就乐意留在联盟中越久的时

---

[1] Doyle, M. and Sambanis, N. 2000. International Peacebuilding: A Theoretical and Quantitative Analysis. The American Political Science Review, 94(4), 785.

[2] Diehl, P.F. Reifchneider, J. and Hensel, P.R. 1996. United Nations Intervention and Recurring Conflict. International Organization, 50(4), 687.

[3] Regan, P.M. 2002. Civil Wars and Foreign Powers - Outside Interventions in Internal Conflicts. University of Michigan Press.

间，一般来说这是联盟持久性的一个正面因素。这表示联盟成员国乐意一起执行共同的任务，会增强干预行动的力量。

本书所研究的干预表明，当干预展开于战争实际结束之后时，成功度更高，这时联盟的人员不太可能成为冲突方直接或间接的目标。在卢旺达，《阿鲁沙协议》达成之后战争强度较低之时进行的联合国干预，没有涉及激烈的、高比例人员伤亡的和平实施过程。该案例中联合国人员伤亡十分有限，因为没有与冲突方发生激战，只包括对冲突的附属担保（比利时蓝盔部队没有参与战斗，只是轻度装备，并且被联攻派民兵俘获时没有表示任何抵抗）。

联合国的介入在索马里冲突中是不同的。一开始联合国在监控艾迪德和阿里·迈赫迪之间的停火协议以及提供人道主义支援方面非常成功，这些任务由轻度武装或不带武装的联合国安全人员执行，并没有参与到党派斗争中去。随着形势的恶化，联合国加大了行动，并将其使命扩大到去"预防暴力重来，并且在需要时采取相应的行动……（和）解除所有未经授权的武装分子的轻武器武装……①"这样一来就被引入与艾迪德的直接冲突中。联盟成员的死亡人数急剧增加，首先遭到袭击的是巴基斯坦，随后是美国。美国退出联盟时，联盟人员的伤亡情况对联盟的持久性及其完成任务的能力影响重大。

独联体维和部队在阿布哈兹的经历却是这些规则的一个例外。在这次冲突中，干预变量"时间性"从成功方面来看是不显著的。其中的多边干预只是俄罗斯单边行动的延续，俄罗斯从冲突一开始就在场。虽然独联体维和行动是在敌意实际上停止之后并在1993年签署过相应的协议才开始的，但是独联体维和行动不过是俄罗斯在当地存在的继续。

---

① UNOSOM I Official Webpage [Online]. Available at: http://www.un.org/Depts/DPKO/co_missions/unosom2mandate.html [accessed: May 8, 2009]

结 论

一些国家干预其他国家的事务，不管是单独干预还是通过联盟干预，都是有原因的。例如，有些想要利用这个机会为自己获得利益，扩大他们在冲突地区的影响力，而另一些却看起来是纯粹的利他主义。干预方在干预时可能有自己的理由，或者只是作为中立而公正的仲裁者来担负维和的责任。这些国家可能还想帮助停止流血冲突，以及协助战后重建，或者也可能想要延长冲突。

尽管行为体在干预时可能出于各种不同的理由，而且每个干预案例也各有不同，一个行为体决定去干预另一个国家的内政，通常是基于两种考量：参与冲突对干预方而言利大于弊和出于对冲突方的道义。在两种情况下，外部行为体评估对象国的冲突形势，都是从他们行动成功可能性的角度来衡量，并相应地做出是否干预的决定。

在第一种情况下，干预国评估预计会从干预中获得的利益以及可能遭受的损失。假如国家领导层认为利大于弊，就会决定去干预。但是进行理性形势分析并不表示该国纯粹是出于利益的原因来干预。该国可能还会对其他行为体进行认真的分析考量，如对象国政府、交战的族群、邻国以及国际性组织。

关于第二种动机，干预国也会评估形势——不是通过衡量假定的利弊，而是秉承他们自己治理国家所遵循的标准、规则、道德和理念。假如认为对象国某个状况违反了他们自己国内社会所遵循的原则，或者违背了他们作为成员之一的某种制度性约定，干预国就会进行干预。即使他们分析的结论是弊大于利，也还是可能干预。对外部行为体而言，如果对象国的形势在道义上是不能容忍的，无论如何都将进行干预。同样，假如他们相信该形势在道义范畴内，并且理论上是可以接受的，干预国也可能不去干预别国内政。

本书中研究的干预，有下列成功和失败的因素：

表7.1 干预的成功因素

干预	成功	失败
单边	支持更强的一方 行动优势 早期干预 干预的外部化 干预的制度化	支持更弱的一方 行动对等或劣势 后期干预 干预的内部化
多边	公正与中立 后期干预 干预的制度化 成分对等	偏倚 早期干预 直接参与冲突 成分不对等

以上表格给出了成功干预的路线图。对以上发现可总结如下：要成功，单边行为体应当有效地进行偏向一方的行动，并利用行动上的优势坚定地完成其议程。成功的单边干预支持种族冲突中更强的一方，这一方通常但不总是对象国的政府，因此降低了行动费用及其自身损失。早期干预会更成功，因为他们向冲突方展示了外部行为体强硬的承诺，即使伤亡不可避免，也会不惜一切代价取得成功。多边干预方通常会等对象国发出邀请，或者权衡再三，直到冲突暴力性达到一定程度才开始，而单边行为体则不同，会在早期发动袭击，那时伤亡率还比较低，并且因为冲突方尚未形成强有力的攻击势头，其投入更富有成效。

政府的支持增加干预方成功的机会，并使其行动在国内和国际上更加合法。从行动合法性的角度来看，单一的干预国应当寻求组织性的框架（协议）来允许他们进行官方介入，并且与多边干预的任务一样，勾画出他们在冲突中的未来投入。寻求外部支持的协议中会描述需要外国支援的情势，界定第三方的干预行动。借助定义其行动的法律文件，单一干预国就可以向对象国民众、他们自己国家的选民，还有更大范围内的国际社会证明其干预的合法性，而且在其干预的表面"蒙上"一层对合作政府进行制度化支持的面纱。

单边干预一个重要的成功因素是，他们与冲突方保持距离，并追求他们自己的目标，不过多介入其国内事务，避免干预长期化。外国军队在对象国领土内短期的存在，会将他们的行动限定在一个特定形势中，而不是与一个特定的行为体进行捆绑。这一点使干预方能够有效地利用其资源，并在其认为更可能成功的地方行动，避开那些可能遭遇失败的地方。

与单边干预者不同，多边的第三方要取得成功，应当保持公正和中立，以获得冲突中各方的接受；在冲突后期进行干预，以避免与冲突方直接的军事交战，保留人力；在对象国的驻军应是长期的，民众能够看到的；行动的合法性在其国际授权中应清楚说明；干预行动的时长不应过度地依赖任何成员国的行动。

在多边干预中，对冲突方的责任由多国联盟所分担，因此降低了任何成员国对任何冲突方暗中偏倚的可能性。多边干预的行动变得更加公正：冲突方确信，如果他们违背道义和法律原则、规范以及组织规定（国际公约、宪章、法令等），他们将会受到惩罚。

以联合国为例，重建和平与停止安全威胁的行动指令源于其宪章的三个条款：第51条（集体的自我防御）、第52条（维持和平）以及第53条（区域性组织实施和平）。决策机构是安全理事会，它判定"……任何和平威胁、破坏和平，或侵略行径的出现，并将提出建议，或者决定将采取什么措施……去维护或重建国际和平与安全"。[①]行动组织规范性领域设定了实施的标准，这一标准不因违背者的性质而变化，从集体行

---

① Article 39, Chapter VII of the Charter of the United Nations. Available at http://www.un.org/aboutun/charter/ [accessed: April 24, 2008].

动的角度来看是中立和公正的，并使第三方的行动在国际法的范畴里具有合法性。

多边干预中成员国之间的成分对等性，也有助于克服多边联盟各成员国在中立性和公正性方面的问题，有利于当地社会对他们的接受。既然联盟成员国加入联盟时各怀利益，他们越强大，就越可能影响组织决策过程，并将其自身的偏倚带到联盟行动中。这样的行为体会将其情感关系带入联盟：他们之所以出面，是因为某个特定的情势（自身的重要利益、邻国、种族亲缘等）。一个强大的联盟成员国的游说会腐蚀公正的概念，并危害主要的原则、规范以及干预组织赖以建立和行动的标准，使之更加形势主导化。这会进一步破坏成功干预的主要特征——可靠的信赖。与之相反，干预行为体之间的成分对等性增强了联盟的公正性：当多边联盟的参与者是对等的行为体时，干预的功能性公正会平衡掉其成员国的利益。

参考文献

Africa Confidential 28(8). 1987, April 15.

Anderson, E., Ross, W.T. Jr. and Weitz, B. 1996. Commitment and Its consequences.

American Agency System of Selling Insurance, INSEAD working paper, 96/42/MKT

Areguin-Toft, I. 2001. How the Weak Win Wars: A Theory of Asymmetric Conflict. International Security, 26(1), 93-128.

Atkinson, R.1994. The Raid That Went Wrong: How an Elite U.S. Force Failed in Somalia. The Washington Post, January 30, A1.

Azevedo, M. and Nnadozie, E.U. 1998. Chad: A Nation In Search Of Its Future. Westview Press.

Barth, F. 1969. Ethnic Groups and Boundaries: the Social Organization of Culture Difference. Bergen/Oslo: Universitetsforlaget.

Bates, B. 1984. Encounter in the Nile: The Fashoda Incident on 1898. London:Oxford University Press.

Bloomfield, D. 1995. Towards Complementarity in Conflict Management: Resolution and Settlement in Northern Ireland. Journal of Peace Research, 32(2), 151-164.

Bogaturov, A.D. (ed.)2006. Sistemnaya Istoriya Mejdunarodnix Otnoshenii [The System History of International Relations]. M.:Kulturnaya Revoluciya, 278-279.

Bolton, J. 1994. Wrong Turn in Somalia, Foreign Affairs, 73(1).

Bowden, M. 1999. Black Hawk Down: A Story of Modern War. Atlantic Monthly Press. Berkeley, California, US.

Brecher, M. and Wilkenfeld, J. 2000. A Study of Crisis Data Project. University of Michigan Press.

Brubaker, R. 1994. Nationhood and National Questions in the Soviet Union and Post-Soviet Eurasia: An Institutional Account. Theory and Society, 23(1), 47-78.

Carment, D. and Harvey, F. 2001. Using Force to Prevent Ethnic Violence: An Evaluation of Theory and Evidence. West port, Connecticut, London: Preager Studies on Ethnic and National Identities in Politics. Praeger.

Carment, D. and Rowlands, D. 1998. Three's Company: Evaluating Third-Party Intervention in Intrastate Conflict, The Journal of Conflict Resolution, 42(5), 572-599.

Chaigneau, P. 1984. La Politique militaire de la France en Afrique. Paris, 1984.

Chapelle, J. 1980. Le Peuple Tchadien. Paris: Hartman, 1980, reprint in World Almanac (1993). New York: Press Publication Company.

Chopra, J., Eknes, A. and Nordboe, T. 1995. Fighting for Hope in Somalia. Oslo: Norsk Utenrikspolitisk Institutt.

Collier, P. and Hoeffler, A. 2000. Greed and Grievance in Civil War. CSAE WPS/2002-01.

Contini, P. 1969. The Somali Republic: An Experiment in Legal Integration. London: Frank Cass.

Cornell, S.E. 1999. The Devaluation of the Concept of Autonomy: National Minorities in the Former Soviet Union. Central Asia Survey, 18(2), 185-196

Cornell, S.E. 2002. Autonomy as a Source of Conflict: Caucasian Conflicts in Theoretical Perspective. World Politics, 5(42), 245-276.

Destexhe, A. 1995. Rwanda and Genocide in the Twentieth Century. New York: New York University Press.

Diehl, P. F. 1993. International Peacekeeping. Johns Hopkins University Press.

Diehl, P.F., Reifchneider, J. and Hensel P.R. 1996. United Nations Intervention and Recurring Conflict. International Organization, 50(4), 683-700.

Doyle, M. and Sambanis, N. 2000. International Peacebuilding: A theoretical and Quantitative Analysis. The American Political Science Review, 94(4), 779-801.

Drysdale, J. 1997. Foreign Military Intervention in Somalia: The Root Cause of the Shift from UN Peacekeeping to Peacemaking and its Consequences, in Learning from Somalia: The Lessons of Armed Humanitarian Intervention, edited by W. Clarke and J. Herbst. Westview Press.

Dubey, A. 2002. Domestic Institutions and the Duration of Civil War Settlements. Paper to the Annual Meeting of the International Studies Association, New Orleans.

Eckerson, W. W. 2006. Performance Dashboards: Measuring, Monitoring, and Managing Your Business. Hoboken, New Jersey: John

Wiley and Sons, Inc.

Edelstein, D. M. 2004. Occupational Hazards: Why Military Occupations Succeed or Fail, International Security, 29(1), 49-91.

Elbadawi, I. and Sambanis, N. 2001. How Much War Will We See? Estimating the Incidence of Civil War in 161 Countries. World Bank Policy Research Working Paper.

Fearon, J.D. 1998. Commitment Problems and the Spread of Ethnic Conflict, in The International Spread of Ethnic Conflict, edited by D. A. Lake and D. Rotchild. Princeton: Princeton University Press.

Fenwick, C.G. 1945. Intervention: Individual and Collective. The American Journal of International Law, 39(4), 645-663.

Field, A. 2000. Discovering Statistics using SPSS for Windows: Advanced Techniques for the Beginner. London: Sage Publications.

Fortna, V.P. 2004. Does Peacekeeping Keep Peace? International Intervention and the Duration of Peace After Civil War. International Studies Quarterly, 48, 269-292.

Franceschini, F. 2007. Mangement by Measurement: Designing Key Indicators and Performance Measurement Systems. Springer-Verlag Berlin, Heidelberg.

Franche, D. 1996. There's Only One Ethnic Group in Rwanda. Le Monde Diplomatique/Guardian Weekly, November 24.

Galtung, J. 1965. Institutionalized Conflict Resolution: A Theoretical Paradigm. Journal of Peace Research, 2(4), 348-397.

George, A. 1979. Case Studies and Theory Development: The Method of Structured, Focused Comparison, in Diplomacy: New Approaches in History, Theory and Policy, edited by P.G. Lauren. New York: Free Press, 43-68.

Gilkes, P. 1993. From Peace-Keeping to Peace Enforcement: The Somalia Precedent. Middle East Reporter, Despots and Democrats Political Change in Arabia, 185, 21-24.

Goldberg, S. 1994. Pride of Small Nations: The Caucasus and Post-Soviet Disorder. London and New Jersey: Zed Book Ltd.

Gourevitch, P. 2000. We Wish To Inform You That Tomorrow We Will Be Killed With Our Families. Picador: Macmillan Publishers Ltd.

Hall, M.J.H. 1989. Handbook of Banking Regulation and Supervision. New York and London: Woodhead Faulkner.

Hartzell, C.A. 1999. Explaining the Stability of Negotiated Settlements to Intrastate Wars. The Journal of Conflict Resolution, 43(1)3-22.

Hartzell, C.A., Hoddie, M. and Rothchild, D. 2001. Stabilizing the Peace After Civil War. International Organization, 55(1), 183-208.

Henderson, E.A. and Singer, D.J. 2000. Civil War in the Post-Colonial World, 1946-92. Journal of Peace Research, 37(3), 275-299.

Hertzig, E. 1999. The New Causcasus: Armenia, Azerbaijan and Georgia. London: Pinter Publishers.

Hiernaux, J. 1974. The People of Africa. New York: Charles Scribner's Sons.

Horowitz, S. 2004. Identities Unbound: Escalating Ethnic Conflict in post-Soviet Azerbaijan, Georgia, Moldova, and Tajikistan, in Ethnic Conflict and International Politics, edited by S.E. Lobell and P. Mauceri, Palgrave Macmillan.

Issa-Salwe, A.M. 1994. The Collapse of the Somali State. Monograph. Published by the Author in Association with HAAN Associated. London.

Jenne, E. K. 1990. A Bargaining Theory of Minority Demands: Explaining the Dog that Didn't bite in 1990 Yugoslavia, International Studies Quarterly, 48(4), 729-754.

Jenne, E.K. 2003. Sri Lanka: a Fragmented State, in State Failure and State Weakness in a Time of Terror, edited by R.I. Rotberg. Washington, D.C.: Brooking Institution Press.

Jost, J.T. and Banaji, M.R. 1994. The Role of Stereotyping in System-justification and the Production of False Consciousness. British Journal of Social Psychology, 33, 1-27.

Kagame, P. Interview. The Newsweek, International edition, April 1, 1996 CXXVII/12:54.

Kakwenzire, J.and Kamukama, D. 2000. The Development and Consolidation of Extremist Forces in Rwanda 1990-1994, in The Path of a Genocide: The Rwanda Crisis from Uganda to Zaire, edited by A. Howard and S. Astri. Transactions Publishing.

Kaufman, C. 1996. Possible and Impossible Solutions to Ethnic Civil War. International Security, 20(4), 136-175.

Kaufman, C. 1996. Spiraling to Ethnic War: Elites, Masses, and Moscow in Moldova's Civil War. International Security, 21(2), 108-138.

Keohane, R.O. and Nye, J. 1977. Power and Interdependence: World Politics in Transition. Boston, Little and Brown.

Klinghoffer, A.J. 1998. The International Dimensions of Genocide in Rwanda. New York: New York University Press.

Kuperman, A.J. 2001. The Limits of Humanitarian Intervention. Genocide in Rwanda. Washington, D. C.: The Brooking Institution Press.

Latin, D.D. and Samatar, S.S. 1987. Somalia: Nation in Search of a

Sate. Boulder, Colorado: Westview Press.

Lake, D.A. and Rothchild, D. 1996. Containing Fear: The Origins and Management of Ethnic Conflict. International Security, 21(2), 41-75.

Lawler, E.J., Ford, R. and Large, M.D. 1999. Unilateral Initiatives as a Conflict Resolution Strategy. Social Psychology Quarterly, 62(3), 240-256.

Lederach, J.P. and Stork, J. 1993. The Intervention in Somalia: What Should Have Happened: An Interview with John Paul Lederach. Middle East Report, Radical Movements: Migrants, Workers and Refugees, 181.

Lemarchand, R. 1970. Rwanda and Burundi. New York: Preager.

Levin, S., Sidanius, J., Rabinowitz, J.L and Federico, C. 1998. Ethnic Identity, Legitimizing Ideologies, and Social Status: A Matter of Ideological Asymmetry. Political Psychology, 19(2), 373-404.

Lezhava, G. (ed.)1997. Mejdu Gruziei I Rossiei: Istoricheskie Korni I Sovremennie Faktori Abkhazsko-Gruzinskogo Konflikta(XIX-XX gg.) [Between Georgia and Russia: Historic Roots and Modern Factors of the Abkhazian-Georgian Conflict(XIX-XX)]. Moskva: UNMO.

Licklider, R. 1995. The Consequences of Negotiated Settlements in Civil Wars, 1945—1993. The American Political Science Review, 89(3), 681-690.

Lijphart, A. 2004. Constitutional Design for Divided Societies, Journal of Democracy, 15(2), 96-109.

Mack, A. 1975. Why Big Nations Lose Small Wars: The Politics of Asymmetric Conflict. World Politics, 27(2), 175-200.

Mamdani, M. 2001. When Victims Become Killers: Colonialism,

Nativism, and the Genocide in Rwanda, Princeton University Press.

Mayorov, B.M. 2007. Mirotvorci: iz Opita Rossiiskoi Diplomatii v Posrednichestve [Peacekeepers. From the mediation experience of the Russian diplomacy]. M.:Moskva: Mejdunarodnie Otnosheniya.

Melady, T.P. 1974. Burundi: The Tragic Years. Maryknoll, N.Y.: Orbis.

Melvern, L. 2000. A People Betrayed. The Role of the West in Rwanda's Genocide. London: Zed Books.

Menkhaus, K. 1997. International Peacebuilding and the Dynamics of Local and National Reconciliation in Somalia, in Learning from Somalia: The Lessons of Armed Humanitarian Intervention, edited by W. Clarke and J. Herbst. Westview Press.

Miller, B. 1992. Explaining Great Power Cooperation in Conflict Management. World Politics, 45(1), 1-46.

Morrison, D.G. Mitchell, R.C. and Paden, J.N. 1989. Understanding Black Africa: Data and Analysis of Social Change and Nation-Building. New York: Paragon House and Irvington.

Mullenbach, M.J. 2005. Deciding to Keep Peace: An Analysis of International Influences on the Establishment of Third-Party Peacekeeping Missions. International Studies Quarterly, 49, 529-555.

Nolutsungu, S.C. 1996. Limits of Anarchy: Intervention and State Formation in Chad. University Press of Virginia.

Omar, R. and de Waal, A. 1995. Rwanda: Death, Despair and Defiance. London: African Rights.

O'Neill, J.T. and Rees, N. 2005. United National Peacekeeping in the Post-Cold War Era. New York: Routledge.

Ottaway, D. 1987. The US May Send Chad Some Stingers. The

Washington Post, September 17, A36.

Pampel, F.C. 2000. Logistic Regression: A Primer, Sage Publications; Series: Quantitative Applications in the Social Sciences, 7-132.

Parmenter, D. 2007. Key Performance Indicators(KPI): Developing, Implementing, and Using Winning KPIs. Hoboken, New Jersey: John Wiley and Sons, Inc.

Perlez, J. 1992. Witnesses Report a Somali Massacre before U.S. Arrival. The New York Times, December 29, A1.

Posen, B.R. 1993. The Security Dilemma and Ethnic conflict, in Ethnic Conflict and International Security, edited by M.E. Brown, Princeton University Press.

Pottier, J. 2002. Re-Imaging Rwanda: Conflict, Survival and Disinformation in the Late Twentieth Century. London: Cambridge University Press.

Prunier, G. 1995. The Rwanda Crisis: History of a Genocide, 1959-1994. London: Hurst and Co.

Pryaxin, V.F. 2002. Regionalnie Konflikti na Post-Sovetskm Prostranstve. Abkhazia, Yujnaya Osetia, Nagornii Karabakh, Pridnestrov, e, Tajikistan [Regional Conflicts on the Post-Soviet Space. Abkahzia, South Ossetia, Mountainous Karabakh, Transdniestia, Tajikistan], Moscow; Publishing House GNOM and D.

Putnam, R.D. 1998. Diplomacy and Domestic Politics: The Logic of Two-Level Game. International Organization, 42(3), 427-460.

Regan, P.M. 1996. Conditions of Successful Third-party Interventions in Intrastate Conflicts. The Journal of Conflict Resolution, 40(2), 336-359.

Regan, P.M. 1998. Choosing to Intervene: Outside Interventions in Internal Conflicts. The Journal of Politics, 60(3), 754-779.

Regan, P.M. 2002. Civil Wars and Foreign Powers - Outside Intervention in Intrastate Conflict. University of Michigan Press.

Robbins, R.H.(1999, 2002). Global Problems and the Culture of Capitalism. Allyn and Bacon.

Roe, P. 1999. The Intrastate Security Dilemma: Ethnic Conflict as a Tragedy? The Journal of Peace Research, 36(2), 183-202.

Rosenau, J.N. 1969. Intervention as a Scientific Concept. The Journal of Conflict Resolution, 13(2), 149-171.

Ross, M.H. 2001. Psychocultural Interpretations and Dramas: Identity Dynamics in Ethnic Conflict. Political Psychology, 22(1), 157-178.

Ross, M. 2006. Mineral Wealth and Equitable Development, Equity and Development, World Bank Development Report, Background Papers.

Rwanda: Who is Killing, Who is Dying, What is to be Done. African Rights Report. 1994. London.

Sanders, E.R. 1969. The Hamitic Hypothesis: Its Origin and Functions in Time Perspective. Journal of African History, 10(4).

Segal, A. 1964. Rwanda: The Underlying Causes, Africa Report, 9(4).

Sellstom, T. and Wohlgemuth, L. 1997. The International Response to Conflict and Genocide: Lessons from Rwanda Experience. Study I, Historical Perspective: Some Explanatory Factors. Uppsala, Sweden: The Nordic Africa Institute.

Shoumatoff, A. 1992. Rwanda's Aristocratic Guerrillas. New York Times Magazine, December 13.

Smith, J. 2001. The K.P.I. Book: The Ultimate Guide to Understanding the Key Performance Indicators of Your Business. Insight Training and Development Limited.

Snyder, J. and Jarvis, R. 1999. Civil War and the Security Dilemma, in Civil Wars, Insecurity, and Intervention, edited by B. Walter and J. Snyder. New York: Columbia University Press.

Sokolov, A.V. 1997. Mirotvorcheskaya Aktivnost I Mirotvorcheskie Sili Rossii v 5NG [Peacekeeping and Peacekeeping forces of Russia in CIS], in Restructuring the Global Military Sector, Volume 1: New Wars, edited by M. Kaldor and B. Vashee. London and Washington: Pinter [Online].

Somalia. Human Rights Abuses by the UN Forces. 1993. African Rights Report. London.

Suny, R.G. 1989. The Making of the Georgian Nation. London: I.B. Tauris.

Suny, R.G. 1993. The Revenge of the Past: Nationalism Revolution, and the Collapse of the Soviet Union. Stanford University Press.

van Beurden, J. 2000. Somalia: From Permanent Conflict to More Peacefulness? Searching the Peace in Africa. European Center for Conflict Prevention. European Center for Conflict Prevention.

Theiler, T. 2003. Societal Security and Social Psychology, Review of International Studies, 29, 249-268.

Thompson, V. and Adloff, R. 1981. Conflict in Chad, Research Series - Institute of International Studies, #45(University of California, Berkeley).

Varshney, A. 2003. Nationalism, Ethnic Conflict, and Rationality. Perspectives on Politics, 1(1), 85-99.

von Clausewitz, C. 1873. On War. The complete translation by Colonel J.J. Graham. N. Trübner, London, 1873.

Walter, B.F, 1997. The Critical Barrier to Civil War Settlement. International Organization, 51(3), 335-364.

Wolfers, A. 1962. Discord and Collaboration: Essays on International Politics.

Baltimore: The Johns Hopkins Press, 3-35.

World Bank 2005. Conflict In Somalia: Drivers and Dynamics,(http://siteresources.

worldbank.org/INTSOMALIA/Resources/conflictinsomalia.pdf).

Zdravomislov, A.G. 1997. MejnacionalnieKonflikii vPost-Sovetskom Prostranstve [Inter-ethnic Conflicts in Post-Soviet Space] Moskva: Aspekt Press.

Zverev, A. 1996. Ethnic Conflicts in the Caucasus 1988-1994, in Contested Borders in The Caucasus, edited by B. Coppieters. Brussels; Vubpress.

Organizational/Governmental Sources

Cambridge Advanced Learner's Dictionary(http://dictionary.cambridge.org). Failed States Index, Fund for Peace(http://www.fundforpeace.org/).

Human Rights Watch(http://www.hrw.org).

Information Agency "Gazeta.Ru" (http://www.gazeta.ru).

Information Agency Ria Novosti(littp://www.rian.ru).

Information Bulletin "Demoscop", Institute of Demography, State University

-High School of Economics(http://demoscope.ru).

International Commission on Intervention and State

Sovereignty(http://www. iciss.ca).

International Court of Justice(http://www.icj-cij.org/).

Library of Congress, Federal Research Division, Country Studies(http://www.

country-data.com).

Ministry of Foreign Affairs of Russia (http://www.mid.ru).

UCDP/PRIO Armed Conflict dataset v.4-2008 (http://www.pcr.uu.se/research/ UCDP/data_and_publications/datasets.htm).

UN Department of Peacekeeping Operations (http://www.un.org/Depts/dpko/ dpko/home _ shtml).

UNAMIR, United Nations Assistance Mission in Rwanda, 1996, Department of Public Information, United Nations (http://www.un.org/Depts/DPKO/ Missions/unamir_b.htm).

UNOMIG, United Nations Observer Mission in Georgia, 1996, Department of Public Information, United Nations (http://www.un.org/Depts/dpko/missions/ unomig/background.html).

UMOSOM I, United Nations Operation in Somalia I, 1997, Department of Public Information, United Nations (http://www.un.org/Depts/DPKO/Missions/ uaosomi.htm).

UNOSOM II, United Nations Operation in Somalia II, 1997, Department of Public Information, United Nations (http://www.un.org/Depts/DPKO/Missions/ unosom2b.htm).

University of Southern California, School of International Relations (http://www. usc.edu/dept/LAS/ir/cews/database/Rwanda/rwanda.doc).

List of Documents

Accords et Conventions de Maintien de L'Ordre dans les etats Africains et Malgashes [Agreement and Conventions to Maintain Order in African Malagasy States]

1966-1967. United Nations Treaty Collection.

Agreement of Ceasefire and Separation of Forces, Abkhazia. May 14, 1994, UNOMIG.

Agreement Concerning Technical Military Assistance between the French Republic and the Republic of Chad. 1960. United Nations Treaty Collection.

Agreement on Cultural Co-Operation between the Government of the French Republic and the Government of the Republic of Chad, 1976. United Nations Treaty Collection.

Agreement on Technical Military Cooperation between the Government of the French Republic and the Government of the Republic of Chad. 1976. United Nations Treaty Collection.

Assistance Agreement between the French Republic and the Republic of Chad, 1960. United Nations Treaty Collection.

Decision on Adoption of the Statute of Collective Peacekeeping Forces in the Commonwealth of Independent States. January 19, 1996. Uniform Registry of Legal Acts and Other Documents of the Commonwealth of Independent States.

Decision of The Council of The CIS Heads of States on Usage of Collective Forces to Maintain Peace in The Conflict Zone of Georgian-Abkhaz Conflict. August 22, 1994. Office of the State Minister of Georgia for Reintegration.

Defence Agreement between the French Republic, the Central African Republic, the Republic Of The Congo And the Republic Of Chad. I960. United Nations Treaty Collection.

Rossiya-Gruziya Itogovii Dokument Moskovskoi Vstrechi 3

Sentyabrya 1992 Goda [Russia-Georgia. Final Document of the Moscow Meeting on 3 September 1992].

Soglashenie Mejdu Pravitelstvom Rossiiskoi Federacii i Pravitelstvom Respubliki Gruziya o Regulirovanii Processa Pereseleniyha I Zashite Prav Pereselenccv (Zaklucheno v g. Tbilisi 03.02.1994）[Agreement Between the Government of the Russian Federation and the Government of the Republic of Georgia on Regulating the Process of Re-settlement and Protection of the Rights of Displaced Persons (Concluded in Tbilisi, 03.02.1994)].

Treaty of Friendship and Alliance between the Socialist People's Libyan Arab Jamahiriya and the Republic of Chad. 1980. United Nations Treaty Collection.

The UN Security Council Resolutions #733, 751, 775, 794. 1992, New York, United Nations (http://www.un.org/documents/sc/res/1992/scres92.htm).

The UN Security Council Resolutions #814, 846, 872. 1993, New York, United Nations (http://www.un.org/Docs/scres/1993/scres93.htm).

The UN Security Council Resolutions #912, 918, 929. 1994, New York, United Nations (http://www.un.org/Docs/scres/1994/scres94.him).

The United Nations, Charter of, 1945, New York, United Nations (http://www. un.org/aboutun/charter/).

索引

（标注页码为原文页码）

Abkhazia 阿布哈兹

 CIS peace keeping force 独联体维和部队82, 173, 185

 Cyrillic script 西里尔文字83 description 描述82-4

 Russia 俄罗斯157-8, 162-3, 165, 170, 173

 Soviet Union 苏联 84-6

Abkhazia–Georgia civil war 阿布哈兹—格鲁吉亚内战 81-2, 82-91, 91-6, 96-103

Acyl, Ahmat 艾哈迈·迪阿西尔 65

Afrique Équatoriale Française（AEF）法属 赤道非洲 75, 160

Aideed, Mahammad Farah 穆罕默德·法拉赫·艾迪德110-12, 115-16, 119-20, 124-5, 174, 185

Aidgilara（Abkhazia nationalist movement）

 阿吉拉拉（阿布哈兹民主主义运动）86

Albright, Madeleine 马德琳·奥尔布赖特126

Ali Mahdi, Mahamma 阿里·迈赫迪·穆罕默德109-13, 115-16, 120, 124-5, 174, 185

Aouzou Strip in Chad 奥祖地带 60, 64, 66-8, 72, 76, 79

Ardzinba, vladislav 弗拉斯拉夫·阿尔辛巴 88

Areguin-Toft, I. 阿勒葛文托夫89, 156

Armée Nationale de Libération（ANL）

（National Liberation Army） 民族解放军 67-9

Arusha Agreement（Rwanda） 阿鲁沙协议（卢旺达）148, 150, 184

"Assistance Agreement" in Chad 乍得的"援助协议" 55

Barre, Siyaad 西亚德·巴雷 108-10, 112, 115-16, 119

"Battle for Mogadishu", Somalia 摩加迪沙之战，索马里 119

Bir, Cevek 切维克·比尔 117

Borkou-Ennedi-Tibesti（ET）region in chad 乍得的博尔库·恩尔迪·提贝斯提地区 57-8, 68-70

Carment, D. 卡芒 17-18

CDR 见 Conseil Démocratique revolutionnaire 民主革命委员会

CEWS 见 Conflict Early Warning Systems 冲突早期预警系统

Chad 乍得

    1966-1987 53-79

    analysis of interventions 干预分析 71-8

    Aouzou Strip 奥祖地带 60, 64, 66-8, 72, 76, 79

    "Assistance Agreement" "援助计划" 55

    borkou-Ennedi-Tibesti（bET）region 博尔库·恩尔迪·提贝斯提地 57-8, 68-70

    conflict background 冲突背景 54-7

    ethnic rivalry 族群竞争 70-1

    French intervention 法国干预 57-64, 67-5, 78-9, 169

    Libyan intervention 利比亚干预 57-64, 64-9, 160, 164-5, 169-70

    map 地图 53

    unilateral interventions 单边干预 168-9

Chad-Libya boundary 乍得—利比亚边界 76

CIVPOL（UN）training unit in Rwanda 联合国民警部队 143

Clinton, Bill 比尔·克林顿 111, 126

Cold War and interventions 冷战与干预1, 28-9, 49-50, 106

Commonwealth of Independent States (CIS) 独立国家联合体

 Abkhazia-Georgia civil war 阿布哈兹—格鲁吉亚内战 82, 92-6, 100-03, 173, 185

Complex Interdependence theory 复合相互依赖理论25

compositional parity and multilateral interventions 成分对等和多边干预 179-83, 189-90

conflict background, Chad 冲突背景，乍得 54-7

conflict condition prior to interventions 干预前冲突环境 20-2

Conflict Early Warning Systems (CEWS) 冲突的早期预警系统30

Conoco oil company in somalia 索马里的美国石油公司Conoco 115

Conseil Démocratique Revolutionnaire (CDR) in Chad 乍得民主革命委员会65, 69

Conseil Suprême Militaire (CSM) in Chad 乍得最高军事委员会59-60, 62, 64

Contini, P. 孔蒂尼108

control variables and interventions 控制变量与干预28-9

Cornell, S.E. 康奈尔23

COW 3 database COW 3 数据库151

credible commitment theory and ethnic conflicts 可信承诺理论与族群冲突11-13

CSM 见 Conseil Supreme Militaire

Cyrillic script in Abkhazia 阿布哈兹的西里尔文字83

Dallaire, Romeo 罗密欧·达莱尔149 Dataset sources 数据集来源 30

de gaulle, general 戴高乐将军 134

Debarge, Marcel 迪巴吉·马歇尔137

Deby, Idriss 伊德里斯·代比 71

Digil clan, Somalia 迪吉尔部族，索马里108

domestic anarchy and third-party interventions 国内无政府状态和第三方干预 14

domestic context and third-party interventions 国内环境和第三方干预 11-16

Dulbahante clan（MoD）in Somalia 巴汗特部族，索马里108

duration of peace and interventions 和平持续时间与干预 3-5

Eboué, Félix 费利克斯·埃布埃 72

end-points of interventions 干预的结束状态 26-7

ethnic groups 族群

autonomies 族群自治 23

geographical location 地理位置 22-3

"ethnic stereotypes" 族群偏见14

FAN 见 Forces Armées du Nord（Chad）乍得北方武装部队

FANT 见 Forces Armées Nationales du tchad 乍得民族武装部队

FAR Forces Armées Rwandaises 卢旺达武装部队

FAT 见 Forces Armées Tchadienne 乍得武装部队

Fearon, J.D. 弗尔仑 13, 15

First Liberation Army（FLA）in Chad 乍得第一解放军 57

FLA 见 First Liberation Army 第一解放军

FLT see Front de liberation du tchad 乍得解放阵线

Forces Armées du Nord（FAN）（Northern Armed Forces, Chad）乍得北方武装部队 57, 62, 64, 67, 77, 170

Forces Armées Nationales du Tchad（FANT）（National Armed Forces of chad）乍得民族武装部队 67-70, 77

Forces Armées Peuple（FAP）（People's Armed Forces, Chad）乍得人民武装部队 61-2, 64, 69

Forces Armées Rwandaises（FAR）卢旺达武装部队 133, 140, 145-7

Forces Armées Tchadienne（FAT）（Chadian Armed Forces）乍得武装部队58-9, 62

foreign interventions quantitative analysis 外来干预的量化分析25-52

Fortna, V.P. 福特纳 16-17

France 法国

    Chad 乍得57-64, 67-71, 71-5, 78-9, 169

    Rwanda 卢旺达133-6, 140-2, 157, 160-2, 164-5

    Operation Turquoise 绿松石行动142, 147, 150, 151-2, 172

FROLINAT 见 Front de liberation nationale du tchad 乍得民族解放阵线

Front de Libération du Tchad（FLT）乍得解放阵线56

Front de Libération Nationale du Tchad（FROLINAT）乍得民族解放阵线56-60, 64, 73-5, 157, 162, 169

gadabursi clan, somalia 加达布尔西部族, 索马里109

Galtung, J. 加尔通 9-10, 11

Gaulism 戴高乐主义 71

Geographical location of ethnic groups 族群的地理位置 22-3

Georgia

    1992-1994 81-103

    analysis of interventions 干预分析 96-102

    Commonwealth of Independent States 独联体 82, 86, 92-6, 100-03

    conflict background 冲突背景 82-6

    map 地图 81

    National Guard 国家卫队89-90

Russian intervention 俄罗斯干预86-92, 96-102, 102-3

　　South Ossetia 南奥塞梯82

Georgia–Abkhazia civil war 格鲁吉亚—阿布哈兹内战81-2, 82-91, 91-6, 96-103

Ghali, Boutros Boutros 布特罗斯·布特罗斯·加利111, 113, 115

Ghalib, Umar Ateh（原文是Arteh）欧麦尔·阿尔特·加利卜109

goals for interventions 干预目标26-7

Goldberg, S. 哥德堡 90

Gorbachev 戈尔巴乔夫 49

Goukouni 古库尼 60, 63, 65-7, 78

Gouvernement d'Unite Nationale du Tchad（GUNT）乍得民族团结政府 63-6, 68, 77-8, 157, 160, 171

Habre 哈布雷 60-2, 65, 67, 70-1, 77-8

Habyarimana, Juvénal 朱韦纳尔·哈比亚利马纳 132-3, 135, 137, 139, 145-6

Hartzell, C.A. 哈策尔 23

Hawiye clan, Somalia 哈维耶部族，索马里109-10

HDM 见 Hisbia Digil Mirifle 迪吉尔—米利夫雷党

Hertzig, E. 赫齐格 90-2

Hisbia Digil Mirifle（HDM）迪吉尔—米利夫雷党108

Holocaust 大屠杀 129

Horowitz, S. 霍尔维茨 90

Howe, Jonathan T. 乔纳森·豪117

Human Rights Field Operation in Rwanda(HRFOR) 卢旺达人权实地行动团143

Human Rights Watch 人权观察报告89

Hutus in Rwanda 卢旺达的胡图族130-2, 138, 140-4, 145-9, 151-2, 165

IAF see Inter African Force 泛非部队

"impartiality" definition "公正"的定义175

impartiality and multilateral interventions 公正与多边干预 41

impartiality versus neutrality in multilateral interventions 多边干预中的公正与中立174-9

Impuzamugambi（Those with a Single Purpose）唯一目标派民兵 136

Inter-African Force（IAF）泛非部队 66-7

Interahamwe（death squads）联供派民兵 136, 139, 140, 143, 146, 149, 184

intra-state conflicts 国内冲突 1-2

Isaaq clan, Somalia 伊萨克部族，索马里109

Kayibanda, Grégoire 格雷戈瓦·卡伊班达 132, 134, 136

Keohane, R.O. 基欧汉 25

Key Performance Indicators（KPIs）关键绩效指标 5-6

Kibeho refugee camp, Rwanda 基贝霍难民营，卢旺达 143

KPIs 见 Key Performance Indicators

late multilateral interventions 后期多边干预 183-5

Lawler, E.J. 劳勒 11

Libyan interventions in chad 利比亚在乍得的干预 57-67, 67-71, 75-9, 160, 164-5, 169 Libya–Chad boundary 利比亚—乍得边界 76

Licklider, R. 利克里德 2, 6, 21, 26

lingua franca in Rwanda 卢旺达通用语134

Logiest, Guy 盖伊·罗吉埃132

"lootables"（natural resources）"可抢掠之物"（自然资源）23

Mack, A. 梅克 89

Malloum, Félix 费利克斯·马卢姆59-62

Mareehaan clan, Somalia 马雷汉部族，索马里 108

Menkhaus, K. 曼克浩斯118-19, 125

Mirifle clan, Somalia 米利夫雷部族，索马里108

Mitterand, François 弗朗索瓦·密特朗135, 141

MOD 见 Dulbahante clan

motives for intervention 干预动机187

Mouvement Patriotique du Salut（Patriotic Salvation Movement, Chad）乍得爱国救亡运动 71

Movement Républican National pour le Développement（MRND）（Rwanda）卢旺达全国发展革命委员会 132

multilateral interventions 多边干预

    casualty rates 伤亡率 22

        definition 定义 6

    impartiality 公正 19, 41

    prior conflict condition 冲突前的情况 20-2

    probit analysis 概率分析50

    shared operational bias 共同的行动偏见42

    success factors 成功因素

        compositional parity 成分对等 179-83, 189-90

        institutionalization 制度化171-4

        lateness 后期183-5

        neutrality versus impartiality 中立与公正174-9

        summary 小结170-1, 188-90

        transparency 透明性19-20

        unilateral comparison 单边对比16-24, 39-42

Museveni, Yoweri 约韦里·穆塞韦尼133-4, 139

Mussolini 墨索里尼 75

National Randwese Union（UNAR） 卢旺达全国统一联盟132

National United Front（NUF）全国统一阵线103

natural resources（"lootables"）"可抢掠之物" 23

Ndadaye, Melchior 梅尔基奥尔·恩达达耶138

"neutral" definition "中立"的定义174-5

Neutral Military observer Group（NMG）and Rwanda 13R联合国卢旺达中立军事观察团7

neutrality versus impartiality in multilateral interventions 多边干预中的中立与公正174-9

NGOs 见 non-governmental organizations 非政府组织

NMG 见 Neutral Military observer group

non-governmental organizations（NGOs）and third parties 非政府组织与第三方159

Ntaryamira, Cyprien 西普里安·恩塔里亚米拉139

NUF 见 national United Front

Nye, J. 奈 25

Oakley, Robert 罗伯特·奥克利114, 120

OAU see organization of African Unity

Ogaadeen clan, Somalia 欧加登，索马里108-9

Operation Epervier（Sparrowhawk）雀鹰行动69, 73, 162, 169

Operation Gothic Serpent（Somalia）邪灵蛇行动（索马里）119

Operation Manta（Stingray）曼塔行动68, 73, 162, 169

peration Provide Relief（Somalia）110提供救助行动 113

Operation Turquoise in Rwanda 绿松石行动142, 147, 150, 151-2, 172

organization of African Unity（OAU）非洲统一组织66

Ottoman Empire 奥特曼帝国75

Parmehutu party（party for emancipation of Hutu People）胡图人民解放党132

Parti Progressif Tchadien（PPT）（Chadian Progressive Party）乍得进步党 55

peace duration and interventions 和平持续时间 3-5

peace-centrism 和平中心论

 interventions 干预 27-8

 morality 道德 4

 nature of interveners 干预性质 6 strategies for interventions 干预策略 45

  United nations 联合国 17

Peacekeeping Force（PKF）in Abkhazia/ Georgia 阿布哈兹（格鲁吉亚）的维和部队 82, 93-96, 100-03, 173, 185

peacekeeping mission to Somalia 索马里维和部队 111

PKF 见 Peacekeeping Forces

Posen, B.R. 波森 12

power of interveners 干预力量 28

pro-bellum third parties 主战第三方 4

pro-pax third parties 主和第三方 4

probit analysis 概率分析

 Interventions 干预 31-8

 multilateral interventions 多边干预 50

 multilateral/unilateral interventions

comparison 多边和单边干预的比较 39-42

Pryakhin, v.F. 普哈金 91

Puntland, Somalia 邦特兰，索马里 109

Quadaffi 卡扎菲 60, 65-6, 69-70, 76, 160

quantitative analysis of foreign interventions 外来干预的量化分析

 conclusion 结论 50-2

introduction 简介25-30

optimal model 最优模型46-50

probit analysis 概率分析31-8, 39-42

success factors 成功因素42-6

Rassemblement du Peuple Français（Chad）法国人民大会55

Realpolitik, Rwanda 现实政治134

recipients of third party support and interventions 第三方支持与干预的接受方28

Regan, P.M. 里甘 2, 6, 26, 30, 45, 151

regression analysis of interventions 干预回归分析27

resolution of ethnic conflicts 族群冲突的解决11-12

Rosenau, J.N. 罗斯诺25

RPF 见 rwandan Patriotic Front

Russian intervention 俄罗斯干预

 Abkhazia 阿布哈兹157-8, 162-3, 165, 170

 Georgia–Abkhazia civil war 格鲁吉亚—阿布哈兹内战82, 86-92, 96-102, 102-3

 South Ossetia 南奥塞梯82, 95-6, 158, 165

 Rwanda

 1990-1996 129-52

 analysis of interventions 干预分析145-51

 Arusha Agreement 阿鲁沙协议148, 150, 184

 conflict background 冲突背景130-3

 ethnic map and Belgium 种族地图和比利时131

 French intervention 法国干预133-6, 140-2, 157, 160-2, 164-5

 Hutus 胡图130-2, 138, 140-4, 145-9, 151-2, 165

 Impuzamugambi（Those with a Single Purpose）唯一目标派民兵

136

  Interahamwe (death squads) 联攻派民兵136, 139, 140, 143, 146, 149, 184

  Kibeho refugee camp 基贝霍难民营143

  lingua franca 通用语134

  map 地图129

  Neutral Military observer Group 中立军事观察团137

  Operation Turquoise 绿松石行动142, 147, 150, 151-2

  Realpolitik 现实政治134

  "Social Revolution" "社会革命" 44, 132-3

  Tutsis 图西族130-5, 138, 140-4, 145-9, 151, 165, 169

  UNAMIR I intervention 联合国卢旺达援助团第一阶段136-40, 14951, 174

  UNAMIR II intervention 联合国卢旺达援助团第二阶段142-4, 148, 151

  unilateral interventions 单边干预168-9

  United nations timing of intervention 联合国干预时机184

  United states 150

Rwandan Patriotic Front (RPF) 卢旺达爱国阵线133-6, 139-42, 145-7, 151, 157, 162

Sahnoun, Mohammed 穆罕默德·萨努恩111, 122

"Scientific Socialism" in Somalia 索马里的"科学社会主义"49

SDA 见Somali Democratic Alliance

SDM 见 Somali Democratic Movement security dilemmas in third-party interventions 第三方干预中的索马里民主运动安全困境12-13

shared operational bias in multilateral interventions 多边干预中的共同行动偏见42

Shermaarke, Abdirasdiid 阿卜迪拉希德·萨马克18

Shevardnadze, Edouard 爱德华·谢瓦尔德纳泽88, 93

Siddick, Abba 阿巴·西迪克57, 65

SML 见 Somali National League 索马里国家联盟

SMP 见 Somali Patriotic Movement 索马里爱国运动

SNM see Somali National Movement 索马里民族运动

Sochi agreement（Abkhazia and Georgia）索契合约 87

"Social Revolution"（Rwanda）社会革命（卢旺达）44, 132-3

Somali Democratic Alliance（SDA）索马里民主联盟109

Somali Democratic Movement（SDM）索马里民主运动109

Somali National League（SML）索马里国家联盟108

Somali National Movement（SNM）索马里民族运动10910, 116

Somali Patriotic Movement（SMP）索马里爱国运动109

Somali Salvation Democratic Front（SSDF）索马里救国民主阵线109

Somali Youth League（SYL）索马里青年联盟108

Somalia 1991-1994 105-28

  analysis of interventions 干预分析120-7

  "battle for Mogadishu" 摩加迪沙之战119

  Cold War 106

  conflict background 冲突背景107-10

  Digil clan 迪吉尔族108

  Dulbahante clan 巴汉特族108

  Gadabursi clan 加达布尔西族109

  Hawiye clan 哈维耶族109-10

  Isaaq clan 伊萨克族109

  map 地图105

  Mareehaan clan 马雷汉族108

Mirifle clan 米利夫雷族108

Ogaadeen clan 欧加登族108-9

Operation Provide Relief 提供救助行动113

Puntland 普特兰109

"Scientific Socialism" "科学社会主义"49

United Nations 联合国111, 185

United States 美国113-14, 125-7

United Task Force 索马里维和部队113-15, 117, 181

UNOSOM I intervention 联合国索马里行动第一次干预106, 110-17, 121-3, 127-8

UNOSOM II intervention 联合国索马里行动第二次干预106, 117-20, 123-7, 127-8, 174

South Ossetia 南奥塞梯82, 95-6, 158, 165

Soviet Union and Abkhazia 苏联和阿布哈兹84-6

SRC 见 Supreme Revolutionary Council 最高革命委员会

SSDF 见 Somali Salvation Democratic Front 索马里救国民主阵线

statistical regression analysis 统计回归分析7

success factors 成功因素

  introduction 简介153-4

  multilateral interventions 多边干预170-85, 188-90

  unilateral interventions 单边干预154-70, 188-90

Suny, R.G. 苏尼85

support variable in interventions 干预中的支持变量175

Supreme Revolutionary Council（SRC）最高革命委员会108

SYl 见 Somali Youth league 索马里青年联盟

third-party interventions 第三方干预

  domestic anarchy 国内无政府状态14

domestic context 国内环境11-16

　　mediation 调节10

　　neutrality 中立16

　　security dilemmas 安全困境12-13

　　success factors 成功因素153-4, 159

　　theory 理论9-10

　　unilateral/multilateral comparison 单边多边对比6-24

timing of interventions 干预时机51-2

TNC 见 Transitional National Council 国家过渡委员会

Tombalbaye, Françoise 弗朗索瓦·托姆巴巴耶55-6, 57-60, 73

Transcaucasia buffer zone 跨高加索军事缓冲区92

Transitional National Council（TNC）国家过渡委员会116

transparency of interventions 干预透明度41

Tutsis in Rwanda 卢旺达的图西族130-5, 138, 140-4, 145-9, 151, 165, 169

type of interventions 干预类型28

UN 见 United nations 联合国

UNAMIR I（UN Assistance Mission in Rwanda）联合国卢旺达援助团第一阶段130, 136-40, 174

UNAMIR II（UN Assistance Mission in Rwanda）联合国卢旺达援助团第二阶段141-4, 174

UNAR 见 National Rwandese Union 卢旺达全国统一联盟

unilateral interventions 单边干预

　　casualty rates 伤亡率22

　　definition 定义6

　　externalization, Chad 外部化，乍得168

　　multilateral comparison 多边对比16-24, 39-42

prior conflict conditions 冲突前的情况20-2

success factors 成功因素

decisive strategies 决定性策略161-3

early 早期163-5

externalization 外部化165-70　institutionalization 制度化158

introduction 简介154-5

operational superiority 行动优势161-3

support to stronger side 支持较强一方155-8

summary 小结188-90

United Nations（UN）联合国

Abkhazia–Georgia conflict 阿布哈兹—格鲁吉亚冲突88

charter for intervention 干预宪章189

duration of peace 和平持续时间17

interventions data 干预数据30

late interventions and security council 后期干预和安全委员会183

legitimacy of interventions 干预的合法性172

multilateral interventions 多边干预2, 16

peace-centrism 和平中心论17

power 力量28-9

Rwanda 卢旺达

CIVPOL 联合国民警部队143

genocide convention 种族灭绝罪公约1948 149

human rights 人权143

interventions 干预130, 136-40, 141-4

moral involvement 道德干预149

RPF forces 卢旺达爱国阵线部队157

Security Council安全理事会　139,141,147,151

245

timing of intervention 干预时机184

Somalia 索马里

    conflict 冲突185

    peacekeeping mission 维和行动111

    Security Council 安全理事会111-12, 121, 124, 174

    strategy 策略120

    UNOSOM I intervention 联合国索马里行动第一次干预106, 110-17, 121-3, 127-8, 181

    UNOSOM II intervention联合国索马里行动第二次干预106, 117-20, 123-7, 127-8, 174

    Zaire 扎伊尔28

United Nations Observer Mission in Georgia（UNOMIG）联合国驻格鲁吉亚观察团88

United Nations Observer Mission in Uganda–Rwanda（UNOPOUR）联合国驻乌干达—卢旺达观察团137

United Somali Congress（USC）索马里联合大会党109-10

United Somali Party（USP）索马里联合党108

United States（US）美国

    Rwanda 卢旺达150

    Somalia 索马里113-14, 125-7, 181, 185

United Task Force（UNITAF）, Somalia 索马里维和部队113-15, 117, 181

UNOMIDG 见 United Nations Observer Mission in Georgia 联合国驻格鲁吉亚观察团

UNOPOUR see United Nations Observer Mission in Uganda–Rwanda联合国驻乌干达—卢旺达观察团

UNOSM I intervention in Somalia 106, 110-17, 121-3, 127-8, 181

UNOSOM II intervention in Somalia 联合国索马里行动在索马里的第二

次干预106, 117-20, 123-7, 127-8, 174

US 见 United States 美国

USC 见 United Somali Congress 索马里联合大会党

USP 见 United Somali Party 索马里联合党

Varshney, A. 瓦尔什尼82

World Health Organization（WHO）世界卫生组织143

Yeltsin, Boris 鲍里斯·叶利钦88

Zaire and United nations 扎伊尔和联合国28

Zdravomislov, A.G. 德拉汉斯洛夫91